国家自然科学基金项目(52108184)资助
中国博士后科学基金项目(2020M671643)资助
江苏省博士后科研资助项目(2020Z120)资助

重型车辆撞击下钢筋混凝土桥墩破坏机理及安全性能

赵武超　著

中国矿业大学出版社
·徐州·

内容提要

本书系统介绍了钢筋混凝土桥墩的车撞荷载特性、响应特征、破坏机理和安全评估方法。其中：第1章为绪论，概要介绍了钢筋混凝土桥墩车撞问题的研究意义、研究现状，以及全书的研究内容；第2章介绍了重型车辆对桥墩的撞击荷载特征；第3章讲述了钢筋混凝土桥墩的车撞响应特性与破坏机理；第4章介绍了钢筋混凝土构件抗撞机理；第5章介绍了车撞荷载下桥墩的安全性能评估；第6章为结论，归纳了取得的研究成果。

本书可供从事工程结构抗撞分析与设计的专业技术人员参考使用。

图书在版编目(CIP)数据

重型车辆撞击下钢筋混凝土桥墩破坏机理及安全性能／赵武超著．—徐州：中国矿业大学出版社，2022．6

ISBN 978－7－5646－5398－9

Ⅰ．①重… Ⅱ．①赵… Ⅲ．①撞击—影响—钢筋混凝土桥—桥墩—研究 Ⅳ．①U448．347

中国版本图书馆CIP数据核字(2022)第085923号

书　　名　重型车辆撞击下钢筋混凝土桥墩破坏机理及安全性能
著　　者　赵武超
责任编辑　马晓彦
出版发行　中国矿业大学出版社有限责任公司
（江苏省徐州市解放南路　邮编 221008）
营销热线　(0516)83884103　83885105
出版服务　(0516)83995789　83884920
网　　址　http://www.cumtp.com　**E-mail**:cumtpvip@cumtp.com
印　　刷　江苏凤凰数码印务有限公司
开　　本　787 mm×1092 mm　1/16　**印张** 12.25　**字数** 234千字
版次印次　2022年6月第1版　2022年6月第1次印刷
定　　价　55.00元

前　言

近年来我国城镇化进程加速推进，交通基础设施供需矛盾日益突出，发展城市立体交通系统的需求不断提升。据文献统计，过去15年间我国14.2%的桥梁破坏为车辆撞击所致。可见，车辆撞击已成为桥梁毁坏的主要原因之一，车辆撞击桥梁结构已成为国家交通运输发展面临的新问题，保障桥梁结构在车辆撞击下安全性的研究具有重要的现实意义。然而，现行规范中桥梁抗车撞设计的相关条文过于粗陋，同时车桥碰撞问题的研究还处于起步阶段。基于此，本书对桥梁结构的车撞破坏机理和安全评估方法展开深入研究，从而为保障其在车辆撞击下的整体安全提供理论依据，也为桥梁设计规范的完善提供有益参考。

本书共分为6章。第1章为绪论，扼要介绍了钢筋混凝土桥墩车撞问题的研究背景、意义及现状，以及全书研究内容。第2章介绍了典型车辆对桥墩的撞击荷载特征，讨论了车撞荷载峰值与等效静力，并给出了基于车身力学特性的车撞荷载简化计算模型。第3章讲述了钢筋混凝土桥墩的车撞响应特性与破坏机理，揭示了车型所致车撞荷载差异对桥墩破坏过程的影响机制。第4章介绍了钢筋混凝土基本构件的抗撞机理，探讨了撞击荷载下钢筋混凝土构件的局部与整体响应特征，考虑构件裂缝形成和破坏的抗力机制。第5章给出了车撞荷载下桥墩安全评估基本框架，编制了重型车辆-桥墩碰撞的可靠性分析程序，并通过实例论证了该评估框架的实用性。第6章为结论，归纳了取得的研究成果。

本书的出版得到了国家自然科学基金项目(52108184)、中国博士后科学基金项目(2020M671643)和江苏省博士后科研资助项目(2020Z120)的资助，特此致谢！

需要特别说明的是，同济大学钱江教授和中国矿业大学叶继红教授对本书的研究工作给予了大力支持和帮助，在此表示衷心的感谢！

由于作者时间和水平有限，错误和不足在所难免，欢迎有关专家和读者提出宝贵意见。

赵武超

2022年3月于徐州

目 录

第1章 绪 论

1.1 研究背景

随着社会经济的高速发展和城市化进程的推进，社会生产和人民生活对现代化交通网络设施的需求日益增长，高速公路和桥梁结构等重要基础设施得到了迅速发展和逐步完善[1]。然而，伴随车辆数量及其运载能力的不断增加，作为生命线工程重要组成部分的桥梁结构面临着车辆撞击的严重威胁。车辆撞击桥梁事故会严重影响人们的生命财产安全和交通设施的正常使用，即使短时间的桥梁修复和构件更换也会造成道路交通网的大范围阻塞和中断。

吉伯海等[2]统计和分析了2000—2009年间我国85起非地震作用引起的桥梁倒塌事故。结果表明，桥梁倒塌主要是由于设计施工不合理、车船撞击和车辆超载、自然灾害、加固拆除不合理、桥梁病害和人为活动所造成的，其中车船撞击和车辆超载所引起的事故居倒塌总数的第二位。易仁彦等[3]统计了我国2000—2014年在运营阶段发生的106起桥梁倒塌事故，其中车辆和船舶撞击作用引起的桥梁坍塌事故占比高达23.6%。刘美铭[4]统计了国内外916起桥梁坍塌和损伤事故，发现碰撞事故在所有事故中排在第二位，约占事故总数的19.3%，如图1-1所示。由此可见，车船撞击已成为导致桥梁毁坏的重要原因之一。

国外很多学者从桥梁倒塌事故的统计分析结果中也得到了相同的结论。Harik等[5]统计了1951—1988年美国发生的114起桥梁倒塌事故，其中卡车撞击作用引起的桥梁倒塌事故约占事故总数的15%。Wardhana等[6]对1989—2000年间美国发生的503起桥梁倒塌事故进行了分析，结果表明，偶然碰撞作用是造成桥梁破坏的第二大主导因素，占事故总数的11.73%。在调查美国纽约市25年间发生的92起桥梁结构倒塌事故时，Cook等[7]根据统计结果发现约有19.2%的桥梁倒塌是车辆撞击作用造成的。

上述统计资料均表明，撞击作用已经成为桥梁结构破坏最主要的原因之一。车辆撞击桥梁事故发生的原因有多种，除包含超速行驶、疲劳驾驶、酒后驾驶、客车超员超载、车况不良、路牌标示不明等人为交通违法因素，以及结冰、雾雨雪等

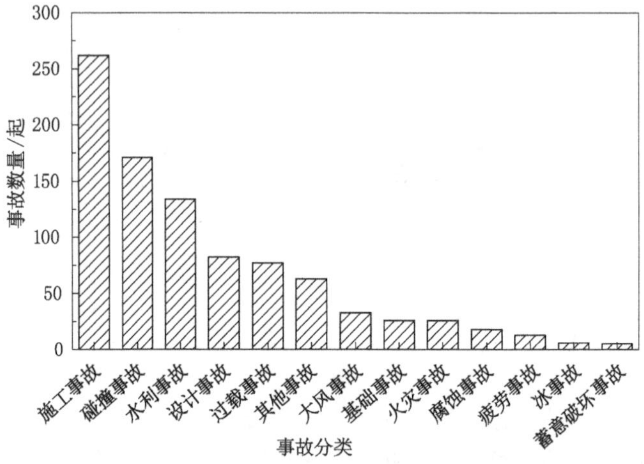

图 1-1　桥梁事故统计分析[4]

天气原因外，公路或桥梁结构安全防护措施不足也是一个重要原因。

2006 年 5 月 19 日，一辆超高货车撞断昆明市宜良县一座横跨公路的人行天桥桥墩，随后人行天桥坍塌在公路上，完全阻断了道路交通，如图 1-2 所示[8]。

图 1-2　昆明市超高车辆撞击人行天桥

2006 年 7 月 11 日，渝黔高速公路上一座跨度达 30 m、高 10 m 的人行天桥被满载煤炭的大货车撞塌，截断高速公路双向通行路面[9]，如图 1-3 所示。

2007 年 7 月 17 日，一辆拖挂式卡车撞到北京西五环某过街天桥桥墩，造成桥梁严重受损，桥身下沉(图 1-4)[10]。受事故影响部分路段双向封闭。

2009 年 3 月 22 日，渝黔高速公路上两辆货车发生擦剐，试图躲避的红色货车撞断了人行天桥的支柱，导致人行天桥整体垮塌(图 1-5)[11]。事故造成 1 人死亡、7 人受伤，渝黔高速公路也因此封闭 3 h。2009 年 4 月 17 日，在郴资桂高

图 1-3　渝黔高速公路天桥撞塌

图 1-4　大货车撞断北京西五环天桥桥墩

图 1-5　渝黔高速公路人行天桥撞击事故

等级公路与京珠高速公路交叉处，一辆半挂罐车撞到邻近桥梁桥墩[12]。随后罐车车身起火，桥墩断裂并发生倒塌，如图 1-6 所示。桥面路肩、行车道断裂下陷，路面无法通车，相关路段封闭达 60 d 之久，事故造成的桥梁维护费用高达数百万元。

图 1-6　京珠高速公路半挂罐车撞断桥墩

2013 年 5 月 23 日，一辆满载粉煤灰的大罐车快速行驶在贵阳西二环路段，司机突然发现刹车失灵，情急之下打方向盘冲上路中隔离带，随后拦腰撞断横跨公路的人行天桥支柱，重达上百吨的天桥垮塌[13]，西二环全线中断(图 1-7)。

图 1-7　贵阳大罐车撞塌人行天桥

2018 年 6 月 14 日，哈大高速上(大庆到哈尔滨高速方向)一辆大货车直接撞断跨线桥桥墩，而另一个桥墩也出现了明显裂缝，如图 1-8 所示。

2019 年 5 月 15 日上午发生卡车撞击嵊州市东郭分离桥桥墩事故，现场发现外侧立柱严重破坏，特别是墩底混凝土处于碎裂状态，大量钢筋严重屈

图 1-8 贵阳大罐车撞塌人行天桥

曲，其上部桥面板下沉明显，内侧立柱也局部存在明显的开裂现象[14]，如图 1-9 所示。

图 1-9 嵊州卡车撞击分离桥

车辆撞击桥梁事故在交通管理体系比较成熟的美国也时有发生。Buth 等[15]统计了美国发生的 19 起引起灾难性后果的重型车辆撞击桥梁下部结构事故，其中 4 起撞击事故造成了桥梁结构的整体倒塌。

2003 年 5 月 23 日，内布拉斯加州大温泉市(Big Springs)高速公路发生一起拖挂式卡车撞击桥梁事故[15]，桥墩被撞断后桥梁结构发生整体倒塌，如图 1-10 所示。

图 1-10　内布拉斯加州拖挂卡车撞塌桥梁

2004 年 5 月 14 日，得克萨斯州科珀斯克里斯蒂市一辆装载天然气的罐车将直径 30 in(1 in＝2.54 cm)的桥墩完全撞毁[16]。肇事车辆载重约 32.66 t，撞击速度约为88 km/h。尽管公路两侧设置了护栏保护桥墩，仍未能阻挡住卡车的撞击作用(图 1-11)。

图 1-11　得克萨斯州罐车撞断桥墩

2007 年 8 月 15 日，科罗拉多州一辆半挂拖挂卡车失控后撞击临近的桥梁下部结构[17]，造成桥墩顶部发生断裂，如图 1-12 所示。

2008 年 8 月 18 日，得克萨斯州坎顿市一辆空载拖挂式卡车撞击位于 IH-20 公路上的桥梁桥墩，并造成 30 in 直径的桥墩发生断裂(图 1-13)[16]。

根据上述工程事故资料可知，车辆撞击桥梁事故一般分为两种情形：① 车辆撞击桥梁下部结构[16]，如桥墩、桥台等；② 超高车辆撞击桥梁上部结构[18]，如主梁等。桥梁结构失效模式主要分为：下部结构产生较大的侧向位移甚至

图 1-12 科罗拉多州半拖挂卡车撞断桥墩

图 1-13 得克萨斯州拖挂式卡车撞断桥墩

倒塌破坏；上部梁体局部破坏或整体破坏；支座破坏引发落梁。桥墩作为桥梁结构的重要竖向承载构件，其破坏情况往往直接决定着整体结构的稳定性和安全性。为了保证桥梁结构在极端荷载下不发生倒塌，下部结构的抗撞设计至关重要。

然而，已有研究仍存在对车桥碰撞机理认识不清、缺少完整的试验和理论研究等不足。此外，现行规范[19-21]建议的等效静力设计方法很难反映实际车辆撞击作用，也未考虑桥梁结构的撞击响应和安全性能。因此，系统地开展车辆撞击下钢筋混凝土桥梁下部结构的抗撞机理和安全性能研究具有重大的工程价值和现实意义。

1.2 桥梁抗车撞设计规范

车辆撞击作用不仅取决于车辆类型、撞击速度和质量，还与桥梁结构的动力特性有关。现行设计规范一般将车辆撞击作用划分到极端或偶然荷载的范畴。由于发生概率相对较小，在桥梁结构设计时往往不考虑车辆撞击作用，而通过设置路侧安全净区和安全防护设施（如防撞护栏等）来保护桥梁结构[22]。然而，由于实际场地条件的限制，路侧安全净区可能达不到设计规范的要求；对于重心相对高的重型车辆，其撞击护栏后仍可能翻越护栏与桥梁结构发生碰撞[20,23]。因此，当桥梁结构缺少必要的防护措施时，车辆撞击作用很可能是桥梁结构设计中重点考虑的因素。

为了应对车辆撞击桥梁结构事故时有发生的现状，我国《公路桥涵设计通用规范》[21]和《铁路桥涵设计基本规范》[24]均采用等效静力方法来考虑车辆撞击作用，具体规定如下：桥梁结构必要时可考虑车辆撞击作用，撞击力设计值在车辆行驶方向取 1 000 kN、在垂直方向取 500 kN，两个方向的撞击作用不同时考虑；撞击力作用于路面以上 1.20 m 处。然而，规范未对桥墩抗撞设计给出具体实施办法，且需要工程设计人员自行决策是否需要考虑车辆碰撞作用。

类似地，美国混凝土协会（ACI）发布了《钢筋混凝土和预应力混凝土桥梁结构设计规范》[25]，规范中建议：对于距离道路边缘小于 3 m 的桥梁下部结构，应在地面以上 1.2 m 处施加 1 000 kN 的等效静力进行抗撞设计。

为应对桥梁车撞灾损，美国纽约州交通部发布了《桥梁结构碰撞易损性分析手册》[26]，详细地给出了极端车辆撞击下桥梁结构易损性的量化评估流程。该设计手册对桥梁车撞易损性进行分类和分级的设计流程具有较高的应用价值，不仅适用于新建结构，还适用于既有桥梁结构。然而，手册中相关结论的获得仅仅依据交通条件等定性因素，而不是基于计算推导。

为了保证重型车辆撞击下桥梁结构的安全，基于 Buth 等[27]展开的重型拖挂式卡车撞击刚性桥墩试验，美国 AASHTO 规范[20]为桥墩抗撞设计提供了类似的静力设计方法：距道路边 9 m 以内或距铁路轨道中心线 15 m 以内的桥台和桥墩遭受汽车和火车撞击时，均采用等效静力设计值 2 670 kN，并作用于地面以上 1.5 m 处的水平面内任何方向。为了确定是否需要对特定道路交通环境下的桥梁结构进行防撞设计，美国 AASHTO 规范提供了重型车辆的年撞击频率计算公式[20]：

$$AF_{\mathrm{HBP}}=2\cdot ADTT\cdot P_{\mathrm{HBP}}\cdot 365 \tag{1-1}$$

式中：$ADTT$ 为同一方向每日重型卡车车流量；P_{HBP} 为车辆与桥墩的年碰撞概率。当重型车辆年撞击频率小于 0.000 1 时，可不考虑重要桥梁结构的车辆撞击作用；当重型车辆年撞击频率小于 0.001 时，可不考虑一般桥梁结构的车辆撞击作用。

英国高速公路局颁布的《公路桥梁的车辆撞击荷载设计》[28]规定了汽车撞击桥梁下部结构的等效撞击力，如表 1-1 所列。不需要同时考虑两个方向的主要荷载分量，但应同时考虑主要荷载分量和残余荷载分量的组合。

表 1-1　高速公路桥梁下部结构等效撞击力[28]

项目	垂直于车道方向/kN	顺行车道方向/kN	施加在桥梁的作用点
主要荷载分量	500	1 000	在车道水平面上 0.75～1.50 m 之间最严重点
残余荷载分量	250 (100)	500 (100)	在车道水平面上 1～3 m 之间最严重点

欧洲规范 Eurocode 1：Part 1-7[19]同样采用等效静力方法定义了一般车辆和铲车对建筑结构和桥梁构件的碰撞作用。车辆撞击桥梁下部结构时等效静力取值如表 1-2 所示，其中，x 和 y 分别为顺行车道和垂直于行车道方向，两个方向的撞击作用不必同时考虑。轿车的撞击作用高度为地面以上 0.5 m 处，作用面积建议采用高度为 0.25 m、宽度为 1.5 m 或构件宽度的较小值；卡车撞击作用范围为地面以上 0.5～1.5 m 处，作用面积建议采用高度为 0.5 m、宽度为 1.5 m 或构件宽度的较小值，如图 1-14 所示。

表 1-2　作用于桥梁下部结构的撞击力[19]

桥下交通类型		力 $F_{d,x}$/kN	力 $F_{d,y}$/kN
高速公路		1 000	500
一般公路		750	375
城区道路		500	250
停车场和院子	轿车	50	25
	卡车	150	75

为了考虑车辆质量和撞击速度对撞击荷载的影响，欧洲规范 Eurocode 1：Part 1-1 附录 B[29]基于能量守恒原理建立了车辆对护栏或扶手撞击力的计算公式：

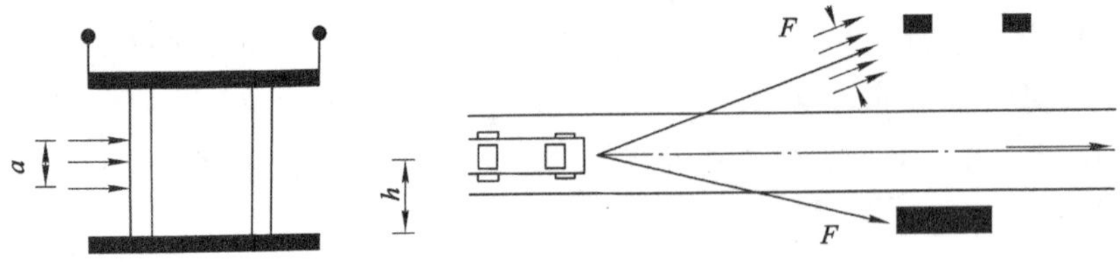

图 1-14　桥梁下部结构撞击力的作用范围[19]

$$F=\frac{Mv^2}{2(\delta_c+\delta_b)} \tag{1-2}$$

式中：M 是车辆质量；v 为撞击速度；δ_c 和 δ_b 分别为车辆和护栏的变形量。但是该公式仅适用撞击速度不超过 4.5 m/s 且车辆最大变形不大于 100 mm 的情况。

由此可见，为确保桥梁结构在极端车辆撞击下的安全，现行设计规范一般采用等效静力方法进行抗撞设计，但主要存在以下问题：① 撞击力设计值未考虑道路的设计速度和车辆类型；② 等效撞击力不能体现车辆与桥梁结构的动态相互作用；③ 未提供明确的条文来指导桥梁结构的抗撞设计。

1.3　桥梁抗撞研究现状

1.3.1　车辆撞击荷载

车辆撞击荷载往往直接决定着钢筋混凝土桥梁结构的破坏损伤程度，因此如何合理和准确地确定车辆撞击荷载是桥梁抗车撞设计的重点之一。

Popp、Struck 等[30-31]首次开展了 13 例卡车撞击钢柱和钢筋混凝土柱试验。试验车辆质量范围为 8.7～24.0 t，撞击速度范围为 50.0～84.3 km/h。试验结果表明，当 18 t 卡车以 72 km/h 的速度撞击截面为 400 mm×450 mm 的柱子时，撞击力峰值为 1 200 kN，撞击力峰值发生时刻和碰撞持续时间分别为 0.04 s 和 0.2 s。

Arup 公司在英国高速公路局的支持下开展了 3 例实车撞击钢筋混凝土桥梁结构试验[32]。由于保密限制，Arup 公司未对外公开试验数据。根据试验相关描述，2009 年 Ghose[33]对其进行了详细的讨论和有限元分析。结果表明，英国高速公路局发布的《公路桥梁设计手册》[28]中车辆撞击力设计值与速度为 48 km/h 卸货车和 64 km/h 挖掘机的撞击力平均值接近，而远小于试验撞击力峰值；作者建议撞击力设计值应乘以动力放大系数 2.8。

为研究重型卡车的撞击荷载，Buth 等[27]采用拖挂式卡车对桥墩进行了 2 例实车撞击试验，如图 1-15 所示。车辆总质量为 36 t，挂车货物为袋装沙子，以 80 km/h 速度撞击 0.914 m 直径刚性桥墩。两例试验分别为偏心撞击和对中撞击。试验结果表明，桥墩在碰撞过程中未受到明显的损伤，而卡车却遭到严重的毁坏。车辆的撞击力时程曲线中存在两个比较明显的峰值：发动机和挂车货物的撞击作用。偏心和对中碰撞情况所对应的撞击力峰值分别约为 2 700 kN 和 4 000 kN。

(a) 试验1　　　　(b) 试验2

图 1-15　拖挂卡车撞击桥墩足尺试验[27]

实车撞击试验尽管能够真实地反映实际车辆撞击作用和桥梁结构的破坏情况，但存在试验费用过于昂贵和试验条件要求较高等缺点。随着计算能力和有限元技术的不断发展，数值仿真技术逐渐在车桥碰撞研究方面得到广泛应用。数值模拟方法具有高效、经济、可重复等优点，因此受到科研工作者的青睐。

2005 年 El-Tawil 等[34]首次采用有限元软件 LS-DYNA 对车桥碰撞进行了精细有限元模拟，结果表明：AASHTO 规范中车辆撞击力设计值远小于数值仿真计算结果。由于碰撞持续时间极短，作者建议将基于位移相等原则或 50 ms 平均处理方法得到的等效静力作为车辆撞击作用的衡量指标。

陆勇等[35]采用有限元软件 LS-DYNA 对小型汽车撞击刚性柱进行了数值仿真研究，结果表明：数值模拟技术能够很好地预测实际车辆破坏状态；撞击速度不仅影响着被撞结构构件达到峰值应力的时间，还决定着车辆的最大变形深度；撞击速度越大，碰撞持续时间越短，撞击力峰值也越大。基于精细有限元模拟结果，刘明慧等[36]讨论了各国规范建议的车辆撞击力设计值，结果表明：汽车撞击力是一个随时间变化的量，其在撞击后很短时间内达到峰值。此时桥墩类似受到一个突加的横向脉冲荷载，其动态响应也具有极强的时变性。在车辆的高速撞击下，撞击力峰值一般远大于规范设计值。

基于实车撞击试验，Buth 等[16]对车辆撞击刚性桥墩进行了仿真分析，并讨论了车辆撞击力峰值及其空间分布规律，结果表明：数值模拟得到的重型车辆撞击力峰值远大于 AASHTO 规范建议的设计值;车厢货物刚度显著地影响撞击力峰值,而桥墩截面尺寸对撞击力峰值的影响较小。

Ferrer 等[37]建立了小型车辆低速撞击钢柱的三维有限元模型,分析了撞击速度和车辆质量对撞击力和钢柱位移的影响,并指出车辆撞击力等效静力主要取决于撞击速度。曾祥国等[38]采用小型车辆模型研究了其撞击桥墩的撞击荷载特征,采用四种评估方法来衡量车辆撞击作用,并与现行规范设计值进行了对比。Cui 等[39]对中型车辆撞击高速铁路桥墩进行了数值模拟,重点分析了撞击速度对车辆撞击力特征的影响,结果表明:车辆撞击力可近似简化为短脉冲荷载;随着撞击速度的增大,碰撞持续时间缩短,而瞬时撞击作用增大。撞击力等效静力一般要超过我国规范和美国 AASHTO 规范设计值。结合有限元仿真结果,崔堃鹏等[40]总结了衡量车辆撞击作用的四种等效静力计算方法,分别为全局平均法、局部平均法、等效位移法以及简化脉冲荷载法;通过对比等效静力和各国规范设计值,给出了各个计算方法的适用范围以及精确度。

Abdelkarim 等[41]采用数值仿真技术分析了车辆撞击力峰值和等效静力。等效静力的计算根据以下三种方法:基于位移相等原则方法、基于欧洲规范计算公式方法和 25 ms 平均处理方法。结果表明,采用 25 ms 平均处理方法得到的撞击力等效静力能够较为准确地反映桥墩的撞击需求。基于精细化车桥碰撞有限元分析,王娟等[42-43]研究了重型车辆撞击桥墩时撞击力作用位置和幅值随车辆参数和桥梁设计参数的变化规律,并建立了基于撞击点最大位移和混凝土塑性应变能的桥墩损伤评估方法,模拟结果表明:随着撞击速度的增加,车辆撞击作用逐渐由车厢货物的二次碰撞控制。Abdelkarim 等[44-45]分别对车辆撞击下钢筋混凝土和纤维增强聚合物型钢混凝土桥墩的撞击力进行了讨论,结果表明:车辆质量和速度对撞击力的影响最为显著,并基于车辆动能和动量建立了撞击力峰值计算公式。

精细有限元模拟能够比较直观地重现车桥碰撞过程,但存在建模复杂和计算效率低等缺点。为了快速获得车辆撞击力时程曲线,国内外一些学者分别提出了相应的简化理论模型。

Vrouwenvelder[46]提出了两种简化模型来预测车辆撞击荷载,其中该模型将被撞结构简化为刚性墙,而车辆分别被简化为单自由度质量-弹簧系统和弹性杆。由于模型过于简单,并不能充分反映复杂的车辆碰撞过程。樊文才等[47]开展了圆形缩尺钢筋混凝土桥墩落锤撞击试验,并建立了单自由度和双自由度简化计算模型来计算车辆撞击作用,结果表明:基于简化计算模型得到的撞击力均与试验结果比较吻合。

Al-Thairy 等[48]采用有限元软件 ABAQUS 研究了轻型车辆与有轴压钢柱

的碰撞机理。基于模拟结果开发了质量-弹簧系统构成的简化车辆模型，如图1-16所示。车辆质量采用刚性体来代替，非线性弹簧表征车辆前端的刚度特征以及耗能；前端采用刚性曲面来消除弹簧与柱直接接触引起的应力集中。王娟[49]基于车桥碰撞的动力时程模拟结果，提出了适用于工程设计的动力分析方法；建议采用三角形脉冲荷载代替实际车辆撞击荷载对桥墩进行碰撞时程分析，并与精细车辆碰撞分析结果进行对比来验证该方法的合理性。

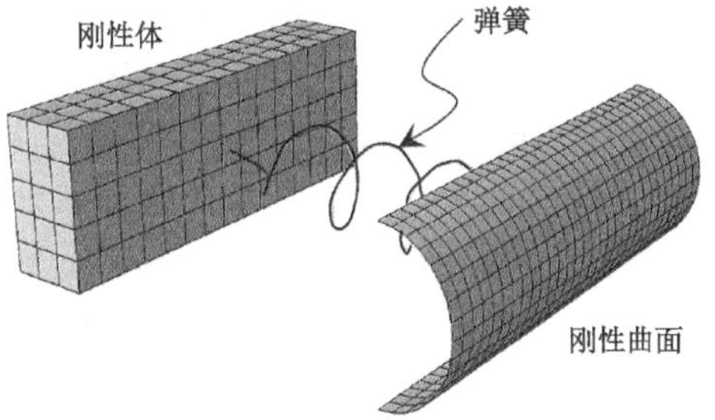

图1-16 简化车辆模型[48]

Chen等[50]采用数值模拟方法对车桥碰撞进行了参数化分析，并建立了耦合弹簧-质量-阻尼(CMSD)模型来预测撞击力时程，如图1-17所示。撞击力峰值不仅与车辆质量、速度和车身结构特征有关，还与桥墩几何尺寸以及材料有关。

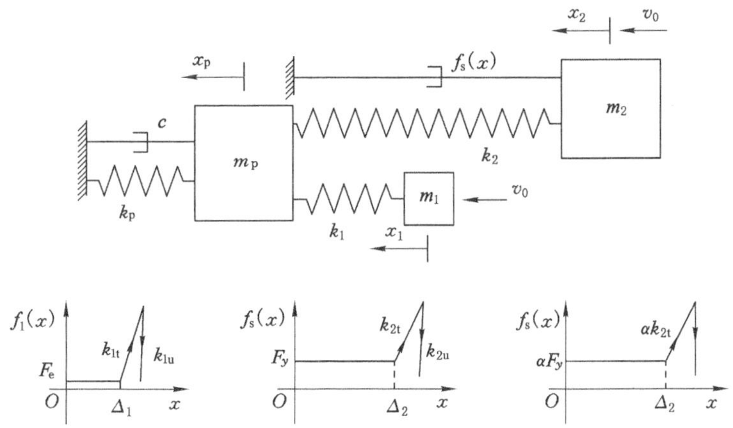

图1-17 CMSD模型[50]

刘飞[51]采用精细有限元模型开展了车桥碰撞参数分析，根据撞击过程中车辆变形特征建立了双自由度撞击力简化计算模型；通过与精细数值模拟结果进行对比表明，简化模型能够较为准确地捕捉车辆撞击荷载的主要特征。Do等[52]和Xu等[53]均对中型车辆撞击钢筋混凝土桥墩过程进行了精细有限元模拟，并基于仿真结果建立简化脉冲模型来预测桥墩的车辆撞击需求。

综上可知，目前大部分研究采用等效静力方法来衡量车辆碰撞作用，并与规范设计值进行对比，而忽略了车辆撞击荷载的时变性。此外，现有数值仿真研究采用的车辆模型多为小/中型车辆，并且车型比较单一，难以反映实际车辆撞击作用。Buth等[16]和Wee等[54]基于事故调研结果均指出重型卡车撞击作用是造成桥梁毁坏的主要原因。Xu等[55]采用三种车型研究了桥梁上部结构的抗撞性能，结果表明：车辆和桥梁之间的撞击力主要取决于车辆类型。因此，在车辆撞击作用研究中，必须综合考虑荷载时变性和车辆类型(尤其是重型车辆)。

1.3.2 桥墩抗车撞性能

余敏[56]研究了车辆撞击下不同类型柱子的耐撞性，并采用柱顶竖向位移、轴向压缩速率和竖向残余承载能力作为柱子的失效准则，结果表明：车辆质量分布、内部构件的布置和刚度、撞击速度均会显著影响撞击力；混凝土脱落是影响钢筋混凝土柱耐撞性的主要因素。Tsang等[57]基于能量守恒原理和非线性分析方法探讨了车辆撞击下钢筋混凝土柱的抗撞能力；将柱子丧失竖向承载力时所对应的最大侧向位移作为其破坏准则；通过动力放大系数来考虑材料应变率效应，分析了车辆刚度和速度对柱子动态响应的影响。结果表明，柱子动态抗撞能力约是其静力承载力的1.4倍。张国兵等[58]对桥墩抗撞能力进行了分析，结合规范规定的车辆撞击作用分析了将桥墩简化为单个墩柱和框架式桥墩两种受力情况，认为加强桥墩的横向联系能够有效地提高桥墩抗撞能力。

Thilakarathna等[17,59]研究了车辆撞击下钢筋混凝土轴压柱的抗撞性能，研究表明：中/低速撞击下纵向钢筋应变率效应和结构阻尼对计算结果的影响较小；不同类型车辆在相同的速度和质量撞击下所得到的撞击力时程也存在较大的差异，并建议采用三角形脉冲荷载近似代替车辆撞击荷载。Joshi等[60]根据截面塑性区域面积所占的比例来衡量桥墩在车辆撞击下的损伤程度。为简化计算，采用实车碰撞试验获得的撞击力时程作为荷载输入，详细地探讨了模型材料参数、单元尺寸、时间步长以及收敛准则的参数设置。

Sharma等[61-62]对车辆撞击下钢筋混凝土桥墩的动态响应进行了数值模拟，并提出了基于性能的桥墩损伤评估框架：将桥墩撞击需求划分为低、中和高三个水准，并将桥墩性能划分为无损伤工作、带损伤工作和完全倒塌三个水准；结合桥墩的抗剪承载力和剪切需求建立了车辆临界撞击速度的预测方法。Agrawal

等[63]对卡车撞击桥墩进行了有限元模拟，并提出了桥墩抗撞性能评估方法：通过对比数值模拟得到的撞击力峰值与规范设计值，指出按规范设计的桥墩偏不安全；将撞击力峰值与抗剪承载力的比值作为损伤评价指标可以较好地描述钢筋混凝土桥墩的损伤程度。

Chung 等[64]采用数值模拟方法分析了预制装配式桥墩在小型车辆撞击下的抗撞性能，基于仿真结果提出了五点多折线撞击力时程曲线，并分别对现浇和装配式桥墩进行动力分析，结果表明：两类桥墩在撞击作用下应力时程的变化规律基本一致，只是现浇混凝土桥墩的动态响应中高频成分更多。Gomez 等[65]研究了横向箍筋间距对圆形截面桥墩抗撞性能的影响，同时将截面动态剪力与抗剪承载力的比值作为性能水准评判标准，结果表明：减小箍筋间距能有效地提高钢筋混凝土桥墩抗撞能力。

Yi 等[66]认为基于力的损伤评价方法难以较好地描述桥墩性能，建议依据美国抗爆设计规范[67-68]采用极限转角和极限位移作为车辆撞击下桥墩的失效评价准则。通过对纵筋配筋率、配箍率、混凝土强度、截面形状以及长细比等方面进行参数分析，得到桥墩的承载能力曲线和易损性曲线。

Chen、肖岩等[69-70]开展了卡车撞击防撞柱实地原型试验，试验结果表明：车辆撞击力沿高度分布不均匀，并且随时间发生变化；建立了耦合弹簧-质量-阻尼模型来模拟碰撞过程，其中采用双线性弹簧来考虑卡车刚度前部小而后部大的特点。

田力等[71-72]研究了车辆撞击力特征及其影响因素，并对钢筋混凝土框架结构的动态响应、损伤机理以及破坏模式进行了讨论，结果表明：提高截面惯性矩和混凝土强度能够有效地控制柱子的动力响应，而箍筋配筋率对柱子的耐撞性影响不大；柱底主要发生弯剪破坏，而柱顶以剪切破坏为主。为简化撞击试验过程，Chen 等[73]采用等效车辆模型代替实际车辆来进行桥墩撞击试验，等效车辆模型中综合考虑了发动机和车厢货物对桥墩的撞击作用，结果表明：桥墩的动态响应主要取决于其抗撞能力、撞击速度和质量。

Alam 等[74]对车辆撞击下碳纤维增强聚合物钢管混凝土柱的性能进行了仿真研究，结果表明：碳纤维增强聚合物能够显著增强柱的抗撞能力；轴压力也会显著地影响柱的破坏模式；采用等效车辆模型时应考虑车辆的变形特征。Chen 等[75]在前期提出的耦合弹簧-质量-阻尼（CSMD）模型的基础上，建立了基于反应谱理论的车辆撞击下桥墩反力计算方法，通过与 CSMD 模型计算结果对比，验证了车桥碰撞弹性反应谱的准确性。

鉴于以往试验中往往采用刚性撞击体，孟一等[76]提出了一种新型的可压溃变刚度锤头来模拟车辆撞击作用，可以同时考虑发动机和货物对撞击作用的贡献。Do 等[77-78]先后研究了车辆撞击下钢筋混凝土桥墩和预应力钢筋混凝土桥墩的动力响应和破坏模式,结果表明:发动机质量对桥墩动力响应影响十分显著;桥墩轴力随撞击力的增大而增大;上部结构的简化方法对撞击力的影响不大,但会对桥梁结构整体响应产生一定的影响。为了改善传统钢筋混凝土桥墩抗车辆撞击性能较差的缺点,Fan 等[79]提出了一种高性能纤维增强混凝土桥墩,并建立了用于预测桥墩损伤水准的响应面模型,结果表明:高性能纤维增强混凝土桥墩的抗撞性能高于传统混凝土桥墩。

Zhou 等[80]基于数值模拟结果将车辆撞击力简化为半正弦脉冲荷载,将 50 ms 平均处理方法得到的等效静力作为桥墩撞击需求,并采用撞击力等效静力和桥墩抗剪承载力的比值来评估桥墩在车辆撞击下的损伤程度。程小卫等[81]基于能量守恒原理建立了小型车辆斜向撞击钢筋混凝土方柱的简化计算模型,研究表明:该模型基本能够捕捉到精细车辆模型的撞击力特征;撞击方向对车辆撞击力的影响较为显著。Do 等[52]提出了车辆撞击下钢筋混凝土桥墩的抗冲剪承载力计算公式,并结合撞击力简化脉冲模型来预测桥墩的破坏模式。Cao 等[82]对重型车辆撞击下钢筋混凝土桥墩的撞击需求和损伤机理进行了研究,结果表明:撞击力峰值主要由发动机撞击作用控制,挂车部分的撞击作用则具有低幅值、长持时的特点;重型车辆撞击下钢筋混凝土桥墩以剪切破坏为主。

综上可知,与地震和爆炸等极端荷载相比,车辆撞击作用下桥墩安全性的相关研究较少。尽管目前对桥墩动力响应的重要影响参数已经有了初步认识,但是这对揭示车桥碰撞机理还远远不够。此外,目前桥墩抗撞性能研究也主要集中于中、小型车辆撞击下的动力响应和破坏模式,而桥墩撞毁事故中肇事车辆多为重型卡车。因此,重型车辆撞击下钢筋混凝土桥墩的抗撞机理亟待深入研究。

1.3.3 构件抗撞性能

Hughes 等[83]开展了 80 根两端铰接和 12 根简支钢筋混凝土梁落锤撞击试验,分析了撞击质量和速度以及垫片刚度对梁动态响应的影响,结果表明:较高的撞击速度和较大刚度的垫块将会促使梁剪切破坏的发生;梁撞击响应中包含较多的高阶振型,这些高阶振型会显著地放大其剪切需求。结合已有试验结果,Louw 等[84]对软碰撞和硬碰撞下钢筋混凝土构件的抗撞机理进行了讨论,分析表明:撞击体刚度对构件内力响应和破坏模式的影响十分显著;柱子轴力由于端部约束和惯性作用得到一定程度的增加。

Kishi 等[85]采用落锤撞击试验研究了 27 根无腹筋钢筋混凝土梁的撞击响应和耗能能力,结果表明:支座反力比撞击力峰值更能反映梁的抗撞能力;随着撞击速度的增大,梁的破坏模式由弯曲破坏转变为剪切破坏。Fujikake 等[86]开展了弯曲破坏型钢筋混凝土梁的落锤撞击试验，并建立了用于预测撞击力和梁位移的双自由度质量-弹簧简化模型，结果表明，当纵筋配筋率较高时，梁不仅会发生整体破坏，也存在严重的局部损伤，因此建议同时采用撞击力峰值和最大位移对钢筋混凝土梁进行抗撞设计。针对剪切破坏型钢筋混凝土梁，Saatci 等[87]采用落锤撞击试验重点分析了抗剪机制对梁抗撞性能的影响，结果表明：所有梁体在撞击位置附近均出现比较明显的斜裂缝；单自由度简化模型很难用于模拟梁的局部响应；初始碰撞阶段撞击力主要由惯性力抵抗，后期由端部支座反力承担。

Chen 等[88]分别对钢筋混凝土梁和板进行了撞击试验研究，发现与边界条件相比，净跨和接触刚度对构件撞击响应的影响更加显著。Cotsovos[89]基于有效响应长度的概念提出了快速加载下钢筋混凝土梁承载力的简化计算方法，其中建议有效长度取为加载点两侧构件顶部水平裂缝之间的距离，研究表明：材料应变率效应对梁抗撞能力的影响较小；应力波传递过程中部分能量会被混凝土开裂和钢筋屈服所耗散，从而造成支座反力小于撞击力。Tachibana 等[90]对 21 根弯曲破坏型钢筋混凝土梁开展了落锤撞击试验，并根据试验结果提出了基于性能的梁抗撞设计方法。

Kishi 等[91]通过落锤撞击试验分析了 36 根钢筋混凝土梁的抗撞性能，并给出了基于性能的梁抗撞设计经验公式，结果表明：梁的最大变形和残余变形均近似与撞击能量成正比。许斌和曾翔[92-94]先后对无腹筋、有腹筋钢筋混凝土梁和深梁的抗撞性能开展了试验研究，并对撞击过程中试件的裂缝发展和破坏形态进行了分析。Somraj 等[95]研究了不同加载速率下钢筋混凝土梁的动态响应和破坏模式，并提出了基于修正拉压杆模型的承载力计算方法，研究表明：梁的破坏模式主要分为斜拉破坏、斜压破坏和弯曲破坏，其主要取决于剪跨比和配箍率；加载速率对剪切破坏型梁的承载力影响要远大于弯曲破坏型梁。

Sharma 等[96]对不同跨高比的钢筋混凝土梁在高速加载下的性能进行了数值模拟，研究表明：随加载速率的增大，破坏模式从弯曲破坏向剪切破坏转变；与应变率效应相比，惯性效应对梁承载力和破坏模式的影响更加显著。Adhikary 等[97]对撞击荷载下钢筋混凝土梁的残余承载力进行了试验和数值研究，并用残余承载力和残余刚度指标来衡量梁的损伤程度。赵德博等[98]开展了钢筋混凝土梁落锤撞击试验，将梁破坏模式分为整体破坏和局部破坏，并对已有基于性能的抗撞设计方法进行了修正。Pham 等[99-100]研究了塑性铰、边界条件和惯性效应对钢筋混凝土梁抗撞性能的影响，并提出了塑性铰位置及其移动速度的计算公式，结果表明：边界条件对撞击力峰值的影响不大，但会显著地影响残余位移；采用单自由度简化模型计算时要考虑塑性铰及其静止点的影响。

霍静思等[101]研究了撞击荷载下钢筋混凝土梁的破坏机理，并基于试验结果建立了梁残余变形的计算方法，结果表明：高速撞击下梁裂缝形态以腹剪裂缝为主；梁的破坏过程分为局部和整体响应两个阶段。孟一等[102]对钢筋混凝土铰支梁开展了试验和仿真研究，结果表明：随撞击速度的增加，梁局部破坏愈发显著；纵筋配筋率对梁抗撞性能影响十分显著；建议将撞击荷载下梁的抗撞临界耗能能力取为其静力耗能能力的90%。

Zhao等[103]分析了跨度对钢筋混凝土梁的撞击响应和破坏模式的影响，并提出了综合考虑接触、剪切和弯曲变形的三自由度模型，结果表明：跨度对初始碰撞阶段的撞击力影响较小，而剪切破坏首先发生在撞击部位。当有效响应梁段的残余承载力小于梁静态抗剪承载力时，梁以局部冲剪破坏为主；反之，以整体剪切破坏或弯曲破坏为主。Pham等[104]采用数值仿真方法研究了接触刚度对梁抗撞性能的影响，研究表明：接触刚度能显著影响撞击力峰值和持时，从而影响梁的内力分布；但接触刚度对变形、撞击能量和冲量的影响较小；撞击力随接触面积的增大而增大。

钢筋混凝土柱作为结构中最重要的竖向承载构件，一旦破坏将直接威胁着结构的整体安全，并造成严重后果。为了使分析结果更接近桥墩在侧向撞击下的受力状况，一些学者也对钢筋混凝土柱开展了相关试验和仿真研究。

Feyerabend等[105]以刚性落锤撞击水平放置的钢筋混凝土柱来研究其抗撞性能，通过预应力装置对柱施加初始轴向压力，最后得到钢筋混凝土柱的撞击力、跨中位移和破坏形态。Loedolff[106]采用带缓冲器的水平摆锤对钢筋混凝土悬臂柱的抗撞性能进行了试验研究，结果表明：当抗剪承载力大于抗弯承载力时，柱子将会具有较强的抗撞能力；反之，柱子的抗撞能力相对较弱。

Remennikov等[107]对钢筋混凝土柱分别进行了静力加载和落锤撞击试验研究，分析了撞击速度对柱子损伤程度的影响，研究发现：只有柱子在撞击荷载下不发生剪切破坏，才能保证其弯曲延性的充分发展。Sha等[108-109]先后采用水平摆锤试验装置研究了传统和碳纤维增强钢筋混凝土桥墩的抗撞性能，分析表明：桥墩刚度和几何尺寸均显著地影响着其动态响应和撞击作用；碳纤维增强复合材料能够显著地增强桥墩的抗撞能力。田力等[110-111]对钢筋混凝土柱的撞击响应和破坏模式开展了数值仿真研究，并提出了基于竖向残余承载能力的构件撞击损伤评估方法。程小卫等[112]对撞击荷载下钢筋混凝土柱的动力响应进行了数值研究，分析了撞击速度、质量、撞击体形状、配筋率、混凝土强度对动力响应的影响。

Zhang等[113]开展了预制装配式桥墩在水平摆锤撞击下的抗撞性能研究，研究发现：预制装配式桥墩在撞击作用下比较“柔”，而且在靠近撞击点及以上节段在连接处将会脱离，从而在相同撞击作用下的损伤较小，且具有较好的自复位能力。Demartino 等[114]研究了剪切破坏型钢筋混凝土柱的抗撞性能(图 1-18)，分析了箍筋间距、撞击速度和边界条件对柱子动力响应的影响，结果表明：在撞击点和柱底之间会出现一条 45°的剪切斜裂缝，并且裂缝宽度随着箍筋间距的增加而增大；在相同撞击作用下，固支柱的损伤程度要大于悬臂柱。

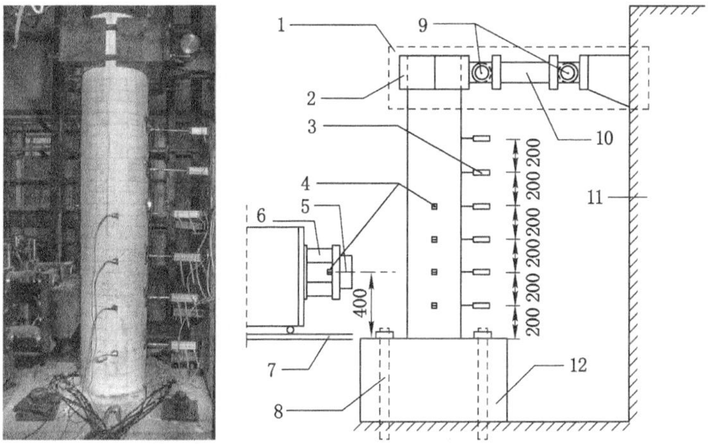

1—上部支撑；2—套箍；3—位移计；4—加速度计；5—锤头；6，10—力传感器；7—导轨；8—预应力螺栓；9—铰；11—反力墙；12—底座。

图 1-18　钢筋混凝土柱水平撞击试验(单位：mm)[114]

刘飞等[115]基于 Loedolff 的试验结果[106]采用数值仿真技术详细地分析了轴压力对钢筋混凝土柱撞击破坏模式的影响，研究发现：柱子的剪切破坏过程主要分为斜裂缝形成、箍筋屈服和完全破坏三个阶段；剪切破坏模式随着轴力增加而逐渐转变为由混凝土抗压强度控制的弯曲破坏模式。Liu 等[116]对钢筋混凝土柱的撞击响应和破坏过程进行了试验研究，结果表明：轴力对柱的抗撞能力的影响较为显著；增加配筋率会降低柱的整体和局部损伤；混凝土裂缝张开与闭合效应、箍筋约束效应、混凝土和钢筋黏结滑移效应均会对有限元模拟结果产生一定的影响。

周晓宇等[117-118]建立了落石撞击下钢筋混凝土桥墩的撞击可靠性分析方法，并讨论了不同撞击参数对墩柱抗撞性能的影响。Cai 等[119]对侧向撞击下钢筋混凝土轴压柱的动力行为开展了试验研究，结果表明：与落锤撞击试验相比，水平撞击试验得到的撞击力时程在稳定阶段的振荡更加明显；仅有 42.6%～97.5%的撞击初始动能转化为柱的变形能。Gholipour 等[120]采用数值仿真技术研究了轴压力对钢筋混凝土柱撞击响应和失效模式的影响规律,研究发现:撞击位置对撞击力和柱子破坏模式的影响十分显著;随着轴力的增加,柱子内力逐渐增加,而塑性铰与撞击点的距离减小。

根据钢筋混凝土墩柱的水平撞击试验结果,罗征等[121]发现截面尺寸对墩柱局部损伤的影响不明显,且撞击过程可分为脉冲和缓冲阶段,脉冲阶段墩柱易出现剪切损伤,而缓冲阶段墩柱以弯曲响应为主。Fan 等[122]对受撞击后钢筋混凝土轴压柱的残余承载力进行了试验和数值研究,并建立了其简化计算方法,研究表明:轴向残余承载力随柱撞击变形的增大而减小;与弯曲损伤相比,剪切损伤对柱残余承载力的影响更加显著。

由于试验条件的限制,现有钢筋混凝土构件抗撞性能研究主要集中在缩尺试件,而构件尺寸效应可能会使得试验结论对原型构件的适用性难以保证[123]。与钢筋混凝土梁相比,对钢筋混凝土墩柱抗撞性能的研究还比较匮乏。现有试验结果和工程事故表明,撞击荷载下钢筋混凝土构件的破坏模式往往以剪切破坏为主。由于冲剪效应在局部响应阶段比较显著,钢筋混凝土构件往往在出现明显变形之前就发生脆性剪切破坏。然而,构件撞击响应的既有研究主要集中于整体响应,如撞击力、构件变形、耗能和破坏模式等方面,这些对揭示撞击荷载下钢筋混凝土构件的动态响应和破坏机理还不够全面和深入。

1.4 研究内容

本书的主要研究内容包括:

(1) 重型车辆对桥墩的撞击荷载特征;

(2) 钢筋混凝土桥墩的车撞响应特性与破坏机理;

(3) 钢筋混凝土基本构件抗撞机理;

(4) 车撞荷载下钢筋混凝土桥墩的安全评估方法。

第 2 章　重型车辆对桥墩的撞击荷载特征

2.1　概述

本章结合我国常见车辆类型建立了具有代表性的车辆模型，探讨了车辆类型对撞击荷载的影响。忽略桥墩结构特性对撞击荷载的影响，分析了重型车辆撞击刚性桥墩过程中的车身刚度和撞击荷载特征。讨论了目前常采用的车辆碰撞力等效静力计算方法；对车辆撞击力峰值和等效静力分别进行了回归分析，并将其与规范设计值进行了对比。最后，基于车辆刚度变化特征提出了一种预测车辆撞击力的简化动力分析模型。

2.2　拖挂式卡车撞击作用

2.2.1　卡车有限元模型

拖挂式卡车模型采用美国国家碰撞中心 NCAC[124]（National Crash Analysis Center）提供的 38 t 卡车精细模型，其是根据欧洲规范 CEN-EN1371[125]对车辆撞击护栏试验车型 TB81 的相关规定而开发的。该车辆是牵引车和半挂车铰接连接的 5 轴(1＋1＋3)重型卡车，主要由牵引车、半挂车、列车系统以及车厢货物等部分组成。为了模拟我国常见拖挂式卡车，将原车辆模型后部挂车部分改造为 40 in 标准集装箱，改造后的拖挂式卡车模型及其基本尺寸如图 2-1 和表 2-1 所示。

表 2-1　改造后的拖挂式卡车模型的基本尺寸

名称	L_v	H_v	H_t	H_c	L_c	A	B	C
尺寸/m	16.10	3.90	2.80	2.40	12.20	3.70	6.00	2.60

考虑到集装箱部分直接影响二次碰撞过程中车辆撞击力的变化规律，其模拟方法将会对仿真结果产生显著的影响。集装箱材料性能和构造采用文献

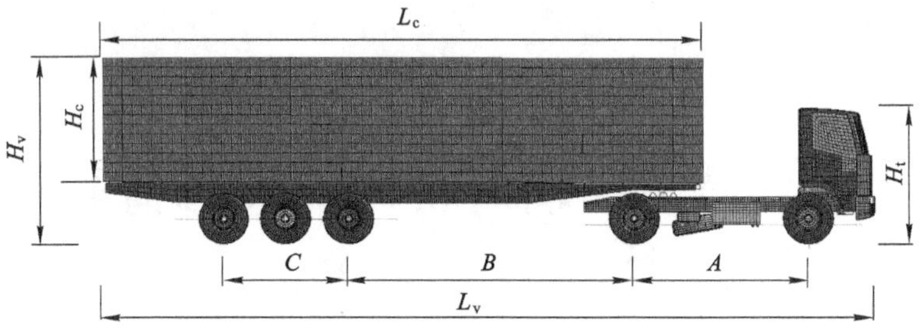

图 2-1　改造后的拖挂式卡车模型

[126]和[127]中给出的参数，其中骨架和板材分别采用梁单元和壳单元模拟；货物采用弹性实体单元模拟。为了考虑货物建模方式对车辆撞击力的影响，分别采用集中质量单元和实体单元模拟货物。

根据 Buth 等[27]开展的实车碰撞试验参数，调整货物密度使得车辆模型的总质量为 36 t，并将初始撞击速度调整为 80 km/h。钢管混凝土桥墩直径为 0.914 m(36 in)，且在试验中未观察到明显的变形。为了节约计算资源，桥墩模型采用刚性材料(MAT_RIGID)来模拟，墩底采用固定约束方式。

在车辆碰撞模拟中，各部件之间的接触及其自接触是难以预测的，此时宜采用自接触类型。该算法不考虑单元的方向性，即壳单元的两面均可以检查单元间的接触和穿透。不失一般性地，采用基于罚函数算法的自动单面接触类型(CONTACT_AUTOMATIC_SINGLE_SURFACE)建立车辆和桥墩的接触关系，同时将动摩擦和静摩擦系数均取为 0.3[34]。

2.2.2　仿真结果及讨论

重点研究了货物刚度、车辆与桥墩偏心距和车辆速度等参数对重型车辆撞击荷载的影响。考虑到数值计算得到的撞击力时程中含有大量高频噪音，因此计算结果中的撞击力时程均采用美国汽车工业协会建议的 CLASS 60 滤波器进行滤波处理[128-129]。

2.2.2.1　货物刚度

重型拖挂式卡车在高速撞击桥墩过程中货物不可避免地会与桥墩发生接触，同时由于挂车部分的质量约占总质量的 80%，货物对桥墩的冲量要远大于牵引车。Buth 等[15]对重型卡车撞击桥墩进行了数值模拟，其中将货物分为刚性体和变形体两种，结果表明货物刚度对撞击力峰值的影响十分显著。然而，Buth 等在研究中未给出货物为变形体时的建模细节以及不同刚度的变形体对撞击力的影响规律。

考虑到集装箱货物的不确定性，采用如图 2-2(a)所示的弹性实体单元来模拟货物，将材料的弹性模量 E 依次取为 10、10^2、10^3、10^4 和 10^5 MPa 五个等级。为了仅考虑货物的质量贡献而忽略其刚度贡献，采用如图 2-2(b)所示的集中质量单元来模拟货物。卡车总质量为 36 t；撞击速度为 80 km/h。图 2-2 给出了货物刚度和模拟方法不同时的撞击力时程曲线。从图 2-2(a)中可以看出：当货物刚度不同时，车辆撞击力曲线在碰撞前期基本一致；对于货物的二次撞击作用，弹性模量较小的货物引起的撞击力峰值远小于货物弹性模量较大时的碰撞情况。值得注意的是：当货物弹性模量大于 10^3 MPa 后，各撞击力时程曲线形状比较接近；而撞击力峰值随着弹性模量的增大而增大，但增加速率逐渐减小；同时，撞击力持续时间随着货物刚度的增大而减小。图 2-2(b)表明：采用集中质量点和较小刚度实体单元模拟货物时得到的撞击力时程比较接近，此时可采用质量单元代替实体单元来模拟货物以提高计算效率。

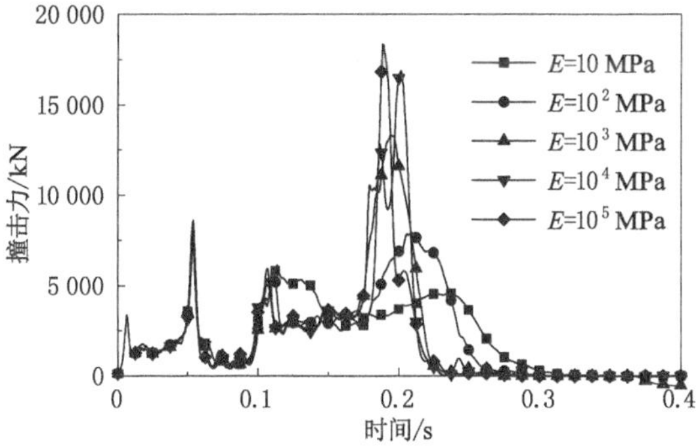

(a) 不同货物刚度

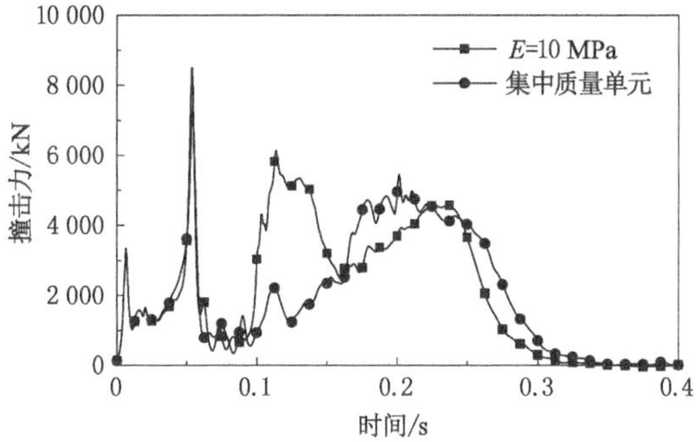

(b) 不同模拟方法

图 2-2　集装箱货物刚度和模拟方法不同时车辆撞击力时程

在实际工程设计中，随机性很大的车辆撞击力时程曲线很难得到应用，同时考虑到荷载作用时间极短而结构整体可能无法完全参与响应，因此很多学者[16,34,40,130]采用平均处理方法来衡量车辆撞击作用的大小。El-Tawil 等[34]建议取 50 ms 平均处理后的撞击力峰值来衡量各个阶段的撞击力大小，如图 2-3 所示。从图中可以比较直观地看出：第一阶段的撞击力峰值主要与牵引车发动机有关，在不同工况下基本保持不变；而第二阶段的撞击力峰值远大于第一阶段，并随货物刚度的增加而逐步增大。然而，当货物刚度超过一定数值（弹性模量为 10^3 MPa）后，平均处理后的撞击力峰值变化不大。应注意到，撞击力时程经过平均处理后得到的等效静力仍远大于我国规范车辆撞击作用设计值 1 000 kN[21]，也大于美国 AASHTO 规范设计值 2 700 kN[20]。

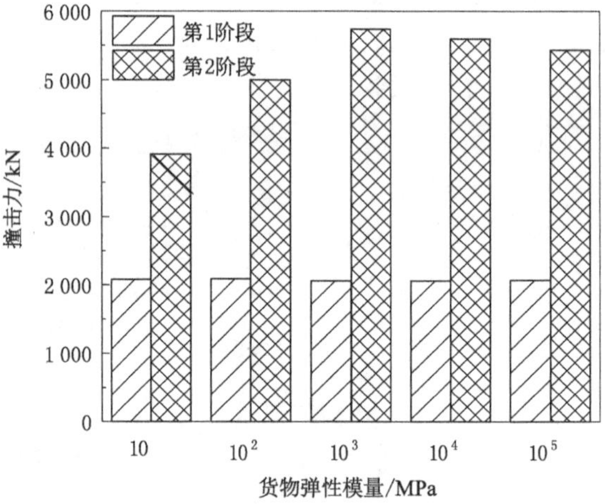

图 2-3　50 ms 平均处理后两阶段的撞击力峰值

2.2.2.2　撞击速度

为研究撞击速度对车辆撞击力变化规律的影响，分别采用初始速度为 40 km/h、80 km/h 和 120 km/h 的拖挂式卡车撞击刚性桥墩。根据上述分析结果可知，当货物弹性模量超过 10^3 MPa 时，车辆撞击力时程曲线的变化规律基本一致，只是在峰值上存在一定的差异，因此仅考虑货物弹性模量为 10 MPa 和 10^3 MPa 时车辆撞击力时程，如图 2-4 所示。结果表明，车辆撞击力峰值对撞击速度的变化比较敏感。随着撞击速度的增加，撞击力峰值呈非线性增加，而碰撞持时逐渐减小。当撞击速度较低时，货物刚度对车辆撞击力峰值和发展规律的影响较小，此时车辆动能主要由牵引车保险杠和纵梁消耗。随着撞击速度的增大，货物的二次碰撞作用增强，货物刚度对撞击力峰值的影响也更加显著。

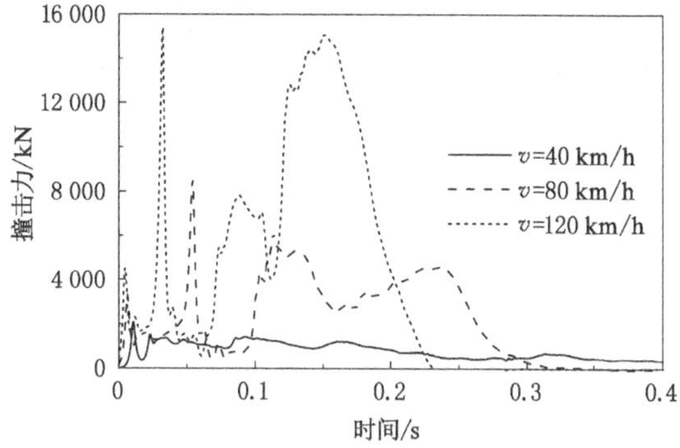

(a) E=10 MPa

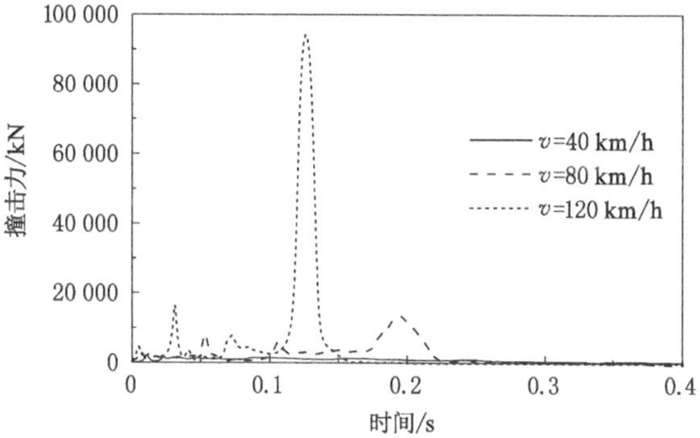

(b) $E=10^3$ MPa

图 2-4　撞击速度不同时车辆撞击力时程

2.3　各类车辆撞击荷载分析

现有车桥碰撞研究往往忽视了车辆类型等影响因素,但是仅仅采用单一车辆类型很难反映实际道路交通中车辆撞击荷载的普遍规律。鉴于道路车辆种类众多,欧洲规范 CEN-EN 1317[125]建议将车辆撞击下护栏的安全性能分为不同等级,并要求根据护栏安全等级采用相应类型车辆进行碰撞试验,其中建议试验车辆参数如表 2-2 所列。为探究重型车辆撞击荷载的普遍特性,分别对典型重型车辆撞击截面尺寸和形状不同的桥墩进行了数值仿真。

表 2-2 护栏碰撞试验中建议车型[125]

试验	车辆	质量/kg	速度/(km/h)	碰撞角度/(°)
TB11	汽车	900	100	20
TB21	汽车	1 300	80	8
TB22	汽车	1 300	80	15
TB31	汽车	1 500	80	20
TB32	汽车	1 500	110	20
TB41	整体式卡车	10 000	70	8
TB42	整体式卡车	10 000	70	15
TB51	公交车	13 000	70	20
TB61	整体式卡车	16 000	80	20
TN71	整体式卡车	30 000	65	20
TB81	拖挂式卡车	38 000	65	20

2.3.1 车辆和桥墩数值模型

为减少建模工作量，基于已有车辆模型改造出了能反映我国实际情况的 4 类典型重型车辆模型。车辆模型的改造重点主要在于车厢、支架和轴距部分。由于货物的二次撞击作用在碰撞过程中发挥着重要作用，车辆模型均采用实体单元来模拟货物，并将货物弹性模量统一取为 10^3 MPa。

以 NCAC 提供的 Ford800 型卡车有限元模型为原型，结合我国国内常见的 10 t 级别的卡车结构特点[如图 2-5(a)所示]进行修改，得到国内常见的 10 t 级别的卡车模型。原车辆模型的准确性已经通过乔治华盛顿大学开展的实车碰撞试验得到了验证，并且已经在车桥碰撞研究中得到了广泛的应用[73,78-79,131]。原车辆有限元模型质量约为 7.8 t，调整后部车厢及货物密度后，将整车质量提高到 10 t，修改后的车辆模型如图 2-5(b)所示。

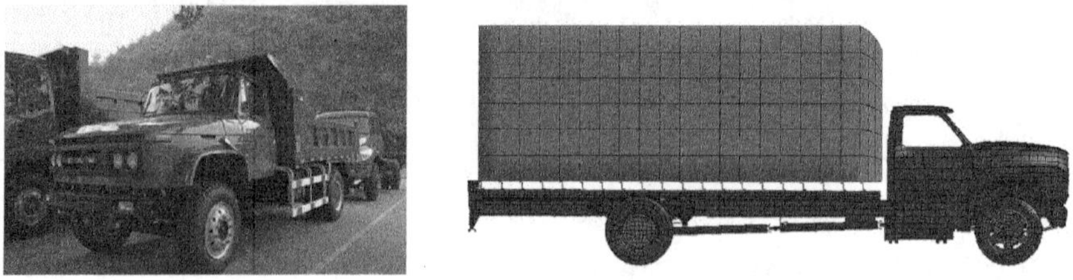

(a) 实际车辆　　(b) 有限元模型

图 2-5　10 t 卡车有限元模型

为了模拟 CEN-EN1371 规定的护栏撞击试验中 TB61 型车辆撞击作用，米兰理工大学航天航空工程学院开发了 16 t 车辆模型。为了模拟我国常见的整体式卡车[如图 2-6(a)所示]，将车厢后部的集中质量点改为弹性实体块。通过调整货物密度，将整车质量提高到 16 t。修改后的车辆模型如图 2-6(b)所示。

(a) 实际车辆　　(b) 有限元模型

图 2-6　16 t 卡车有限元模型

为了模拟 CEN-EN1371 规定的护栏撞击试验中 TB71 型车辆撞击作用，穆斯塔法凯末尔大学 Atahan 等[132]开发了 30 t 四轴卡车模型，其中该模型是以 FIAT-IVECO F180 卡车为车辆原型。该车辆模型的准确性已经通过足尺碰撞试验得到了验证。在此，十分感谢 Atahan 教授为本课题研究提供了该车辆有限元模型。由于该车辆模型与国内常见车辆比较接近，未对其进行修改。图 2-7 所示为国内常见 30 t 整体式卡车及其精细有限元模型。

(a) 实际车辆　　(b) 有限元模型

图 2-7　30 t 卡车有限元模型

对于 CEN-EN1371 规定的护栏撞击试验中 TB81 型拖挂式卡车，上节已经对其建模细节和改造过程进行了叙述，其有限元模型如图 2-8(b)所示，并通过调整车厢和货物密度，将整车质量提高到 38 t。

为了避免桥墩动力响应对车辆变形模式和撞击荷载的影响，采用刚性桥墩来建立重型车辆-桥墩碰撞耦合模型。通过改变桥墩的截面尺寸和形状来讨论碰撞接触面对撞击力的影响，其中截面形状分为圆形和方形，截面尺寸分别取为 0.8 m、1.2 m、1.6 m 和 2.0 m。相对于小型汽车，实际道路交通中重型车辆的运行速度一般相对较低，且根据我国相关交通法规规定，重型载货车辆在高速公

(a) 实际车辆　　　　(b) 有限元模型

图 2-8　38 t 卡车有限元模型

路上的运行速度限值为 100 km/h,因此,本节中车辆撞击速度分别取为 40 km/h、50 km/h、60 km/h、70 km/h、80 km/h、90 km/h 和 100 km/h 七种情况。

不考虑偏心撞击情况,将四类车辆模型与截面形状和尺寸不同的桥墩进行组合生成车桥碰撞耦合有限元模型。车辆和桥墩之间同样采用自动单面接触算法(CONTACT_AUTOMATIC_SINGLE_SURFACE)。该算法是一种非常稳定和精确的接触类型,能够很好地处理网格划分中的尖角接触和三角形及四面体网格的接触问题。车辆撞击力的获得需要通过定义关键字 CONTACT_FORCE_TRANSDUCER_PENALTY 来设置力传感器。为了避免接触界面发生较大的初始穿透,将车辆与桥墩初始间距调整为 200 mm。

2.3.2　车辆变形特征

车辆撞击荷载主要取决于车身结构构造、运行速度、各部件刚度和质量分布。车辆的结构形式和各部件刚度将会显著地影响其变形模式,撞击力峰值则主要由运行速度和质量所控制。车辆变形破坏特征作为其撞击作用的宏观表现,将在本节予以详细的探讨。在选取的典型碰撞工况中,桥墩直径为 1.2 m,四类车辆质量分别为 10 t、16t、30 t 和 38 t,撞击速度为 80 km/h。

图 2-9～图 2-12 分别给出了各类车辆与桥墩碰撞过程中车身的变形特征。通过对仿真结果进行分析,大致可以将车辆高速撞击桥墩过程分为以下五个阶段:

(1) 第一阶段主要是车头部分的保险杠等部件与桥墩发生碰撞。刚度较小的车头部分在碰撞初期发生了严重的压溃现象。

(2) 第二阶段为刚度较大的发动机等部件撞击桥墩。随着保险杠和车身纵梁的不断压溃破坏,发动机开始与桥墩发生碰撞,此时车身变形刚度急剧增加。

(3) 第三阶段则是车辆后部其他部件相继挤压已经与桥墩发生接触的发动机,从而间接对桥墩产生撞击作用。

(4) 第四阶段是质量较大的后部车厢货物压缩车头部件甚至撞击桥墩。由于货物刚度相对较大,此阶段车身变形相对较小。

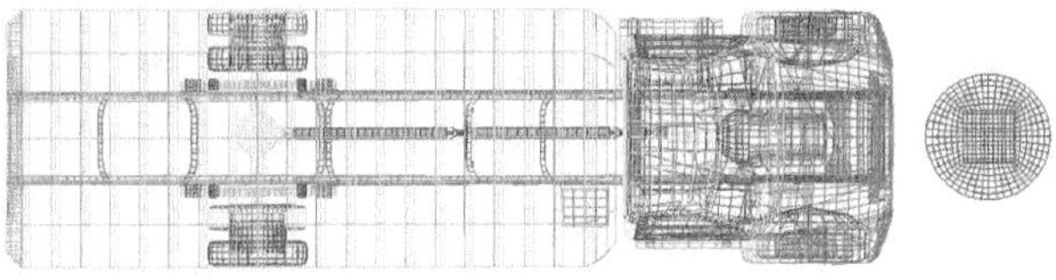

(a) 0.00 s

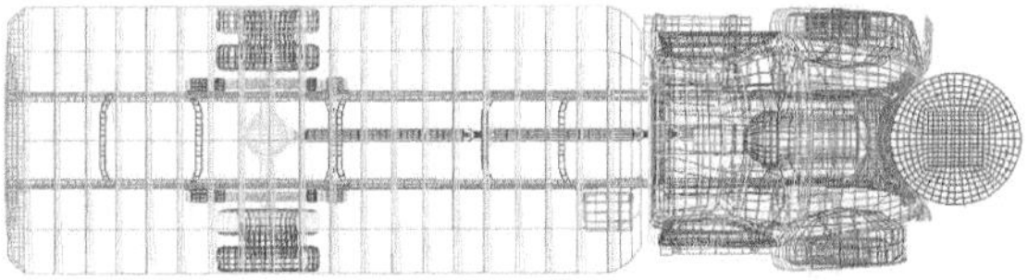

(b) 0.03 s

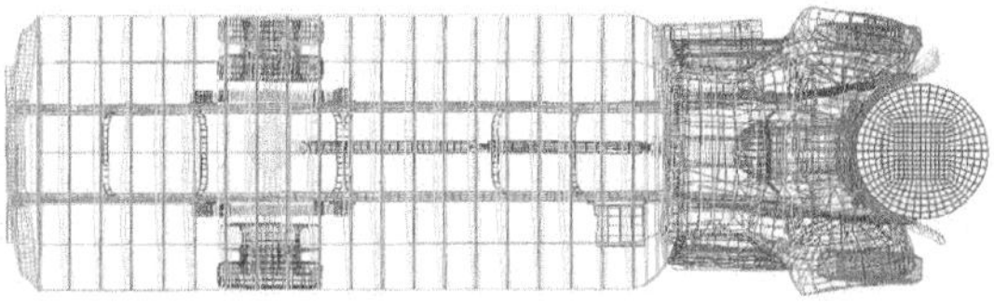

(c) 0.06 s

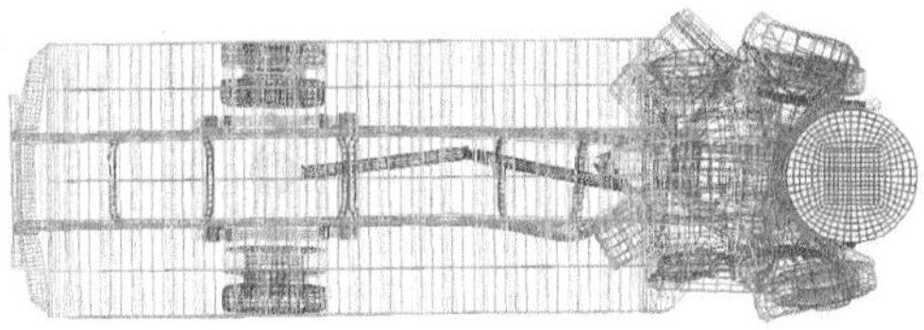

(d) 0.12 s

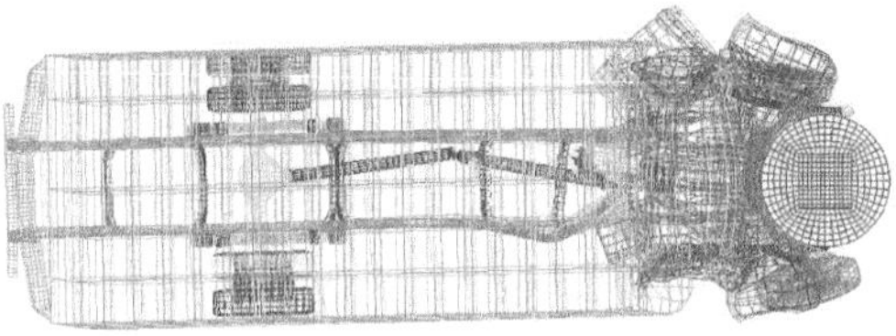

(e) 0.17 s

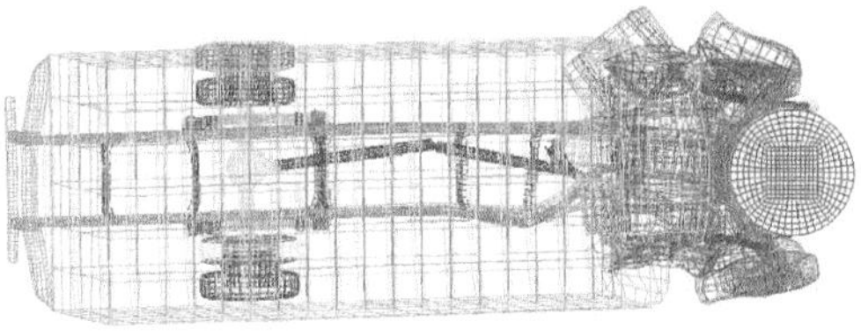

(f) 0.23 s

图 2-9　10 t 车辆碰撞过程

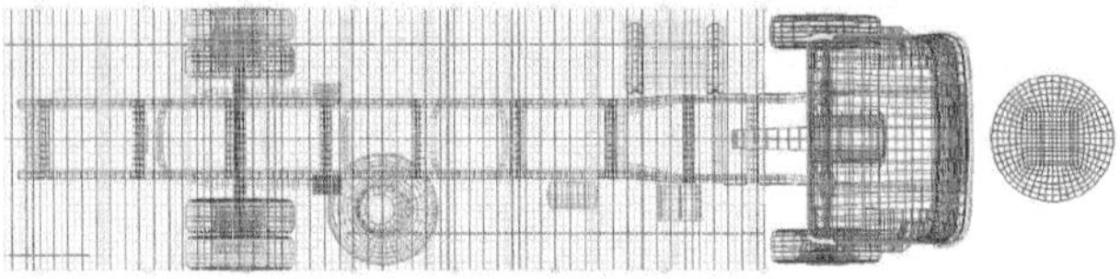

(a) 0.00 s

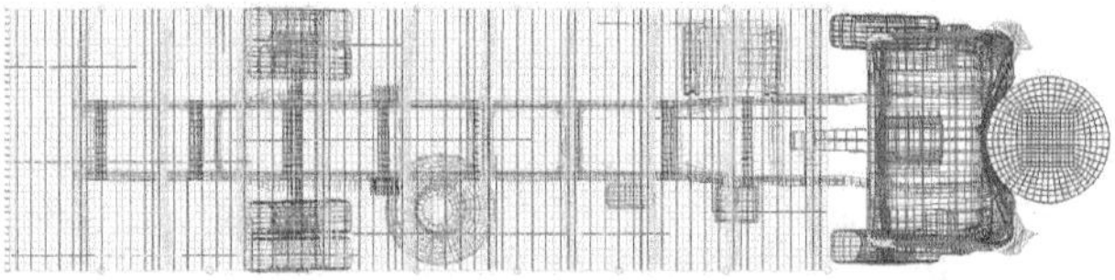

(b) 0.03 s

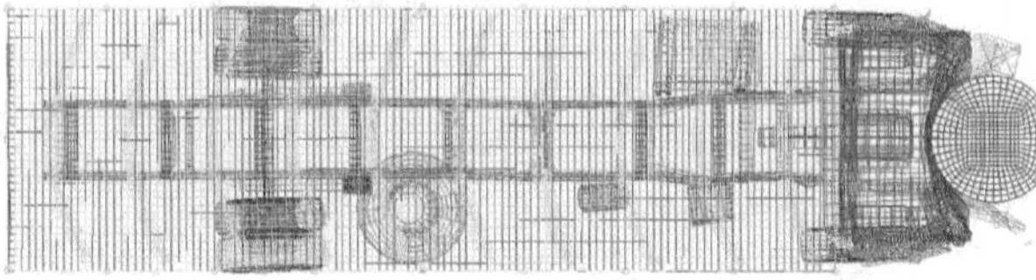

(c) 0.06 s

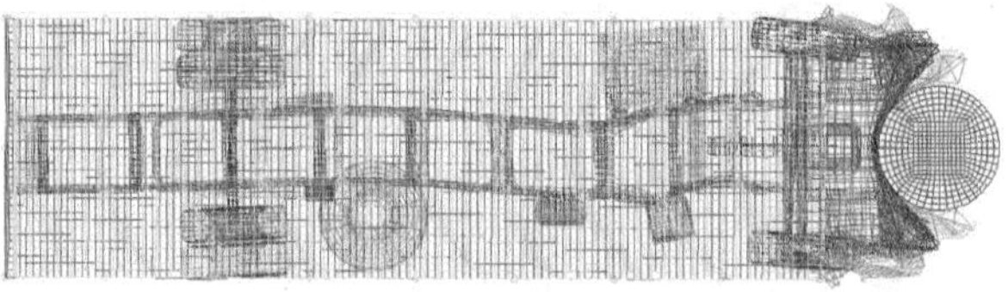

(d) 0.09 s

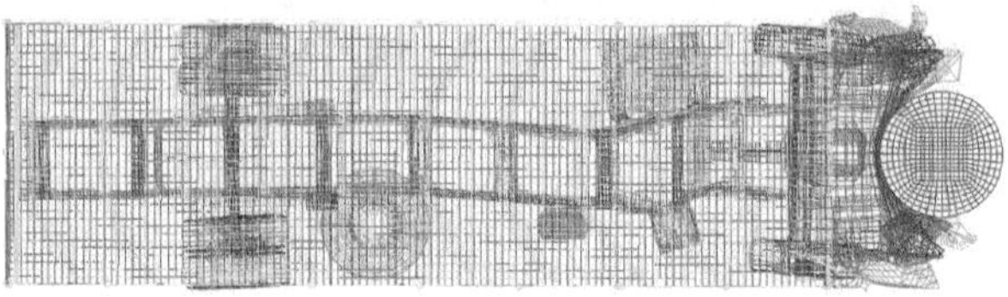

(e) 0.11 s

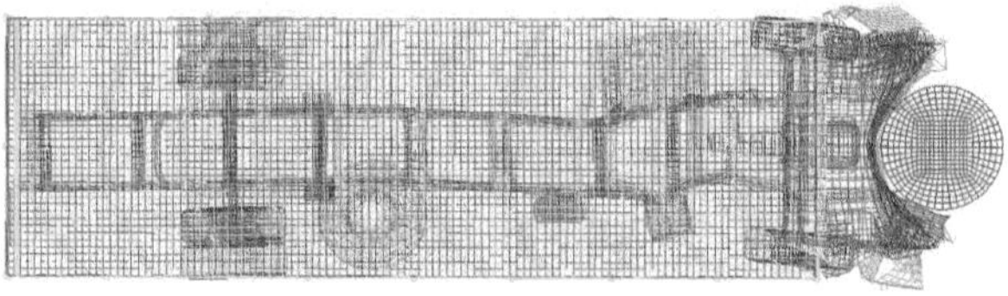

(f) 0.18 s

图 2-10　16 t 车辆碰撞过程

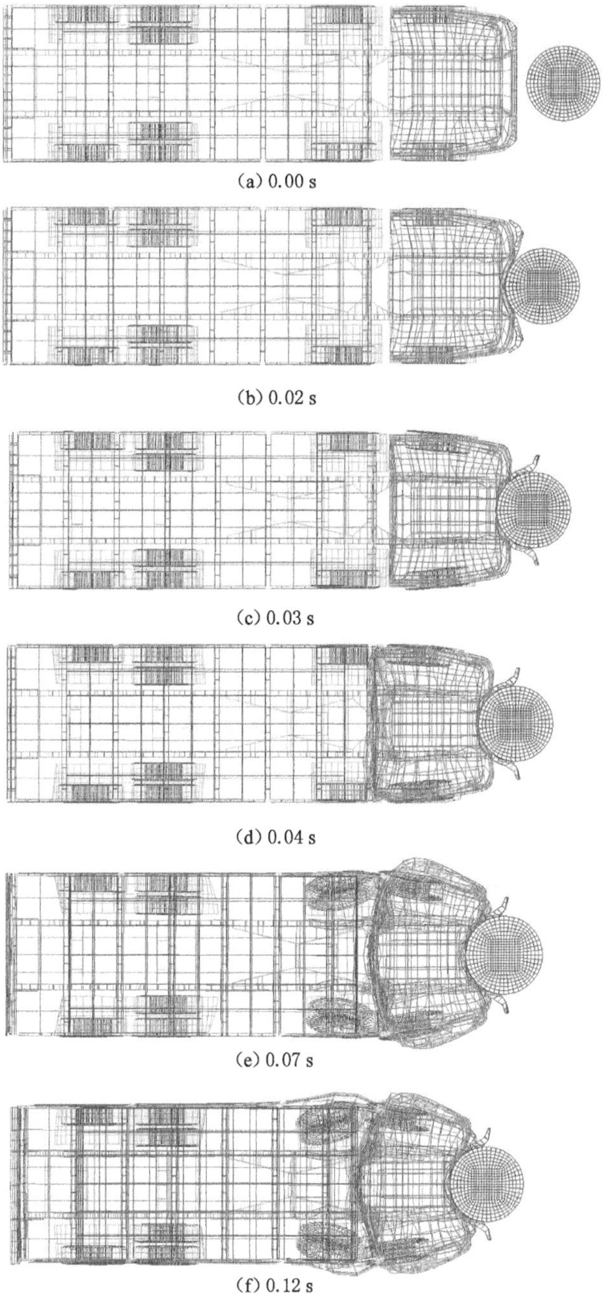

图 2-11　30 t 车辆碰撞过程

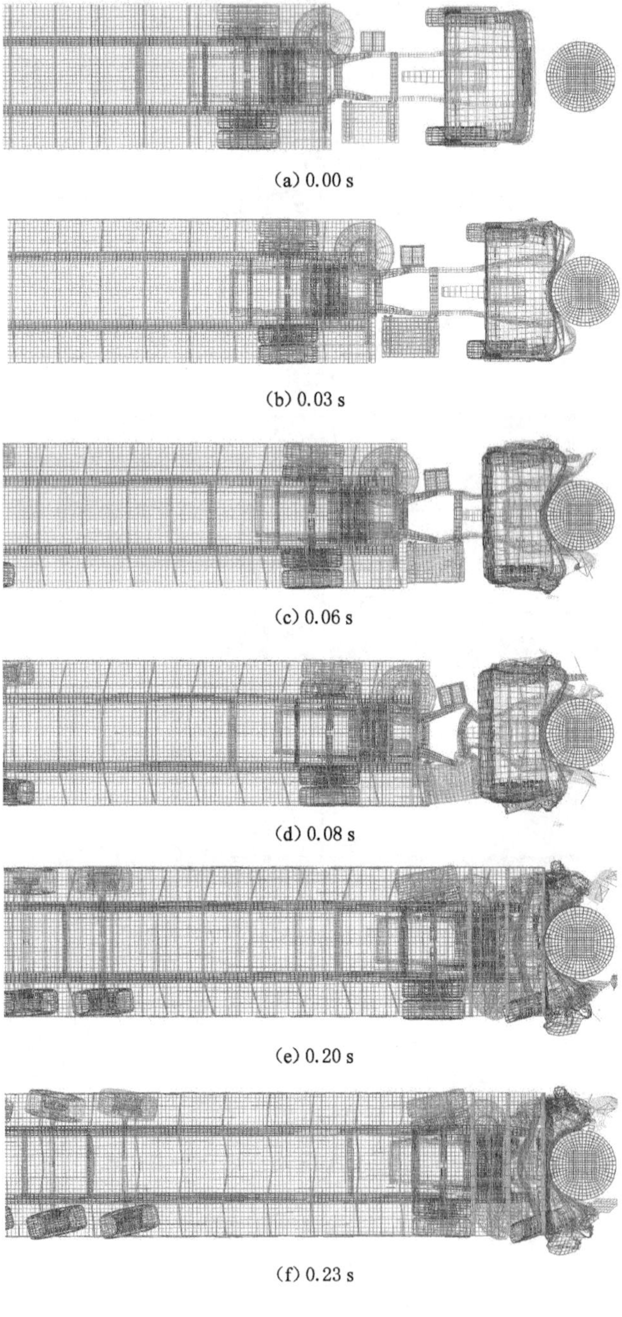

(a) 0.00 s

(b) 0.03 s

(c) 0.06 s

(d) 0.08 s

(e) 0.20 s

(f) 0.23 s

图 2-12　38 t 车辆碰撞过程

(5) 第五阶段是车辆动能在经历前四个碰撞阶段后基本降低为零，甚至反弹并与桥墩脱离。

由于车身内部构造和质量分布的不同，在碰撞过程中各类车辆变形形态存在较大的差异。10 t、16 t 和 30 t 车辆具有的整体式车架使得车厢货物与车头部分的连接比较牢固，部件间传力也比较直接，从而造成货物在较低撞击速度下未能与桥墩发生直接碰撞。然而，38 t 拖挂式卡车的牵引车和挂车是通过转向节进行连接的，加上车辆动能主要集中于后部挂车部分，此时转向节易发生破坏而造成货物直接与桥墩发生碰撞。与其他车辆相比，30 t 重型卡车的发动机尺寸和质量更大，同时车身构造更加紧凑，因此在碰撞过程中的挤压变形较小。

图 2-13 给出了碰撞过程中四种典型车辆车身挤压变形与撞击力的关系曲线。车辆内部构造和质量分布的差异直接造成其变形刚度的不同。需要指出的是，由于初始计算设置，车辆在运行开始的 200 mm 内未与桥墩发生接触。

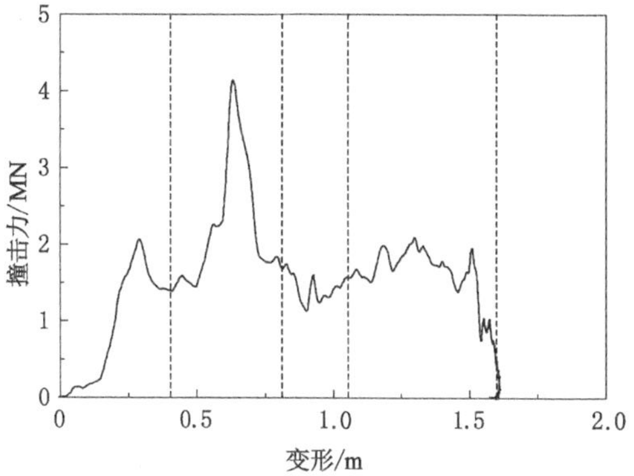

(a) 10 t 车辆

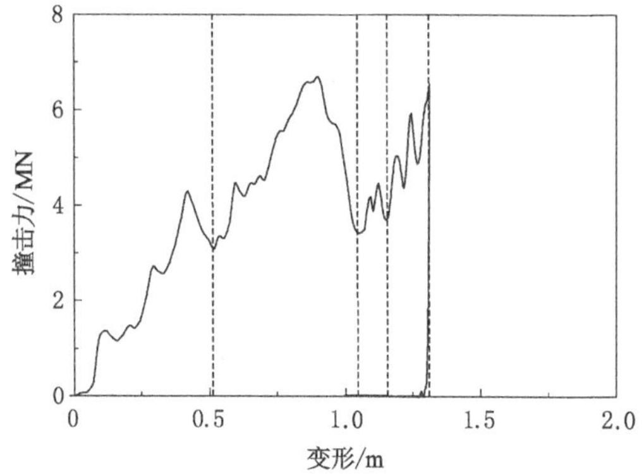

(b) 16 t 车辆

图 2-13　各类车辆撞击力-挤压变形曲线

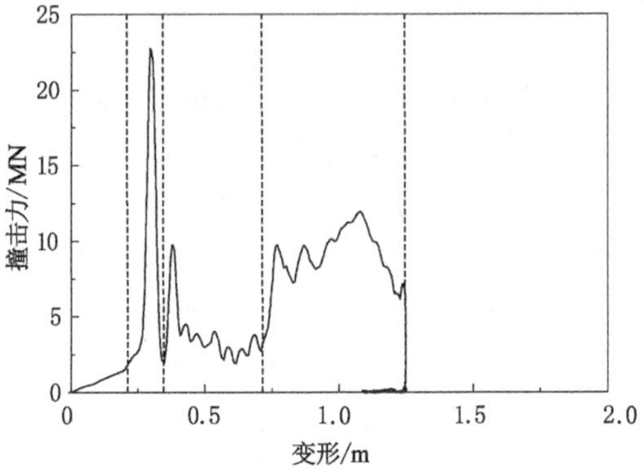

(c) 30 t车辆

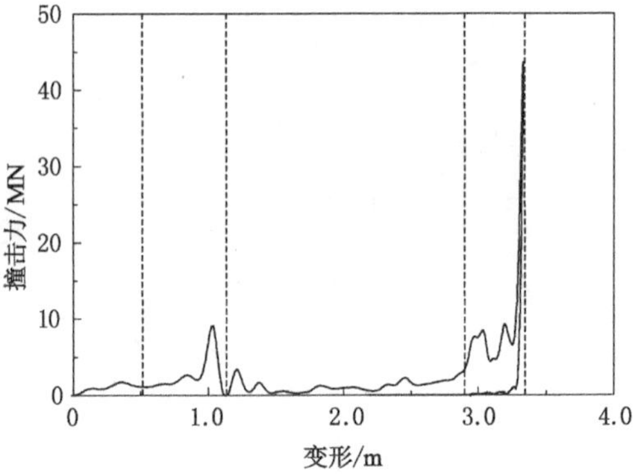

(d) 38 t车辆

图 2-13(续)

10 t 车辆的保险杠等部件在碰撞初期首先与桥墩发生碰撞，此时撞击力迅速增加；刚性发动机在保险杠发生压溃后撞击桥墩，从而使得撞击力急剧增加。此时车身撞深约为 0.75 m，这基本与发动机和桥墩的有效碰撞距离一致。随后，由于质量和刚度较大货物的挤压作用，车身中部部件发生较大的塑性变形，同时撞击力出现平台段。当车辆初始动能基本被消耗完毕后，撞击力迅速衰减到零。

与其他车辆相比，16 t 车辆在碰撞过程中车身刚度变化相对平缓，尤其是在发动机撞击桥墩之前，撞击力和车身位移基本为线性关系。由于整体式车架纵梁的支撑作用，货物在碰撞后期直接撞击发动机，从而导致撞击力进一步增大。

30 t 车辆车身构造特点和质量分布与其他车型存在较大的差异，其中发动机质量和体积远大于其他车辆发动机，发动机距车前端也较近。由于保险杠与前纵梁耗能较少，发动机的撞击作用在碰撞前期发挥着重要作用，因此相应的撞击力峰值也远大于其他车型。此外，车厢货物也无法与桥墩直接发生碰撞，因此碰撞后期货物挤压发动机造成了第二个撞击力峰值。

碰撞过程中 38 t 车辆的明显特征则是货物的二次撞击作用，以及车身撞深远大于其他车辆，高达 3.5 m。整个碰撞过程可以分为牵引车和车厢货物的撞击作用。当发动机和货物分别撞击桥墩时，车身刚度出现两次突变。转向节的存在导致碰撞过程中车身的受力机制发生变化，货物在压溃牵引车后直接撞击桥墩。此时车辆变形刚度急剧增加，撞击力峰值数倍于发动机撞击荷载。最后，车身迅速反弹并与桥墩分离。

2.3.3　车辆撞击荷载

图 2-14 显示了四种典型车辆以 40 km/h、70 km/h 和 100 km/h 速度撞击 1.2 m 直径桥墩时的撞击力时程。一般而言，撞击速度越大，其碰撞过程中需要转化的冲量也越大，这主要体现在撞击力幅值和持续时间的变化方面。从图 2-14 中可以看出，由于车辆内部构造的复杂性，撞击力时程会出现多个峰值，其中最具代表性的是发动机和货物的撞击作用。可以将碰撞过程分为发动机撞击桥墩和货物撞击桥墩两个阶段。当车辆质量保持不变时，随着撞击速度增加，各阶段的撞击力峰值增大，而撞击力持时往往逐渐减小。对于低速撞击情况，车辆初始动能主要被牵引车的塑性压缩变形所消耗，此时保险杠和发动机的撞击作用控制着撞击力峰值；然而，当撞击速度较大时，牵引车所消耗的车辆动能有限，后部货物在车头压溃后仍然具有较大的撞击能量，车厢货物产生的撞击力则成为撞击力峰值。

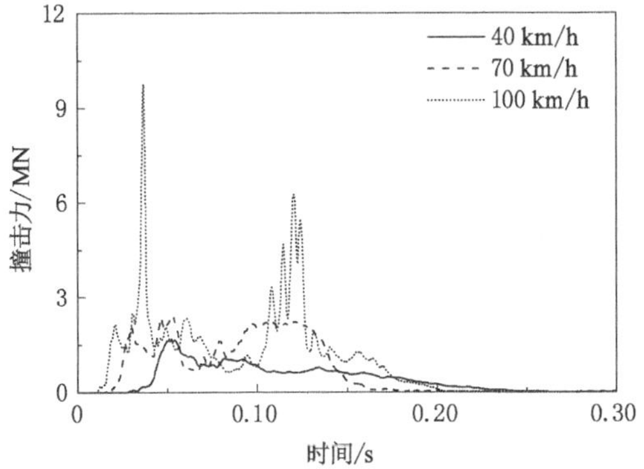

(a) 10 t 车辆

图 2-14　不同撞击速度时车辆撞击力时程

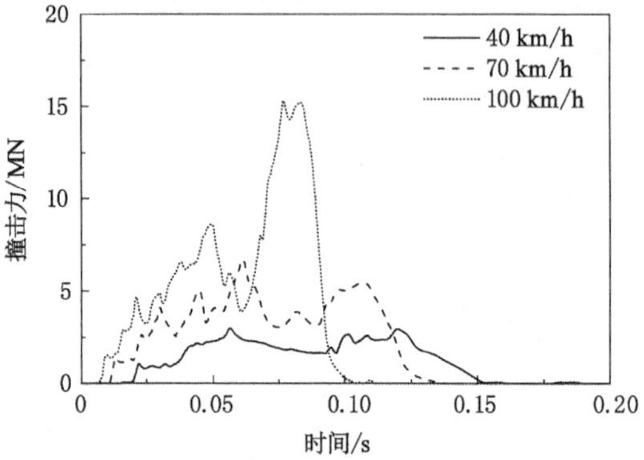

(b) 16 t车辆

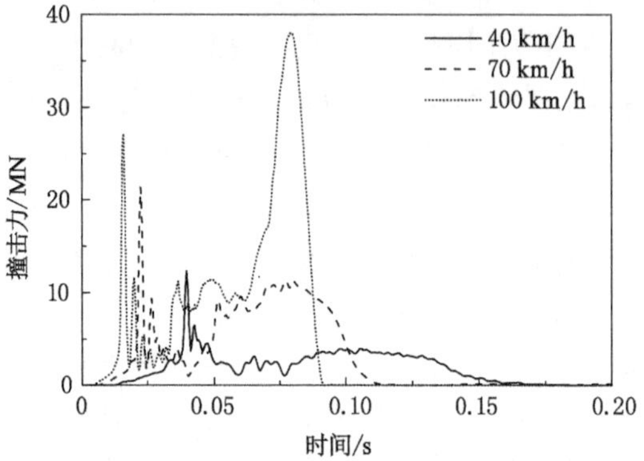

(c) 30 t车辆

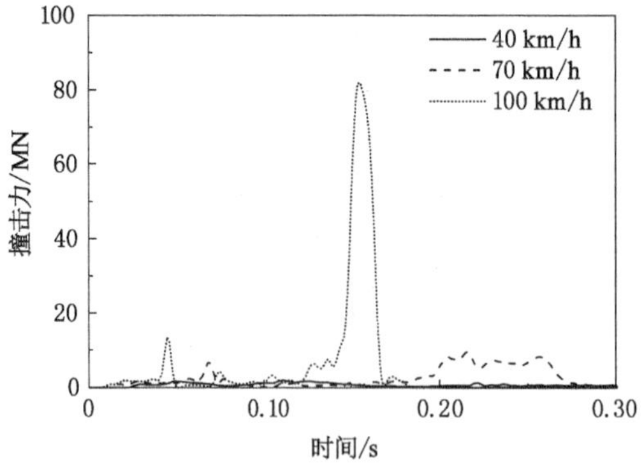

(d) 38 t车辆

图 2-14(续)

在碰撞过程前期，不同撞击速度下车辆撞击力时程曲线比较接近，只是在时间和幅值上存在一定的差异，此时车辆撞击力主要是由牵引车撞击桥墩造成的。以 10 t 卡车为例，当速度超过 70 km/h 时，保险杠等部件造成的撞击力峰值基本保持不变，峰值时刻随撞击速度的增加而减小。由于发动机和货物的刚度远高于其他部件，两者撞击作用的脉冲效应随撞击速度的增加而增强。因此，在重型车辆碰撞分析中，发动机和货物的撞击作用是最值得关注的内容。

桥墩截面尺寸直接决定了车辆与桥墩的接触面积，进而影响车辆的撞击力。图 2-15 给出了四种典型车辆以 70 km/h 速度撞击直径为 0.8 m、1.2 m、1.6 m 和 2.0 m 桥墩时的撞击力时程。由图 2-15 可以看出，桥墩直径对车辆撞击力具有一定的影响，但对碰撞持时的影响较小。直径为 0.8 m 桥墩的车辆撞击力时程与直径更大桥墩的撞击力存在一定的差异。当桥墩直径较小时，桥墩的刺透作用比较强，此时车身前部和中部参与碰撞的部件消耗能量较少，从而造成撞击力峰值要大于桥墩直径较大的情况，这种现象在 38 t 车辆的撞击力时程中尤为突出。因此，由于较大的撞击力和较小的抗撞能力，小直径桥墩在车辆撞击下更易发生破坏。30 t 卡车车身内部构造紧凑，同时质量主要集中在发动机和车厢货物，发动机基本位于车身最前部，这就导致撞击荷载主要产生于发动机和桥墩的接触面。因此，30 t 车辆撞击力对桥墩直径的变化不敏感。

图 2-16 所示为四类典型车辆在相同速度下撞击直径为 1.2 m 桥墩的撞击力时程。由图 2-16 可以看出，各类车辆的撞击力时程曲线之间存在明显的差异，这进一步表明车身构造特征对碰撞过程的影响十分显著。当低速撞击时，车辆撞击力峰值出现在第一个撞击阶段，即由保险杠和发动机等部件撞击桥墩产

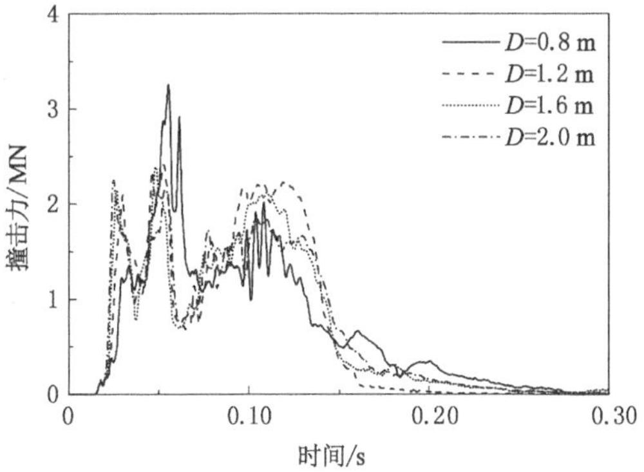

(a) 10 t 车辆

图 2-15　不同桥墩尺寸下车辆撞击力时程

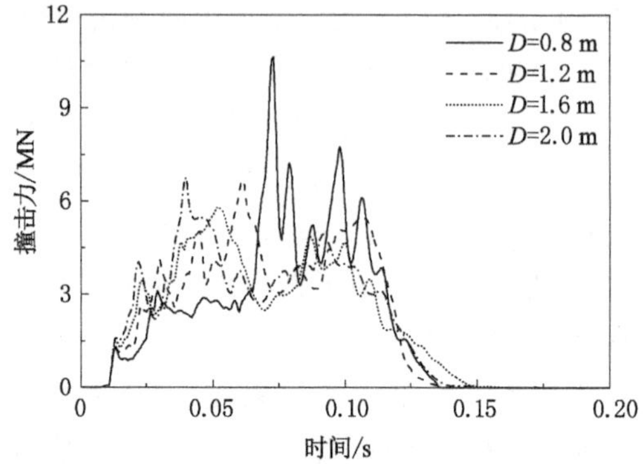

(b) 16 t车辆

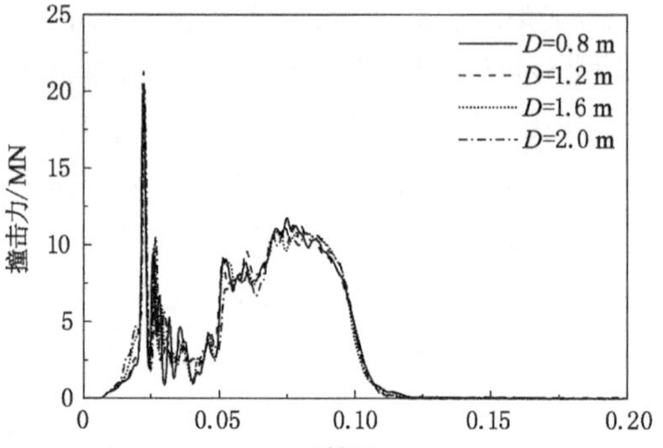

(c) 30 t车辆

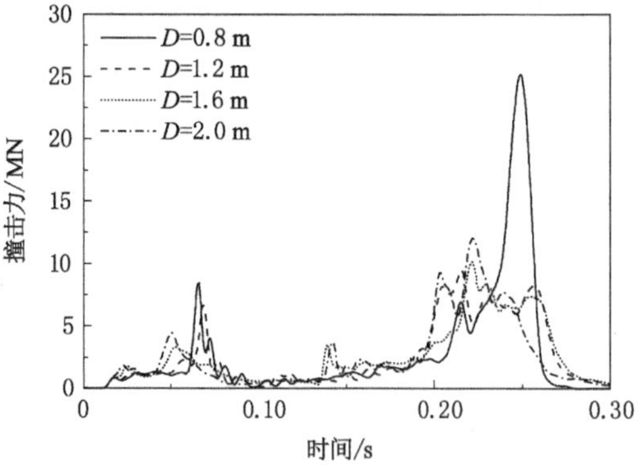

(d) 38 t车辆

图 2-15(续)

生的撞击力。16 t 和 30 t 车辆车型更加紧凑，车头部分质量更为集中。然而，38 t 车辆整体质量分布更为分散，挂车和牵引车的连接刚度相对较弱，碰撞过程中车身中部消耗了大量的车辆动能。因此，16 t 和 30 t 车辆的撞击力峰值甚至远大于 38 t 拖挂式卡车的撞击力峰值。对于高速撞击情况，车辆撞击力时程曲线都呈现出相同的特点：碰撞过程可以明显地分为两个阶段，其中第二阶段撞击力显著增大，一般远远超过第一阶段的撞击力。车辆撞击力峰值与车辆质量呈现出明显的正相关关系，即撞击力峰值随车身质量的增大而增大。

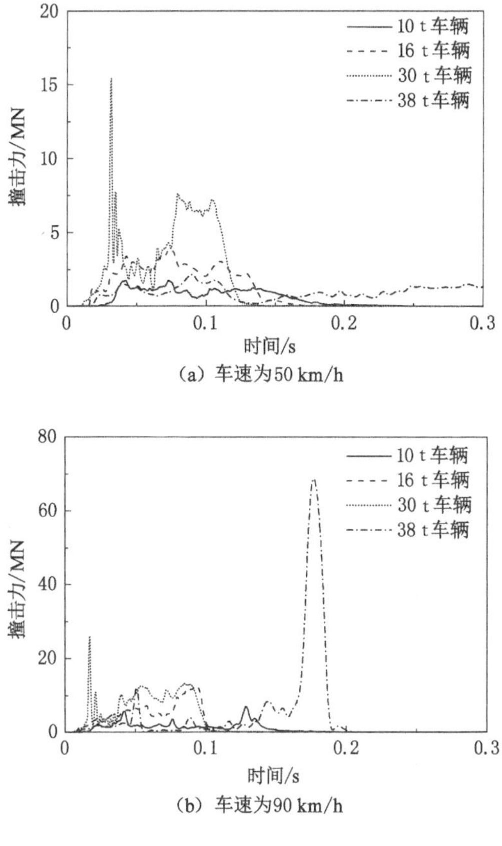

图 2-16　不同车辆类型时撞击力时程

综上所述，车辆类型能够显著影响撞击力。在低速撞击情况下，车辆结构形式对撞击力的影响较为显著；在高速撞击情况下，撞击力受车辆质量，尤其是货物质量的影响更为明显。

由于撞击力峰值是衡量车辆撞击作用大小的重要指标，Sharma 等[61] 和

Agrawal 等[63]均将撞击力峰值作为桥梁下部结构的车辆撞击需求。王娟[49]开展了大量的车桥碰撞有限元模拟，结果表明，与碰撞持时相比，撞击力幅值对桥梁结构的动态响应和损伤程度具有决定性作用，因此认为采用撞击力峰值来衡量桥梁结构的安全水准是合理的。

基于已建立的有限元模型，计算得到 224 个工况的撞击力时程，并分别对两个阶段的撞击力峰值进行了回归分析，从而建立了撞击力峰值与车辆类型、撞击速度和桥墩宽度的函数关系表达式，以期为桥墩抗车撞设计提供参考。由于车辆有效撞击宽度一般为 2 m 左右，当桥墩宽度超过 2 m 后，车辆与桥墩的碰撞过程与车辆撞击刚性墙类似。因此，以 2 m 宽度桥墩为基准，引入碰撞宽度比 α_w：

$$\alpha_{\mathrm{w}} = \begin{cases} D/2, & \text{圆形截面} \\ B/2, & \text{矩形截面} \end{cases} \tag{2-1}$$

式中：D 为圆形截面直径，m；B 为矩形截面宽度，m。

当 D 或 B 大于 2 m 时，碰撞宽度比取为 1。

考虑到车辆类型对撞击荷载的影响很大，因此对各类典型车辆的撞击力峰值分别进行回归分析。忽略桥墩结构特性对车辆撞击力的影响，采用幂函数对两个阶段撞击力峰值 p_{m1} 和 p_{m2}(kN)进行非线性拟合：

$$p_{\mathrm{m1}} = \eta_1 \alpha_{\mathrm{w}}^{\gamma_1} v^{\xi_1} \tag{2-2}$$

$$p_{\mathrm{m2}} = \eta_2 \alpha_{\mathrm{w}}^{\gamma_2} v^{\xi_2} \tag{2-3}$$

式中：η_1 和 η_2 分别是两个阶段的车辆质量相关系数；γ_1 和 γ_2 分别为桥墩碰撞宽度相关系数；ξ_1 和 ξ_2 分别为撞击速度相关系数；v 为车辆撞击速度，km/h。

表 2-3 和表 2-4 给出了四类典型车辆撞击圆形和方形截面桥墩撞击力峰值的参数取值。

表 2-3　圆形截面桥墩撞击力峰值的参数取值

车型	第一阶段				第二阶段			
	拟合参数			拟合度	拟合参数			拟合度
	η_1	ξ_1	γ_1	R^2	η_2	ξ_2	γ_2	R^2
10 t	0.15	3.30	−0.20	0.92	3.50	2.20	−0.20	0.86
16 t	230.00	1.12	0.10	0.82	4.00	2.42	−0.40	0.94
30 t	1 008.00	1.00	0.09	0.97	0.50	3.35	0.10	0.82
38 t	33.40	1.60	−0.94	0.90	0.22	3.90	−0.05	0.94

表 2-4　方形截面桥墩撞击力峰值的参数取值

车型	第一阶段				第二阶段			
	拟合参数			拟合度	拟合参数			拟合度
	η_1	ξ_1	γ_1	R^2	η_2	ξ_2	γ_2	R^2
10 t	38.00	1.50	0.15	0.83	0.70	2.59	−0.56	0.89
16 t	215.00	1.25	0.30	0.86	8.00	2.12	−0.60	0.85
30 t	186.00	1.50	−0.10	0.95	3.35	2.70	−0.01	0.83
38 t	402.00	1.00	−0.02	0.84	0.01	4.70	−0.48	0.97

2.4　车辆撞击力等效静力

2.4.1　等效静力研究现状

目前等效静力计算方法主要分为以下四类：① 基于冲量守恒定理的简化方法，即全局平均撞击力[34]；② 基于能量守恒原理的简化方法，即欧洲规范建议方法[19]；③ 基于位移相等原则的简化方法，即等效静力下结构构件的最大位移与车辆撞击荷载下相同[133]；④ 基于数据平均处理的简化方法，即 50 ms 或 25 ms 平均处理后的撞击力峰值[134]。

基于冲量守恒定理的简化计算方法一般假定撞击力在整个碰撞过程中保持不变，从而忽略了撞击荷载的脉冲效应，因此全局平均方法得到的等效静力往往会严重低估结构构件的撞击需求。基于能量守恒定理的简化计算方法同样存在类似问题，碰撞过程中重型车辆车身刚度变化十分剧烈，很难采用恒定数值来表征车辆刚度，而很多研究中往往采用刚塑性模型来模拟车辆变形特征。由此可见，基于能量守恒原理的简化方法难以反映车辆撞击荷载的变化规律，同时计算得到的等效撞击力一般偏小。采用基于位移相等原则方法计算等效静力的过程也相对比较烦琐，需要同时开展结构构件的撞击响应和静力分析。此外，已有研究[87,93,135]表明结构构件在撞击荷载和静力荷载下的破坏和变形模式会存在一定的差异，因此采用基于位移相等原则得到的等效静力进行结构抗撞设计可能会造成较大的误差。撞击力时程曲线一般会包含较多的高频分量，因此在车辆碰撞分析中需要进行滤波光滑处理。为了便于数据处理，往往直接对撞击力时程曲线进行平均处理然后取其撞击力峰值作为等效静力。然而，该方法中平均处理时间的取值缺乏理论基础，有待于进一步研究。

2.4.2 基于冲击谱的撞击力等效静力

1932 年 Biot[136] 首次提出了冲击谱的概念，并将其定义为指定频域范围内一系列单自由度体系在相同外部激励下的峰值响应所构建的图形。由于具有概念清晰和应用方便等优点，冲击谱在海军战舰设备抗撞设计中得到了广泛的应用。基于冲击谱概念，1959 年 Housner[137] 建立了第一条抗震设计反应谱。作为地震工程中的一个核心概念，设计反应谱提供了一种简便的方法来表述所有可能的单自由度体系在地震输入下某一特定分量的峰值反应。同样地，由于结构抗撞设计中主要关注其动力响应的最大值，冲击谱分析方法(SSAM)在船桥碰撞分析中得到了一定的推广和应用[138-140]。因此，基于冲击谱基本概念，将各类车辆撞击力时程样本施加到图 2-17(a)所示的单自由度体系，然后计算单自由度体系的动力响应。同时，将相应的车辆撞击力峰值作为静力施加到单自由度体系得到最大静位移，如图 2-17(b)所示。进而得到了不同碰撞工况所对应的荷载动力增大系数(PDIF)，进而可以得到车辆撞击力等效静力。

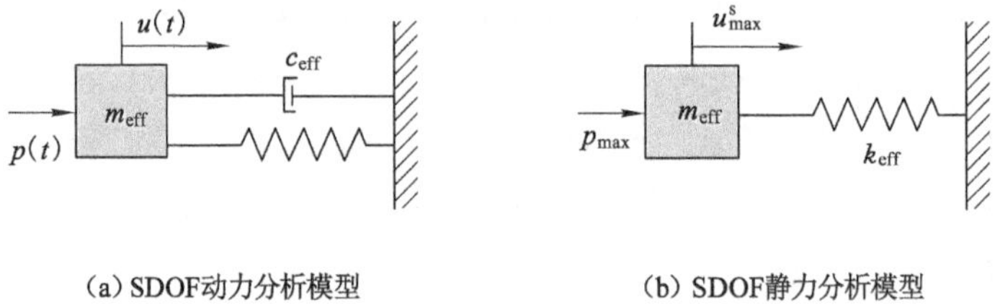

图 2-17 单自由度体系分析模型

单自由度体系的运动方程为：

$$m\ddot{u}(t) + c\dot{u}(t) + ku(t) = p(t) = p_{\max}\bar{p}(t) \tag{2-4}$$

式中：m、c、k 和 $u(t)$分别为单自由度体系的质量、阻尼、刚度和位移响应；$p_{\max}$为撞击力峰值，可根据式(2-2)和式(2-3)求解得到；$\bar{p}(t)$为归一化的撞击力时程。

单自由度体系真实抗力需要将惯性力和阻尼力从撞击荷载中剥离出去，则有：

$$ku(t) = p(t) - m\ddot{u}(t) - c\dot{u}(t) \tag{2-5}$$

荷载动力增大系数 PDIF 定义如下：

$$PDIF = \frac{ku^{\mathrm{d}}_{\max}}{p_{\max}} = \frac{ku^{\mathrm{d}}_{\max}}{ku^{\mathrm{s}}_{\max}} = \frac{u^{\mathrm{d}}_{\max}}{u^{\mathrm{s}}_{\max}} \tag{2-6}$$

式中，$u^{\mathrm{d}}_{\max}$和 $u^{\mathrm{s}}_{\max}$分别为撞击荷载和静载下结构的最大位移响应。

由此可见，弹性单自由度体系的荷载动力增大系数与位移动力增大系数相同。此外，该方法也是基于位移相等原则的另一种表现方式。

利用 Duhamel 积分方法对式(2-4)进行求解可以得到：

$$u(t)=\frac{1}{\omega\sqrt{1-\xi^2}}\int_0^t p(t)\exp[-\xi\omega(t-\tau)]\sin\omega\sqrt{1-\xi^2}(t-\tau)\mathrm{d}\tau \tag{2-7}$$

式中，ξ 和 ω 分别为结构的阻尼比和无阻尼时自振频率。

将式(2-7)代入式(2-6)即可得到荷载动力增大系数 PDIF：

$$PDIF=\frac{\omega}{\sqrt{1-\xi^2}}\left|\int_0^t \bar{p}(t)\exp[-\xi\omega(t-\tau)]\sin\omega\sqrt{1-\xi^2}(t-\tau)\mathrm{d}\tau\right|_{\max} \tag{2-8}$$

基于冲击谱的车辆撞击力等效静力 p_{SSA} 为：

$$p_{\mathrm{SSA}}=PDIF\cdot p_{\max} \tag{2-9}$$

如前所述，已有研究往往将被撞结构构件简化为单自由度体系，并且将其动力特性采用模态质量和抗力函数来表征。单自由度体系等效过程的关键在于形状函数 $\varphi(x)$ 的选择，很多学者[51,141-142]已经对其展开了讨论。

根据既定的形状函数，弹性桥墩的等效质量为[143]：

$$m_{\mathrm{sodf}}=\int_0^l \rho_1\varphi^2(x)\mathrm{d}x \tag{2-10}$$

抗力函数则可以表示为：

$$k_{\mathrm{sdof}}=1/\bar{\varphi}(x_{\mathrm{p}}) \tag{2-11}$$

式中：ρ_1 为桥墩线密度；$\bar{\varphi}(x_{\mathrm{p}})$ 为单位荷载作用于 x_{p} 高度处所引起的侧向位移。

单自由度体系的自振周期 T_{n} 可按下式计算：

$$T_{\mathrm{n}}=2\pi\sqrt{m_{\mathrm{sodf}}/k_{\mathrm{sdof}}} \tag{2-12}$$

基于数值仿真得到的车辆撞击力时程样本，采用式(2-8)可以计算得到不同碰撞工况下车辆冲击谱。四类典型车辆以不同速度撞击圆形截面桥墩所产生的冲击谱如图 2-18 所示。尽管不同车辆撞击作用所对应的冲击谱形态存在一定的差异，PDIF 在一个相当大的周期范围(约 0.001～0.5 s)均大于 1，这表明单自由度体系的等效静力一般要大于相应的车辆撞击力峰值。随着自振周期的增大，单自由度体系的响应对短持时车辆撞击力的变化趋于迟钝，即荷载动力增大系数减小。当撞击速度低于 80 km/h 时，各速度下的车辆冲击谱基本吻合。随着撞击速度进一步增大，车辆撞击力时程中包含更多的高频分量，从而造成 PDIF 的衰减速度随着结构周期的增大而加快。

陈林[142]对几何特征不同的桥墩进行了计算分析，结果表明，工程中常见桥梁桥墩所对应的等效单自由度模型的特征周期一般为 0.001～0.1 s。结合图 2-18

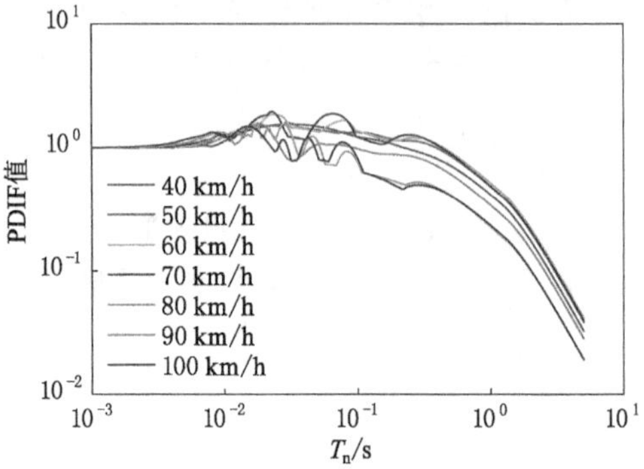

(a) 10 t 车辆

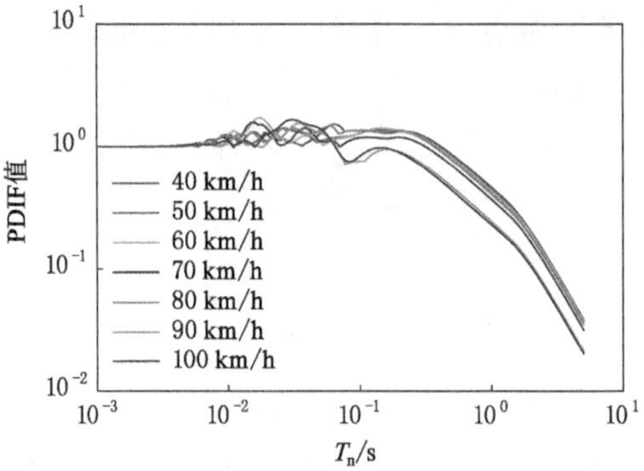

(b) 16 t 车辆

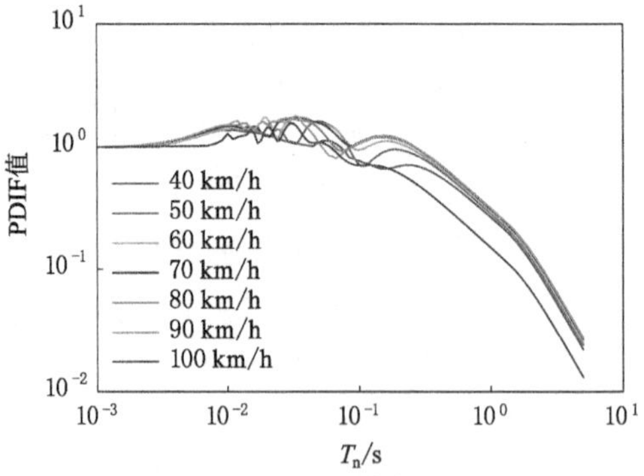

(c) 30 t 车辆

图 2-18 车辆冲击谱

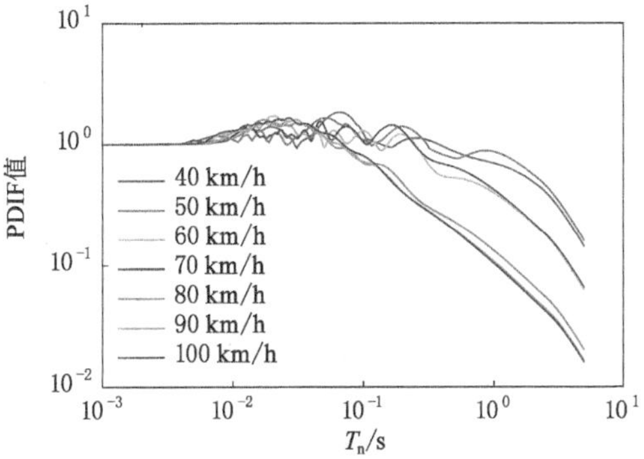

(d) 38 t车辆

图 2-18(续)

可知,根据弹性冲击谱方法得到的车辆撞击力等效静力反而比其撞击力峰值更大。需要指出的是,碰撞过程中桥墩结构不可避免地会发生非线性变形,结构周期会逐渐增大,从而造成荷载动力增大系数(PDIF)有所降低。综上所述,基于弹性冲击谱方法得到的撞击力等效静力可能会偏高地估计车辆的撞击作用。

2.4.3　基于平均处理方法的撞击力等效静力

实车碰撞分析中常常对采集的撞击力时程曲线进行 50 ms 平均处理,然后将平均处理后的峰值作为衡量撞击荷载强度的指标。基于该方法建立的等效静力已经被用于桥梁轨道和其他纵向护栏的抗撞设计中,并且取得了良好的结果[144]。

图 2-19 和图 2-20 分别为四类典型车辆撞击圆形和方形截面桥墩时经 50 ms 平均处理后的撞击力等效静力。图中深灰色平面代表中国规范和欧洲规范中车辆撞击力设计值 1 000 kN,浅灰色平面表示美国 AASHTO 规范中车辆撞击力设计值 2 700 kN。可以看出,撞击力等效静力对桥墩截面尺寸的变化不太敏感,但随撞击速度的增大而迅速增大。重型车辆撞击力等效静力均超过了各国规范的车辆撞击力设计值。由此可见,现行设计规范中车辆撞击作用的相关规定对重型车辆碰撞情况的适用性有待于进一步商榷。

碰撞接触面积对撞击力等效静力的影响不大,这主要是由于撞击力时程的高频成分被过滤掉。10 t 车辆的撞击力等效静力均未超过美国规范设计值。因此,在正常运行速度下,小/中型车辆的等效静力均小于美国规范的限值。当撞击速度超过 60 km/h 后,16 t 和 38 t 车辆的等效静力超过美国规范的限值;在各速度工况下,30 t 车辆的撞击力等效静力均超过了美国规范的限值。这进一

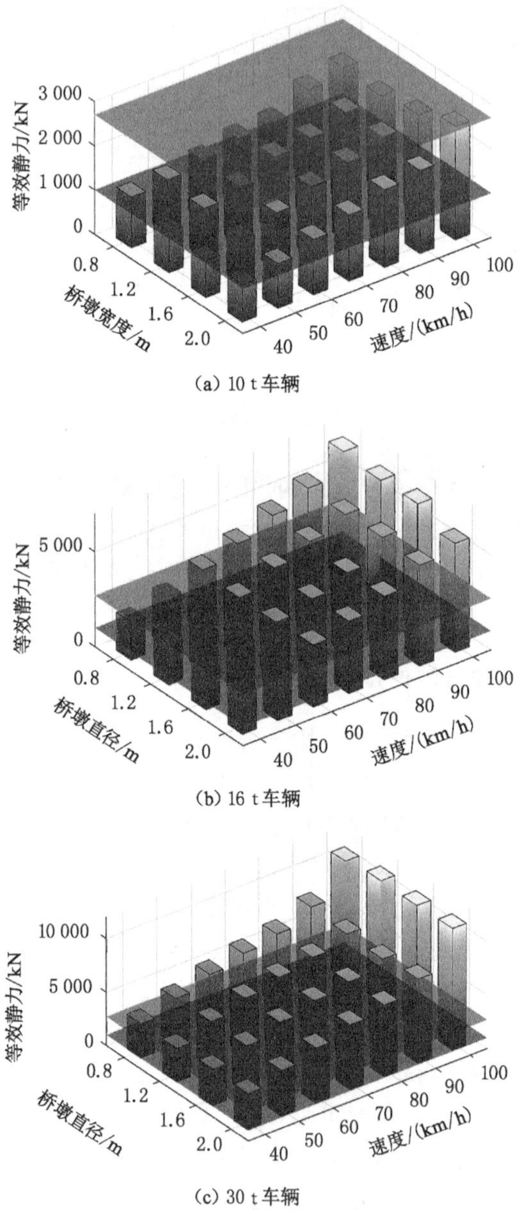

图 2-19　圆形截面桥墩的撞击力等效静力

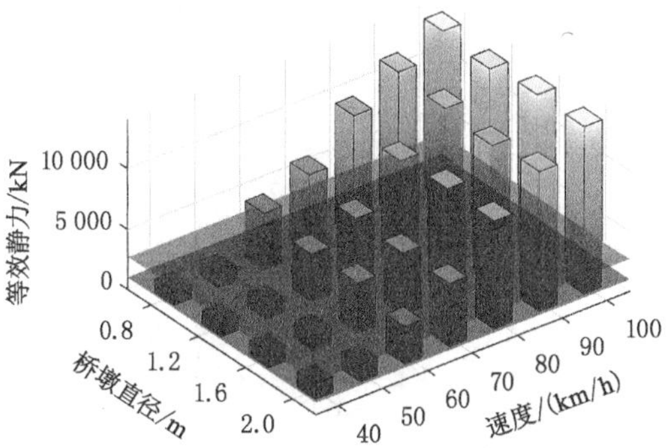

(d) 38 t 车辆

图 2-19(续)

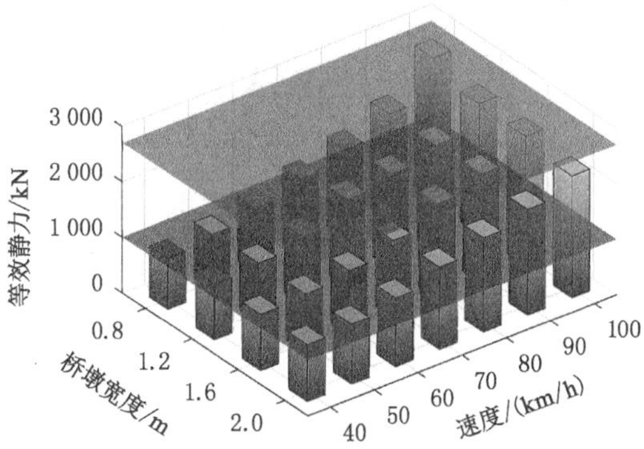

(a) 10 t 车辆

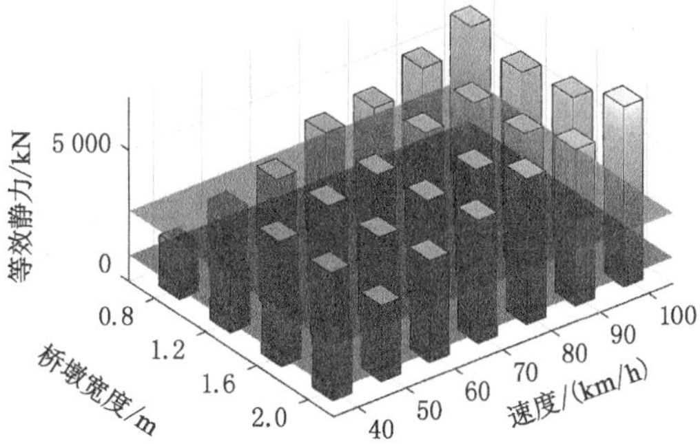

(b) 16 t 车辆

图 2-20　方形截面桥墩的撞击力等效静力

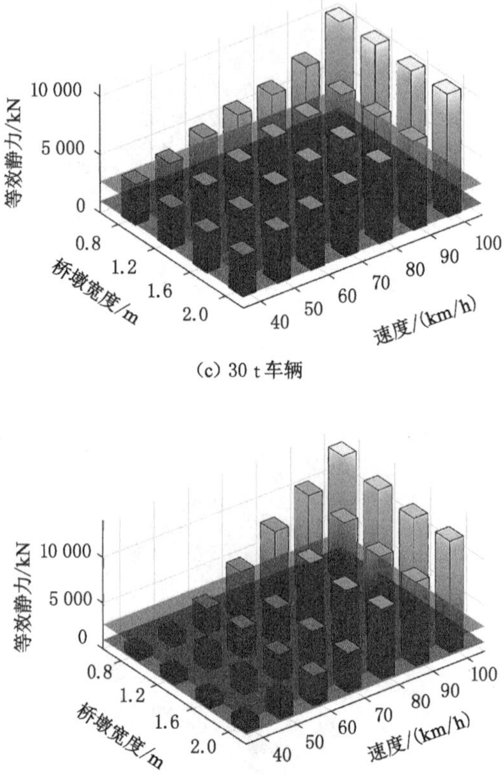

(c) 30 t 车辆

(d) 38 t车辆

图 2-20(续)

步表明车辆类型对撞击荷载的影响十分显著。整体来看,恒定的等效静力难以描述不同碰撞参数下车辆的撞击作用,同时车辆类型对撞击作用的影响也应加以考虑。

为了定量地衡量重型车辆的撞击作用,采用幂函数形式对撞击力等效静力进行拟合。考虑到车辆类型会显著地影响撞击荷载,分别对各类车辆的撞击力等效静力进行回归分析。经平均处理得到的等效静力 p_{av}的回归公式为:

$$p_{av} = \eta_{av} v^{\xi_{av}} \alpha_w^{\gamma_{av}} \tag{2-13}$$

式中:η_{av}是等效静力的质量相关系数;γ_{av}为碰撞宽度相关系数;ξ_{av}为撞击速度相关系数;v为车辆撞击速度(km/h)。

表 2-5 给出了四类典型车辆撞击圆形和方形截面桥墩时撞击力等效静力表达式中各项系数的取值。

表 2-5　等效静力的计算参数取值(50 ms 平均处理)

车型	圆形截面桥墩				方形截面桥墩			
	拟合参数			拟合度	拟合参数			拟合度
	η_{av}	ξ_{av}	γ_{av}	R^2	η_{av}	ξ_{av}	γ_{av}	R^2
10 t	22.25	1.00	0.01	0.95	21.60	1.00	−0.04	0.94
16 t	19.00	1.25	−0.05	0.99	41.15	1.10	0.17	0.97
30 t	20.25	1.35	0.01	0.92	30.73	1.25	0.01	0.94
38 t	0.14	2.50	−0.05	0.97	0.06	2.65	−0.14	0.99

本书后续研究表明,采用 20 ms 平均处理撞击力时程得到的撞击力峰值更能反映桥墩的动态剪切需求。同样地,采用幂函数形式对 20 ms 平均处理得到的撞击力等效静力进行非线性拟合,四类典型车辆撞击圆形和方形截面桥墩时撞击力等效静力计算公式中各项系数的取值列于表 2-6。与 50 ms 平均处理获得的撞击力等效静力相比,20 ms 平均处理的撞击力等效静力与拟合公式计算结果的决定系数 R^2 相对较小,但基本大于 0.82。

表 2-6　等效静力的计算参数取值(20 ms 平均处理)

车型	圆形截面桥墩				方形截面桥墩			
	拟合参数			拟合度	拟合参数			拟合度
	η_{av}	ξ_{av}	γ_{av}	R^2	η_{av}	ξ_{av}	γ_{av}	R^2
10 t	25.80	1.00	−0.02	0.88	25.24	1.00	0.01	0.82
16 t	4.03	1.65	−0.25	0.96	40.80	1.15	0.09	0.84
30 t	10.20	1.60	0.01	0.88	14.73	1.50	−0.02	0.92
38 t	0.02	3.10	−0.05	0.96	0.01	3.20	−0.24	0.97

综上所述,尽管车辆撞击力等效静力的计算方法有待进一步完善,为便于设计人员应用,工程设计中往往将动力问题简化为静力问题。因此,基于平均处理方法的撞击力等效静力仍然具有一定的可取之处,可以近似将其作为衡量车辆撞击作用的另一个重要参考指标。

2.5 车辆撞击力简化动力分析模型

目前车辆碰撞研究中采用的车型比较单一，且研究内容主要集中于车辆车头部分的刚度和变形特征研究。Wagströom 等[145]根据 NHTSA 碰撞试验结果建议：当车辆质量小于 2 000 kg 时，车辆前端刚度取为 1 000 kN/m；当车辆质量大于 2 000 kg 时，车辆前端刚度可取为 2 000 kN/m。Hu、Al-Thairy 等[146-147]基于仿真结果建议将车辆变形刚度取为 1 200 kN/m。然而，上述碰撞分析均属于低能量碰撞的范畴；对于具有较高撞击能量的重型车辆，往往会出现货物的二次碰撞，此时车辆刚度变化十分剧烈。因此，本节基于数值仿真得到的车辆撞击力-变形曲线建立了描述车辆刚度变化的简化分段线性曲线，进而得到车辆撞击力简化动力分析模型。

图 2-21 和图 2-22 分别给出了车型、撞击速度和碰撞宽度比不同时的车辆荷载-变形曲线。可以看出，车辆刚度在碰撞过程中不断发生变化，其中主要经历三个比较明显的加载阶段：保险杠、发动机和货物撞击桥墩。撞击速度和碰撞宽度比对车身初始刚度的影响比较小，而车身刚度在货物二次碰撞过程中受碰撞参数的影响较显著。综合对比四种车型，30 t 车辆在不同碰撞工况下的车身刚度变异性最小，而碰撞参数对 16 t 车辆车身刚度的影响最为明显。因此，简化荷载-变形关系采用分段线性函数来近似，并且做出以下假定：① 车头保险杠的刚度为一恒定值；② 发动机引起的峰值撞击力受撞击速度影响比较显著，可采用式(2-2)进行计算；③ 荷载-变形关系中卸载刚度均取为 1 000 MN/m。

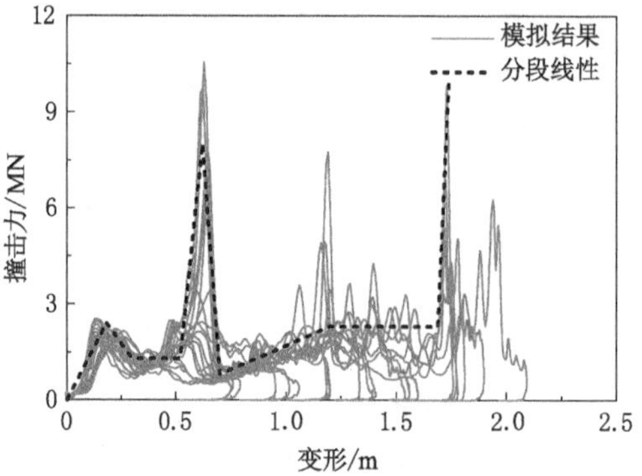

(a) 10 t 车辆

图 2-21 车辆撞击圆形截面桥墩时荷载-变形曲线及其分段线性简化

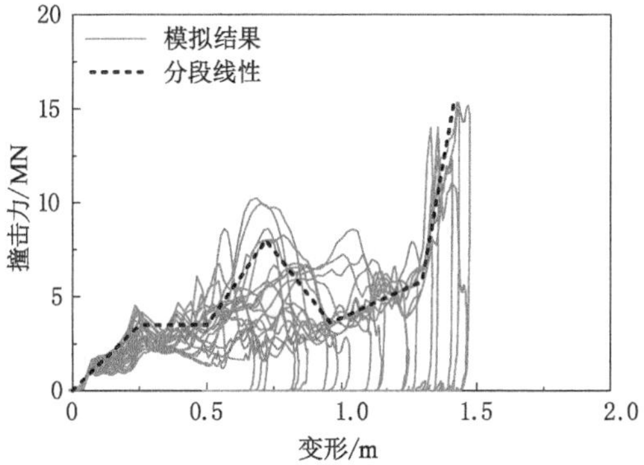

(b) 16 t 车辆

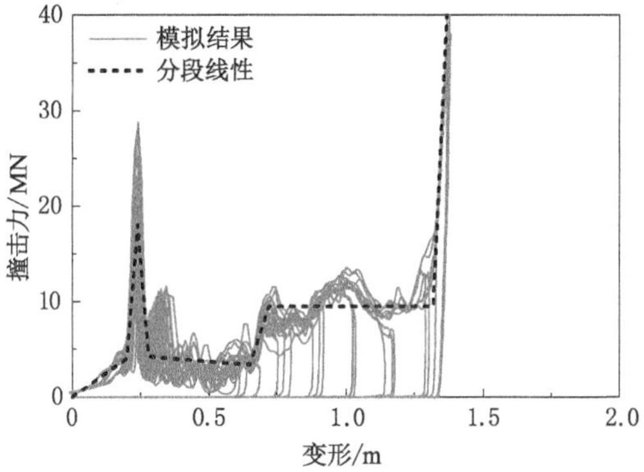

(c) 30 t 车辆

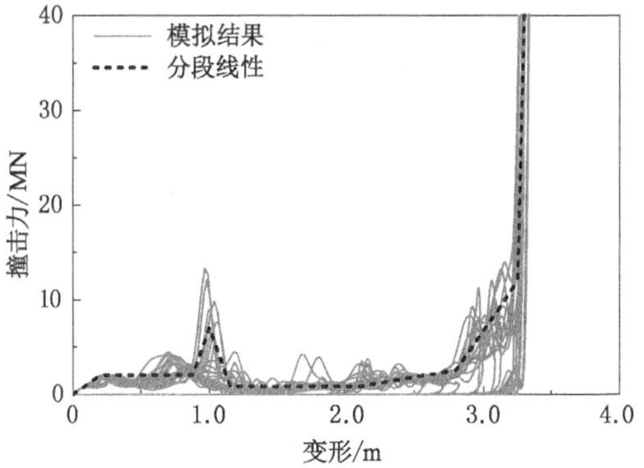

(d) 38 t 车辆

图 2-21(续)

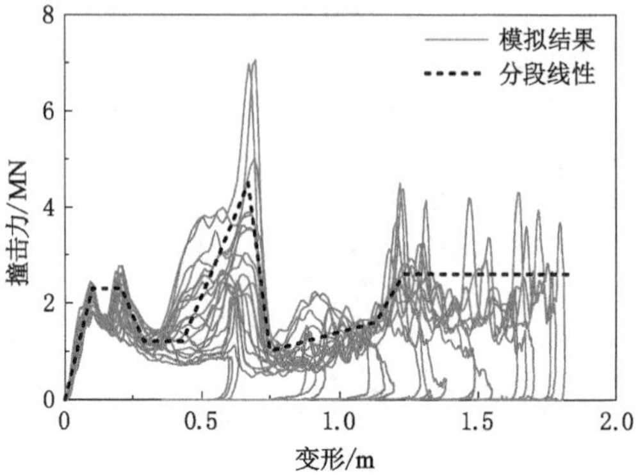

(a) 10 t车辆

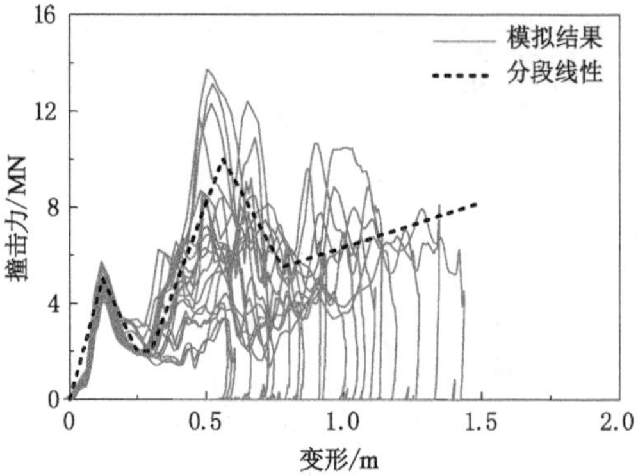

(b) 16 t车辆

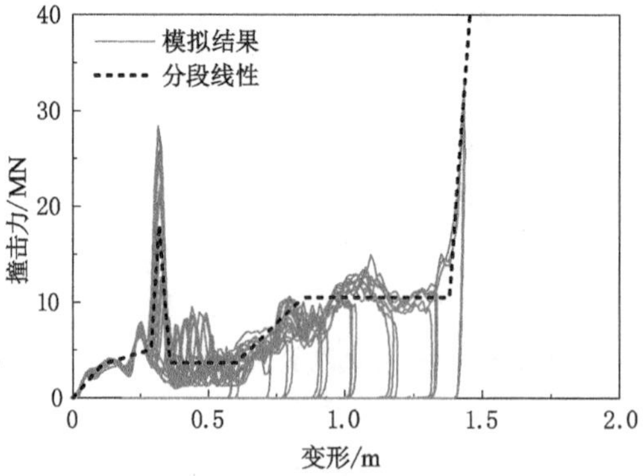

(c) 30 t车辆

图 2-22　车辆撞击矩形截面桥墩时荷载-变形曲线及其分段线性简化

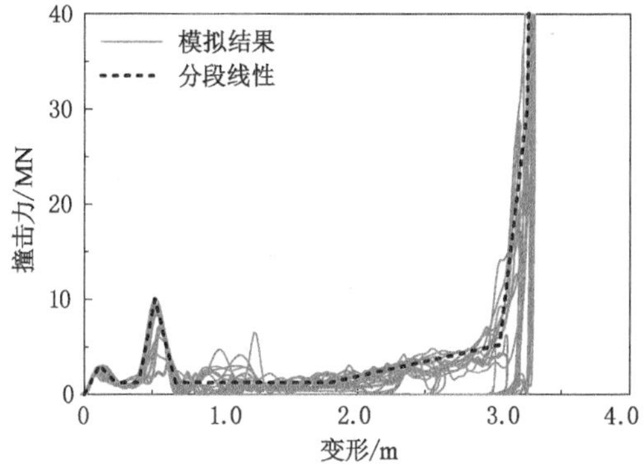

(d) 38 t车辆

图 2-22(续)

表 2-7 和表 2-8 给出了车辆撞击圆形和方形截面桥墩的简化荷载-变形关系。

表 2-7　圆形截面桥墩对应的车辆简化荷载-变形关系

序号	车辆类型							
	10 t		16 t		30 t		38 t	
	变形/m	荷载/MN	变形/m	荷载/MN	变形/m	荷载/MN	变形/m	荷载/MN
1	0	0	0	0	0	0	0	0
2	0.18	2.4	0.25	3.5	0.20	4.0	0.20	2.0
3	0.30	1.3	0.50	3.5	0.24	p_{m1}	0.88	2.0
4	0.52	1.3	0.72	p_{m1}	0.28	4.2	1.00	p_{m1}
5	0.62	p_{m1}	0.96	3.6	0.65	3.3	1.15	0.8
6	0.70	0.8	1.30	5.8	0.72	9.5	2.10	0.8
7	1.20	2.2	1.42	15.6	1.32	9.5	2.80	2.5
8	1.69	2.2	—	—	1.40	60.0	3.25	12.0
9	1.74	10.0	—	—	—	—	3.40	100.0

表 2-8　方形桥墩对应的车辆简化荷载-变形关系

序号	车辆类型							
	10 t		16 t		30 t		38 t	
	变形/m	荷载/MN	变形/m	荷载/MN	变形/m	荷载/MN	变形/m	荷载/MN
1	0	0	0	0	0	0	0	0
2	0.10	2.3	0.12	5.0	0.11	3.5	0.11	3.0
3	0.21	2.3	0.25	2.0	0.29	5.0	0.23	1.2
4	0.29	1.2	0.30	2.0	0.32	p_{m1}	0.40	1.2
5	0.43	1.2	0.56	p_{m1}	0.36	3.6	0.52	p_{m1}
6	0.67	p_{m1}	0.78	5.5	0.60	3.6	0.67	1.2
7	0.75	1.0	1.50	8.2	0.85	10.5	1.80	1.2
8	1.13	1.6	—	—	1.38	10.5	3.05	5.2
9	1.23	2.6	—	—	1.48	50.0	3.25	30.0
10	1.85	2.6	—	—	—	—	3.32	100.0

基于简化分段线性荷载-变形关系，建立了车辆撞击力简化动力分析模型，如图 2-23 所示。采用非线性弹簧来描述碰撞过程中车辆的刚度特征。此外，为了模拟车辆与桥墩碰撞后的分离现象，在系统中串联一个刚度极大的只压不拉弹簧。采用非线性逐步积分法对简化模型进行动力分析，从而可以获得车辆撞击力时程。

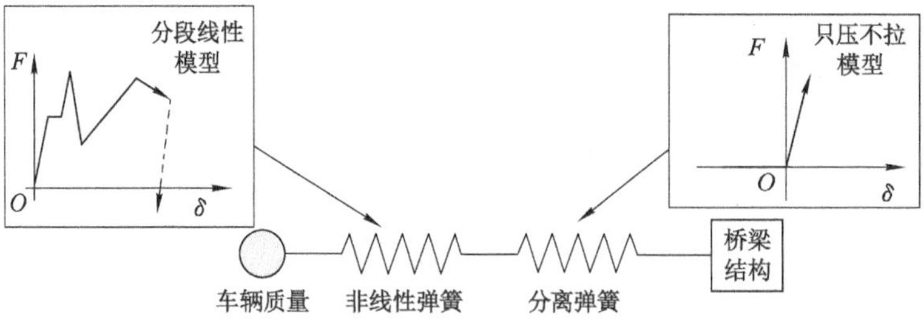

图 2-23　车辆撞击力简化动力分析模型

2.6 本章小结

(1) 重型卡车与桥墩的撞击力峰值主要取决于发动机和车厢货物的撞击作用。其中,货物质量和刚度对二次撞击作用的影响极大,且撞击力峰值随货物刚度的增加而增大。当货物刚度相对较小时,可近似采用集中质量单元来模拟货物以提高计算效率。牵引车与货物的刚度比控制着车辆撞击力的发展规律。

(2) 各类重型车辆的撞击作用主要取决于其车身结构构造、撞击速度、各部件刚度和质量分布。车辆结构构造和各部件刚度均会显著地影响其刚度变化特征,撞击力峰值则主要由撞击速度和车身质量所控制。车辆类型和撞击速度对撞击力时程的影响最为显著;随着桥墩直径的增加,撞击力峰值呈减小趋势。

(3) 基于数值模拟结果,采用非线性回归方法给出了各碰撞阶段撞击力峰值的经验公式;建立了车辆撞击作用的弹性冲击谱,分析结果表明基于弹性冲击谱的等效静力计算方法可能会高估车辆的撞击作用。借鉴实车碰撞试验中常采用的数据处理方法,分别采用 20 ms 和 50 ms 平均处理方法得到了车辆撞击力等效静力,并给出了其经验计算公式,可作为衡量车辆撞击作用的重要参考指标。

(4) 根据碰撞过程中车辆刚度变化特征,提出了简化分段线性的荷载-变形曲线,并建立了撞击力简化动力分析模型,该简化模型综合考虑了车辆类型、撞击速度和碰撞宽度比的影响。

第3章　钢筋混凝土桥墩的车撞响应特性及破坏机理

3.1　概述

本章首先采用LS-DYNA软件建立了重型车辆撞击钢筋混凝土桥墩有限元模型，深入探讨了碰撞参数和结构设计参数对桥墩抗撞性能的影响，对比了桥墩的抗撞能力和静态抗剪能力；随后，研究了车辆撞击下桥墩的内力响应特征，并提出了桥墩的动力抗撞分析方法；最后，考察了车辆类型对桥墩内力响应和破坏模式的影响，并揭示了钢筋混凝土桥墩的破坏机理。

3.2　碰撞模拟方法及相关参数确定

3.2.1　混凝土材料

混凝土连续面盖帽模型（CSCM）是由美国联邦公路管理局的Murray等[148-149]开发的，主要用来模拟车辆撞击下路侧混凝土防护结构的动态响应。该模型能够较好地描述混凝土材料在低围压和拉伸应力状态下的应力软化、刚度退化和应变率强化等重要特征。因此，已经被很多学者[61,79,102,150]应用到钢筋混凝土构件的撞击响应分析中。为了便于用户使用，CSCM提供了默认参数和用户自定义两种参数输入方式。当采用默认参数方式时，LS-DYNA程序根据用户提供的混凝土轴心抗压强度和最大骨料粒径自动计算所有材料参数。此外，用户也可以根据实际材料性能试验结果来自主定义所有材料参数，进而提高计算模拟精度。该模型的适用范围：轴心抗压强度为20～58 MPa，最大骨料粒径为8～32 mm。

CSCM的屈服面如图3-1所示。屈服面公式包括塑性面、剪切失效面、Rubin缩放函数、盖帽硬化面、剪切硬化面的定义，各部分之间光滑连续过渡。该屈服面公式由三个应力不变量和盖帽硬化参数κ定义，表达式如下：

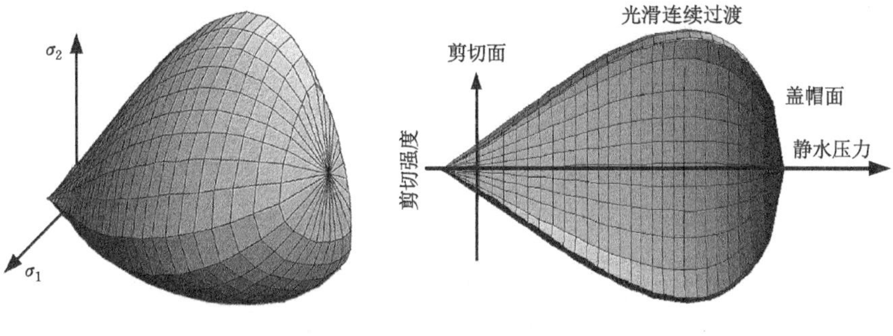

(a) 三维屈服面　　(b) 二维屈服面

图 3-1　CSCM 的屈服面[149]

$$f(I_1, J_2, J_3, \kappa) = J_2 - \Re^2 F_f^2 F_c \tag{3-1}$$

式中：J_2 和 J_3 是偏应力张量中第二和第三应力不变量；F_f 为剪切失效面；F_c 为硬化盖帽面；$\Re$ 为第三不变量的 Rubin 缩减系数；盖帽硬化参数 κ 是盖帽面和剪切面之间的压力不变量。

CSCM 可以考虑混凝土材料的延性和脆性损伤积累。延性损伤积累取决于塑性应变分量，而脆性损伤积累取决于最大主应变。当处于受压状态的混凝土单元应变能超过规定的损伤能量阈值时，延性损伤开始积累；当处于受拉状态的混凝土单元应变能超过相应的损伤能量阈值时，脆性损伤开始积累。单元的损伤塑性应力计算公式为：

$$\sigma_{ij}^{d} = (1-d)\sigma_{ij}^{vp} \tag{3-2}$$

式中：σ_{ij}^{vp} 表示无损伤塑性应力；σ_{ij}^{d} 表示有损伤塑性应力。

损伤积累由两部分组成：因拉脆性损伤 $d(\tau_t)$ 和因压延性损伤 $d(\tau_c)$。

$$d(\tau_t) = \frac{0.999}{D}\left[\frac{1+D}{1+De^{-C(\tau_t-\tau_{0t})}} - 1\right] \tag{3-3}$$

$$d(\tau_c) = \frac{d_{max}}{B}\left[\frac{1+B}{1+Be^{-A(\tau_c-\tau_{0c})}} - 1\right] \tag{3-4}$$

式中：τ_c 和 τ_t 分别为延性和脆性损伤的能量项；τ_{0c} 和 τ_{0t} 分别为延性和脆性损伤阈值。参数 A、B、C、D 则决定着软化曲线和应力应变曲线的形状。

混凝土材料的应变软化和刚度退化程度均通过损伤变量 d 来表示，如图 3-2 所示。当损伤变量 d 接近 1 的时候，单元强度和刚度严重退化，从而容易出现过度畸形。为克服数值计算困难，程序自动将 d 大于 0.99 的混凝土单元删除。此外，用户还可以引入侵蚀算法来定义单元的最大失效主应变，即当单元主应变大于用户自定义数值时，也会将其从模型中删除。

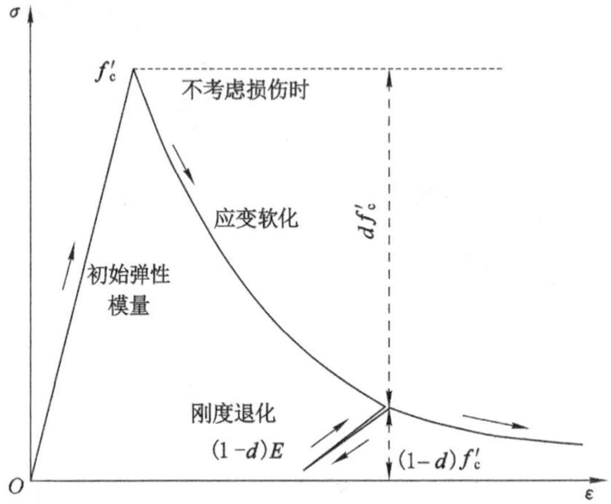

图 3-2　混凝土应变软化和刚度退化示意图

3.2.2　钢筋材料

当钢筋混凝土构件遭受到撞击荷载时，钢筋会产生显著的应变率效应，其力学行为也会随之发生改变。因此，钢筋材料均采用随动硬化双线性弹塑性模型(MAT_PLASTIC_KINEMATIC)，如图 3-3 所示。该模型可以用于梁(杆)单元、壳单元和实体单元，具有使用方便、计算效率高等优点。引入 Cower-Symonds 模型[151]来考虑材料应变率效应，则钢筋的动态屈服应力 σ_y 为：

$$\sigma_y = \left[1 + \left(\frac{\dot{\varepsilon}}{C}\right)^{1/P}\right](\sigma_0 + \beta E_P \varepsilon_P^{\text{eff}}) \tag{3-5}$$

式中：E 为初始弹性模量；E_t 为切线模量；σ_0 为初始屈服应力；$\varepsilon_P^{\text{eff}}$ 为等效塑性应变；E_P 为塑性硬化模量；β 为硬化参数，当 $\beta=0$ 时为随动强化，而当 $\beta=1$ 时为等向强化；$\dot{\varepsilon}$ 为材料应变率；C 和 P 为应变率强化参数，分别取为 40.4 和 5.0[151]。

类似地，采用侵蚀算法来模拟钢筋单元的断裂。当钢筋单元等效塑性应变超过规定数值时，将其从模型中删除。在钢筋混凝土构件的撞击、爆炸分析中，Shi 等[152]和程小卫等[112]将钢筋材料的失效应变设定为 0.12，并取得了比较理想的模拟结果。同样地，本文中钢筋的塑性失效应变取为 0.12。

3.2.3　单元选取

为了提高计算效率同时避免全积分单元的剪切锁死和体积锁死，混凝土采

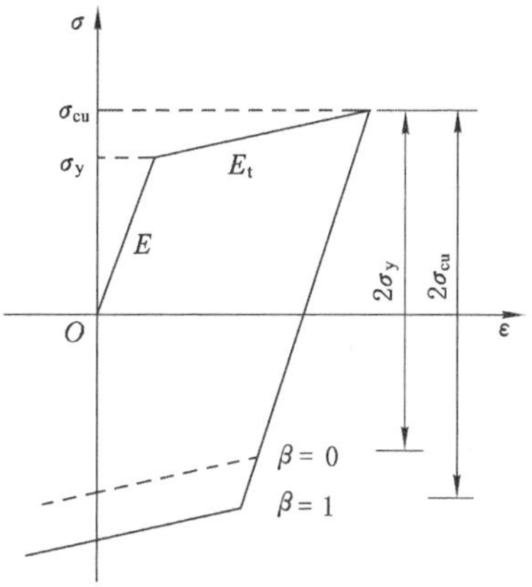

图 3-3　钢筋材料强化法则

用单点缩减积分的六面体实体单元模拟。为了避免沙漏模式的发展，需要采用沙漏控制技术来抑制系统中的沙漏能，一般将其控制在 10％以内。LS-DYNA 程序中提供了基于刚度和基于黏性两种沙漏控制方法[153]。本书采用 Flanagan-Belytschko 黏性控制方法[154]来限制系统沙漏能。

钢筋采用 Hughes-Liu 梁单元来模拟，并且通过定位节点来指定截面方向。该单元能够较好地模拟钢筋在轴向拉力、轴向压力、弯矩和剪力下的受力状态。

现有研究结果[111,155-156]表明，快速加载下钢筋混凝土构件中钢筋与混凝土的黏结能力增强，同时由于荷载作用时间的短暂性，两者之间一般不会出现较大的滑移。因此，本书不考虑钢筋与混凝土之间的相对滑移。LS-DYNA 程序中提供了共节点和流固耦合两种方法来实现钢筋与混凝土的完全黏结。共节点法要求钢筋与混凝土单元节点必须在同一位置处，因此该方法一般只适用于简单配筋情况。对于复杂结构而言，其建模难度较大。为了解决这一问题，可以首先将钢筋和混凝土分开建模，通过定义关键字 CONSTRAINED_LAGRANGE_IN_SOLID 将钢筋单元固定到混凝土单元中[157]。可见，流固耦合法对单元节点位置没有特殊要求，建模复杂程度得到降低。为了简化建模，本章桥梁有限元模型采用流固耦合方法来定义钢筋与混凝土之间的黏结关系。

3.2.4　加载控制

为了考虑轴向荷载对钢筋混凝土构件的抗撞性能的影响，计算过程分为静力加载和碰撞分析两个阶段。即首先进行静力加载，完成预加力（如重力等）的加载。在此基础上，采用显式动力积分方法进行碰撞分析。对于静力加载，在LS-DYNA程序中可以采用隐式计算方法、显式准静态加载方法和动力松弛方法[158]。为了实现静力和撞击荷载的良好衔接，本书采用动力松弛方法，通过定义CONTROL_DYNAMIC_RELAXATION关键字来实现。该方法将预加力一次性施加到结构上，然后施加很大的虚拟阻尼来消除加载过程所产生的动力效应，随后单元节点速度迅速衰减而使得体系动能减小到一个比较小的范围内。为了加快收敛速度，计算过程中的虚拟阻尼一般取为体系的临界阻尼。当静力加载达到平衡状态后，对结构进行碰撞动力分析。

3.2.5 模拟方法验证

为了验证上述模拟方法和参数设置在撞击分析中的合理性，对日本国防研究所Fujikake等[86]开展的钢筋混凝土梁落锤撞击试验进行数值模拟，撞击试验装置如图3-4所示。落锤总质量为400 kg，冲头曲率半径为90 mm，并通过放置在冲头和上部配重之间的力传感器来测量钢筋混凝土梁与落锤之间的撞击力。落锤分别在距梁顶面0.15 m、0.3 m、0.6 m和1.2 m高度处自由释放来撞击钢筋混凝土梁。梁总长为1.7 m，截面尺寸为250 mm×150 mm；两端简支，净跨为1.4 m。梁截面采用对称配筋，顶面和底面分别配置两根直径为16 mm的纵向钢筋，其屈服强度为426 MPa；箍筋采用屈服强度为295 MPa、直径为10 mm的钢筋；箍筋间距为75 mm。浇筑70 d后的混凝土抗压强度为42 MPa，最大骨料粒径为10 mm。梁截面尺寸和配筋情况如图3-5所示。

根据上述撞击试验参数，利用有限元软件LS-DYNA建立了钢筋混凝土梁有限元模型，如图3-6所示。采用8节点单点缩减积分实体单元来模拟混凝土，并引入沙漏控制技术以避免撞击过程中可能出现的零能模式；钢筋采用2×2高斯积分算法的Hughes-Liu梁单元来模拟；支座装置采用刚性材料的实体单元来模拟，并约束其竖向位移。钢筋与混凝土之间采用共节点连接方式，而不考虑钢筋与混凝土之间的滑移。钢筋混凝土梁模型中共包含51 000个实体单元和1 120个梁单元。混凝土材料采用CSCM来模拟，其单轴抗压强度和骨料最大粒径分别取为42 MPa和10 mm，其他参数由程序自动生成。纵向钢筋和箍筋均采用随动强化弹塑性模型，屈服强度分别取为426 MPa和295 MPa。落锤采用弹性材料模型（MAT_ELASTIC）来模拟，弹性模量和泊松比根据钢材的力学性质选取。

落锤采用四节点实体单元模拟，其中冲头和落锤配重分别采用不同精细程度的网格以减少计算时间。通过调整落锤配重的材料密度使得落锤总质量为

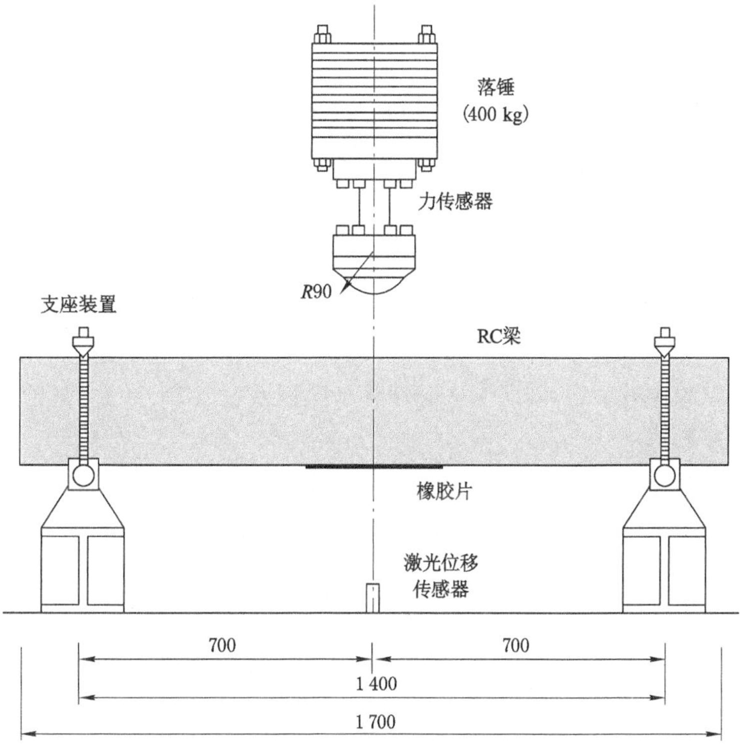

图 3-4 落锤撞击试验装置(单位:mm)

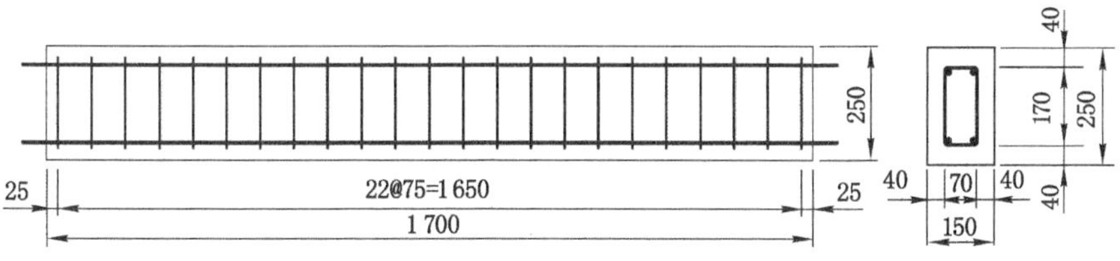

图 3-5 梁截面尺寸及配筋情况(单位:mm)

400 kg。为了缩减计算时间和避免出现初始穿透,将落锤与梁体的初始间距设置为 1 mm。通过定义关键字 INITIAL_VELOCITY_GENERATION 赋予落锤不同的初始速度($v=\sqrt{2gh}$,h 为撞击高度)来实现不同撞击高度的撞击作用。考虑到撞击过程中混凝土会出现压碎和剥落现象,采用基于罚函数算法的

图 3-6 撞击试验有限元模型

CONTACT_ ERODING_SURFACE_TO_SURFACE 来定义落锤与梁、支座装置与梁之间的接触关系，同时引入黏性接触阻尼系数（$VDC=30$）来消除接触面法向的高频振荡。

分别对比了在 0.60 m 和 1.20 m 撞击高度下钢筋混凝土梁动态响应的数值模拟结果和试验结果，其中裂缝分布、撞击力和跨中挠度时程曲线如图 3-7 和图 3-8 所示。采用数值模拟得到的等效塑性应变云图来描述钢筋混凝土梁的裂缝分布情况。不同碰撞工况下钢筋混凝土梁损伤情况的模拟结果和试验结果基本一致，均在跨中受拉侧出现了明显的弯曲裂缝；还可以观察到，梁锤接触区的混凝土均被压酥，梁剪跨内出现了许多斜裂缝。撞击力时程的数值模拟结果基本可以反映试验撞击力的变化规律；两种工况下撞击力峰值模拟值和试验值的相对误差分别为 8.6%和 6.5%。与撞击力时程相比，梁跨中挠度时程的数值模拟结果与试验结果吻合更好；两个撞击工况下梁最大跨中挠度模拟值和试验值的相对误差分别为 3.3%和 0.4%。通过数值模拟结果与试验结果的对比可知，本书采用的有限元建模方法和参数选取是较为合理的，能够较好地模拟钢筋混凝土构件在撞击荷载下的动态响应特征。

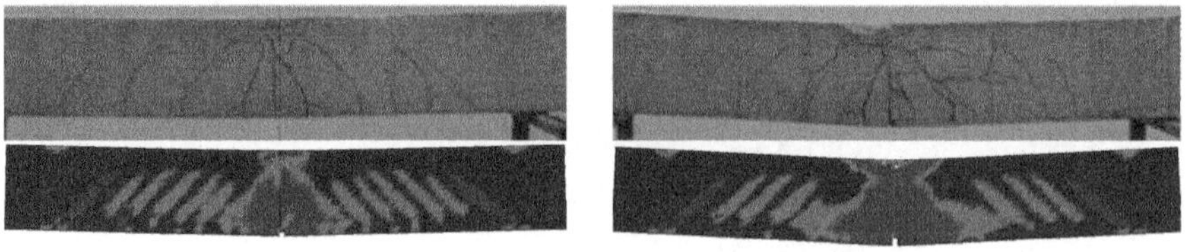

(a) 撞击高度为0.60 m　　(b) 撞击高度为1.20 m

图 3-7 RC 梁的裂缝分布对比

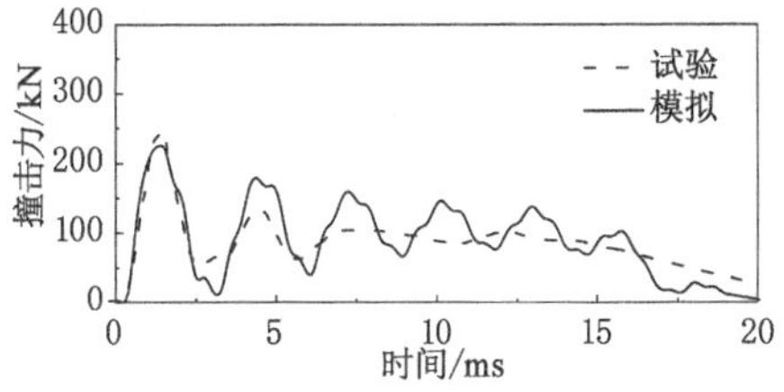

(a) 撞击高度为0.60 m

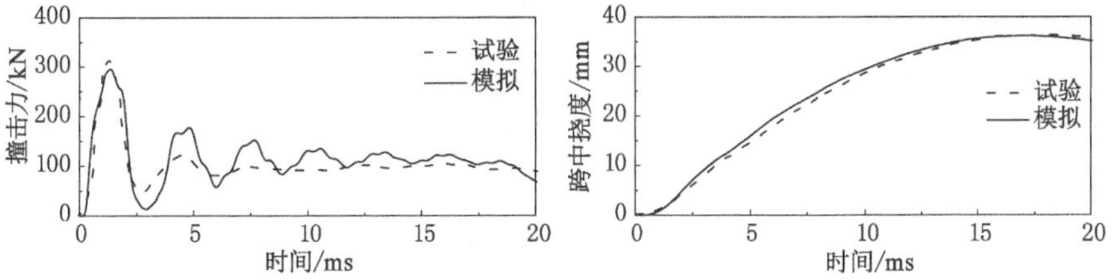

(b) 撞击高度为1.20 m

图 3-8　撞击力和跨中挠度时程曲线对比

3.3　桥墩车撞响应行为

3.3.1　桥墩有限元模型

由于车辆撞击作用对桥墩的局部撞击效应十分显著，桥墩损伤往往集中在撞击位置及其以下部位，而上部结构的影响主要体现在其惯性效应。因此，为减少精细全桥模型所需的巨大建模和计算工作量，参考已有文献的简化方法[17,34,61]，采用单独桥墩模型代替全桥模型进行桥墩抗撞性能分析。桥墩截面几何尺寸及有限元模型如图 3-9 所示。混凝土等级为 C40；纵向钢筋等级为 HRB400 级，钢筋直径为 32 mm，配筋率为 1.15%。箍筋等级为 HRB335 级，直径为 16 mm，间距为 200 mm。桥梁结构一般具有“头重脚轻”的特点，大部分质量集中于上部结构。因此，采用高度为 1 m 质量块来模拟上部结构。根据 Sharma 等[61]统计的桥梁设计参数将上部结构重量取为 0.07 $A_c f_c$，其中 A_c 为桥墩截面面积，f_c 为混凝土抗压强度。桥墩底部向下延伸以考虑钢筋和混凝土在地面水平界面处的应变和裂缝发展情况，延伸长度取桥墩直径。对延伸段底部节点施加竖向自由度约束，同时约束下部延伸段周边节点水平向自由度。

采用 8 节点单点缩减积分实体单元模拟混凝土来减少计算时间，同时引入虚拟的沙漏刚度来避免出现过大的沙漏能；钢筋采用 Hughes-Liu 梁单元来模

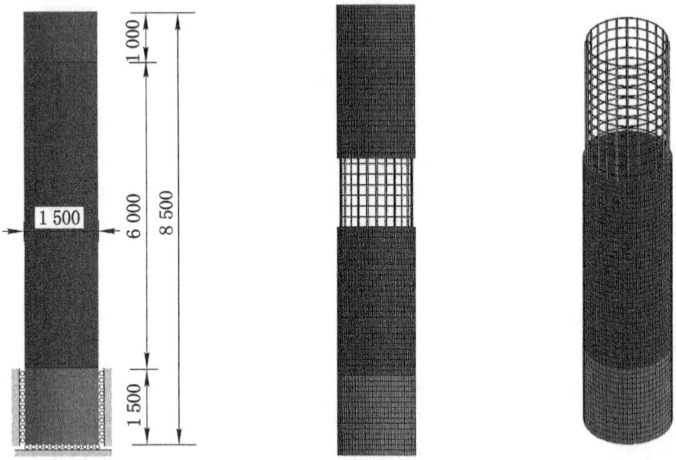

图 3-9　桥墩截面几何尺寸及有限元模型(单位:mm)

拟。不考虑钢筋和混凝土之间的滑移效应,采用流固耦合方法来实现两者之间的完全黏结。混凝土采用 CSCM,其抗压强度为 26.8 MPa;骨料最大粒径为 30 mm。纵筋和箍筋采用随动硬化弹塑性模型,屈服强度分别为 400 MPa 和 335 MPa。车辆采用所建立的 40 t 拖挂式卡车模型。卡车与桥梁模型之间通过自动单面接触类型建立接触关系,其中动摩擦系数和静摩擦系数均取为 0.3。

3.3.2　影响参数分析

3.3.2.1　桥墩直径

桥墩直径分别取为 1.0 m、1.5 m 和 2.0 m,混凝土和钢筋的强度等级保持不变。为了保证纵筋配筋率相同,3 种桥墩分别配置 20 根直径为 24 mm 的钢筋、24 根直径为 32 mm 的钢筋和 36 根直径为 36 mm 的钢筋。

图 3-10 给出了各桥墩在拖挂式卡车以 80 km/h 的速度撞击下的损伤情况。直径为 1.0 m 的桥墩在快速撞击下发生了直剪破坏,底部混凝土全部脱落,同时纵向钢筋被剪断,最后结构发生倒塌。直径为 1.5 m 的桥墩出现了较大的塑性变形,此时损伤比较严重;尽管混凝土未发生严重的剥落,桥墩必须经过维护和加固之后方能继续使用,必要时需要更换。对于直径为 2.0 m 的桥墩,仅撞击部位出现了轻微损伤,几乎不影响其正常使用。

车辆撞击力时程和桥墩最大位移沿高度分布如图 3-11 所示。撞击力对桥墩直径的变化比较敏感,这主要是碰撞过程中桥墩和车辆的耦合作用所造成的。当桥墩直径较小时,桥墩对车辆的刺透作用比较明显,因此发动机产生的撞击力

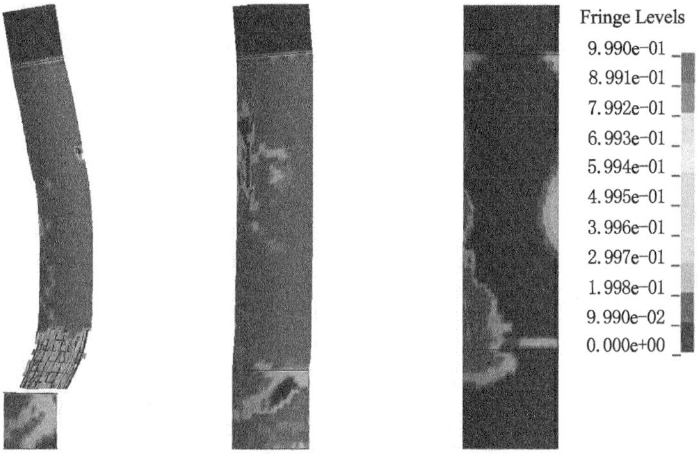

(a) D=1.0 m　(b) D=1.5 m　(c) D=2.0 m

图 3-10　直径不同时桥墩的损伤状态

峰值大于直径较大桥墩情况；在货物二次碰撞过程中，直径为 1.0 m 的桥墩无法承担撞击作用而发生破坏，从而造成后续撞击力较小。由于与直径为 2.0 m 的桥墩接触面积较大，牵引车发生大范围的挤压变形并消耗了大量初始动能，因此货物二次碰撞造成的撞击力峰值远小于直径较小的桥墩。由此可见，截面尺寸的增加不但提高了桥墩的抗撞能力，还增大了车辆自身弹塑性变形所消耗的撞击能量。直径为 1.5 m 桥墩的最大侧向位移达到 95 mm，远大于直径为 2.0 m 桥墩的侧向变形；前者最大位移发生在撞击位置处，而后者的最大变形出现在墩顶。

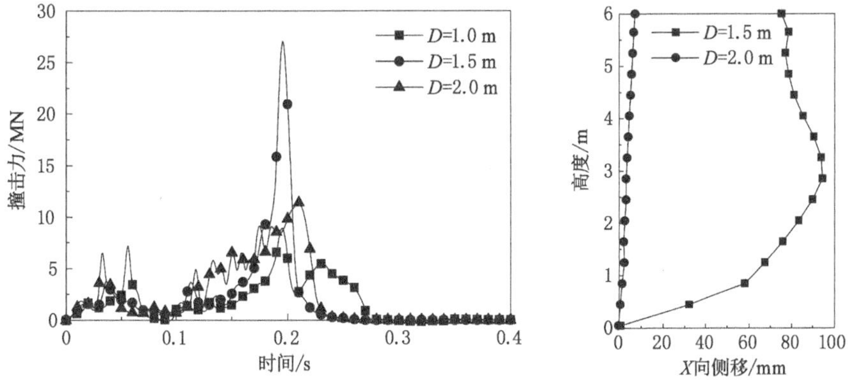

(a) 撞击力时程　(b) 最大位移分布

图 3-11　直径不同时桥墩动态响应

3.3.2.2　轴压比

为研究上部结构参与质量对桥墩撞击响应的影响，将轴压比分别取为 0、0.03、0.07 和 0.10。图 3-12 给出了轴压比不同的桥墩在卡车以 80 km/h 速度撞击下的损伤状态，其中桥墩直径为 1.5 m。当不考虑上部结构时，桥墩破坏模式呈弯曲破坏，而随轴压比的增加逐渐从弯曲破坏转变为剪切破坏。混凝土在重力作用下产生的压应力抵消了撞击作用产生的部分拉应力，同时惯性作用随上部结构参与质量的增加而增强，从而造成轴压比较大桥墩的损伤比较集中。

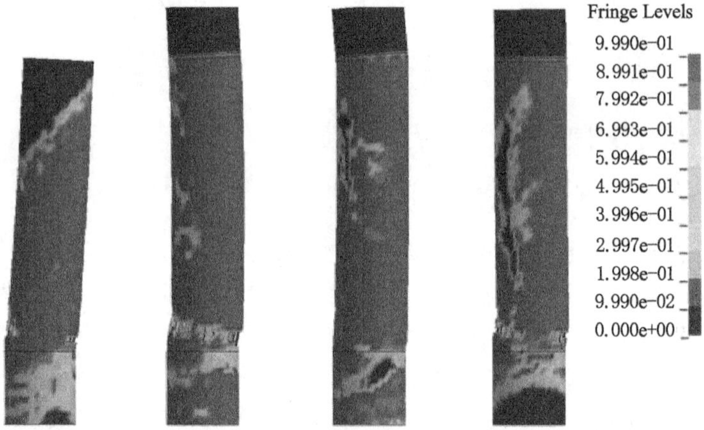

(a) 0　(b) 0.03　(c) 0.07　(d) 0.10

图 3-12　轴压比不同时桥墩的损伤状态

轴压比不同时车辆撞击力时程和桥墩最大位移沿高度的分布如图 3-13 所示。不同碰撞工况下撞击力时程形状和持时基本一致。由于碰撞过程中惯性效应比较显著，撞击力峰值随着上部结构参与质量的增加而增大。从桥墩的侧向位移分布可以看出，当轴压比超过 0.07 时，桥墩侧向位移分布基本保持不变，并且破坏模式以墩底剪切破坏为主。轴压比为 0.03 的桥墩底部出现塑性铰和较大的剪切变形，破坏模式以弯剪破坏为主。当不考虑上部结构时，桥墩变形模式类似于悬臂梁并且墩底会发生比较明显的弯曲破坏。由此可见，上部结构参与质量不仅会影响撞击力峰值，还控制着桥墩的破坏模式。

3.3.2.3　碰撞偏心距

牵引车与挂车之间的转向节使得挂车在碰撞过程中并不会随着牵引车的偏转而发生较大的转动。在不同碰撞偏心距下牵引车和挂车所吸收能量的比例是不同的，从而造成货物二次碰撞产生的撞击力峰值存在较大的差异。图 3-14 给

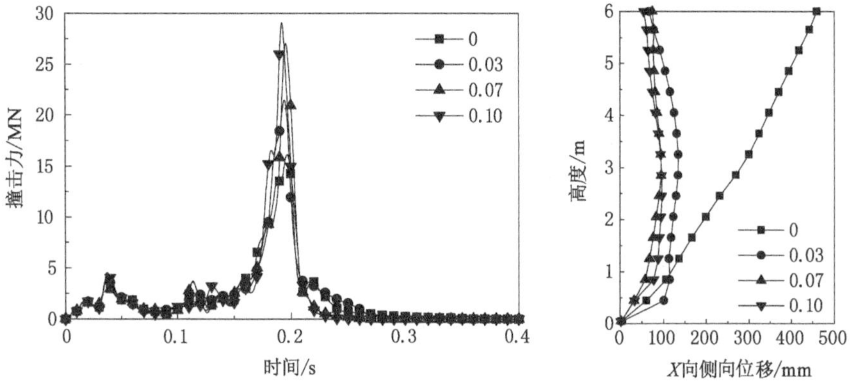

(a) 撞击力时程　　(b) 最大位移分布

图 3-13　轴压比不同时桥墩动态响应

出了偏心距不同时桥墩的损伤状态，其中车辆与桥墩的碰撞偏心距取为 0 m、0.3 m、0.6 m 和 0.9 m。桥墩损伤随偏心距的增加而逐渐加剧，并且逐渐向撞击位置处集中。当偏心距超过 0.6 m 时，桥墩底部混凝土大面积脱落并发生斜向剪切破坏。

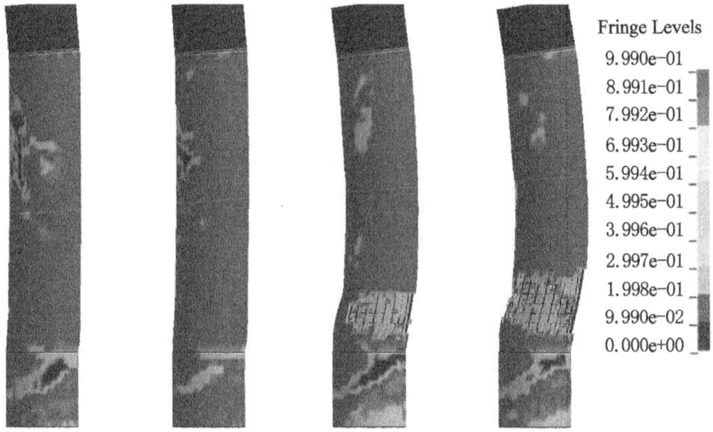

(a) 0 m　　(b) 0.3 m　　(c) 0.6 m　　(d) 0.9 m

图 3-14　偏心距不同时桥墩的损伤状态

偏心距不同时车辆撞击力时程和桥墩最大位移沿高度的分布如图 3-15 所示。不同碰撞偏心距时车辆撞击力峰值和持时相差较大。随着偏心距的增大，牵引车与桥墩接触面积减小造成牵引车所消耗的撞击能量减少；由于货物刚度远大于牵引车从而造成二次碰撞过程产生更大的撞击力。当偏心距超过 0.6 m 时，桥墩损伤程度主要由货物与桥墩的二次碰撞控制，桥墩侧向位移也随着偏心距的增加而增加，并且集中在货物和桥墩接触部位。与偏心距为 0 m 和 0.3 m 的工况相比，偏心距超过 0.6 m 时的撞击力峰值增大了 30%～40%，且最大侧向位移增大了 150%～280%。由此可见，当偏心距较大时，牵引车部分消耗的车辆初始动能较小，可将车辆简化为实体块进行撞击分析。

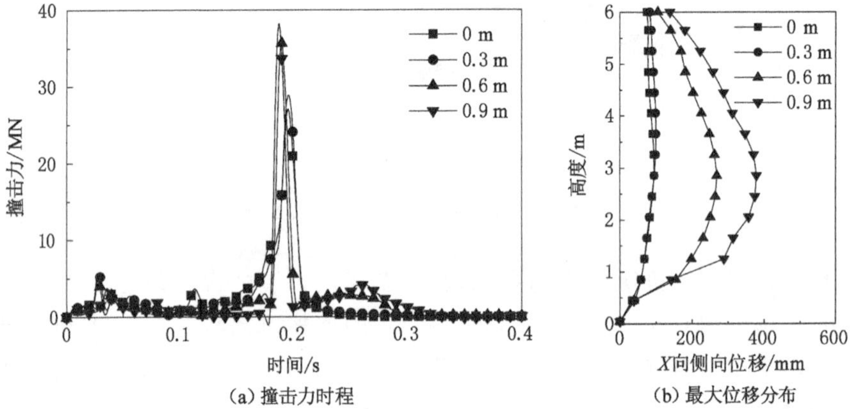

图 3-15　偏心距不同时桥墩动态响应

3.3.2.4　撞击速度

为了研究撞击速度对桥墩破坏模式的影响，将重型卡车分别以 40 km/h、60 km/h、80 km/h 和 100 km/h 的速度撞击直径为 1.5 m 的桥墩，其中桥墩轴压比为 0.07。在碰撞结束时刻桥墩的损伤状态如图 3-16 所示。桥墩损伤随着撞击速度的增加而逐步加重，同时损伤区域从墩底逐渐向上发展。当车辆撞击速度达到 100 km/h 时，桥墩沿斜向 45°发生严重的剪切破坏，墩底混凝土出现大范围的脱落，并且桥墩顶部混凝土出现了一定程度的拉伸破坏。

图 3-17 为撞击速度不同时撞击力时程和桥墩侧向位移沿高度的分布。随着撞击速度的增加，撞击力峰值快速增加，碰撞持时减小，短期撞击效应增强。当撞击速度超过 80 km/h 后，撞击力和桥墩侧向位移均发生了突变，这表明桥墩碰撞破坏机理发生了变化。当撞击速度较小时，牵引车部分消耗了大部分车辆初始动能；当车辆初始动能超过某一阈值时，部分撞击能量逐渐转变为桥墩的塑性应变能。与撞击点侧向位移相比，不同碰撞工况下桥墩顶部的侧向位移相差不大，可见上部质量块的惯性作用为桥墩提供了很大的侧向约束。

3.3.2.5　箍筋间距

为衡量箍筋对桥墩抗撞承载力的贡献，将箍筋间距分别设置为 100 mm、

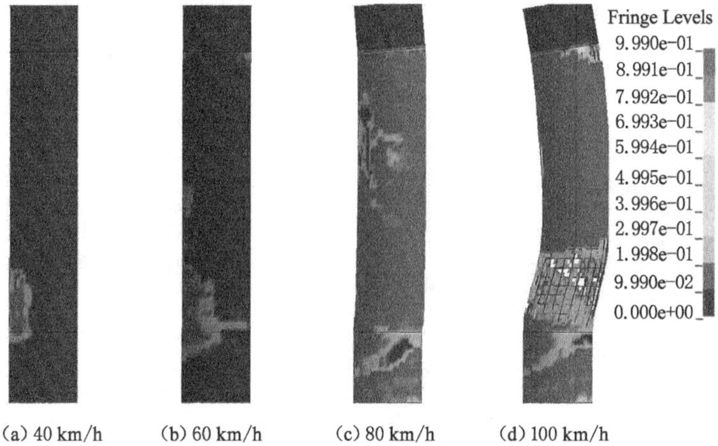

图 3-16　撞击速度不同时桥墩的损伤状态

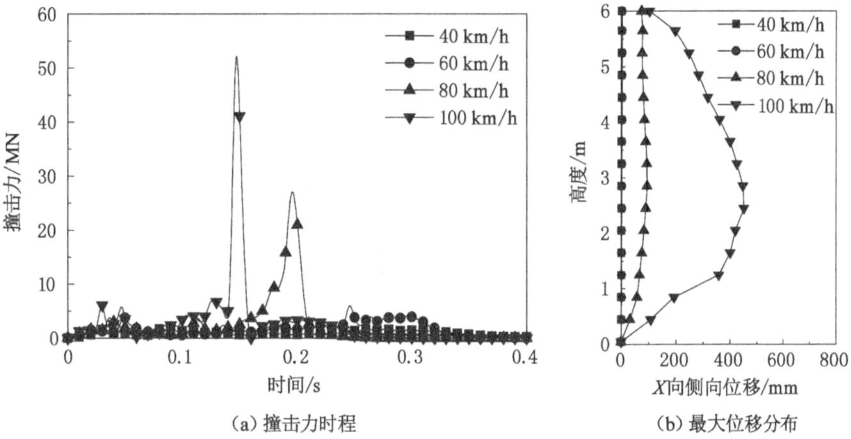

图 3-17　撞击速度不同时桥墩动态响应

200 mm 和 300 mm。图 3-18 和图 3-19 分别给出了箍筋间距不同时桥墩的损伤破坏状态、撞击力时程和最大位移沿高度的分布。在相同车辆撞击作用下，各桥墩的损伤状态基本一致；由于缺少箍筋的约束作用，箍筋间距为 300 mm 的桥墩底部混凝土出现了剥离和脱落。撞击力峰值随着箍筋间距的增大而小幅度减小。其主要原因是：随着箍筋间距的增大，核心混凝土约束增强效应减弱，从而造成桥墩的抗剪承载力和刚度略微下降。在桥墩侧向变形方面，各桥墩的位移沿高度的分布规律基本一致，只是最大位移随着箍筋间距的减小而略微减小。由此可见，配箍率的增加能提高桥墩的抗剪刚度和强度，但贡献比较有限。

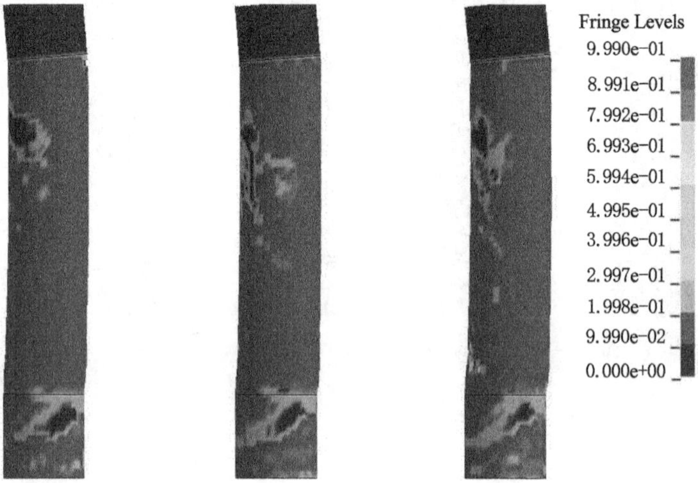

(a) 100 mm　(b) 200 mm　(c) 300 mm

图 3-18　箍筋间距不同时桥墩的损伤状态

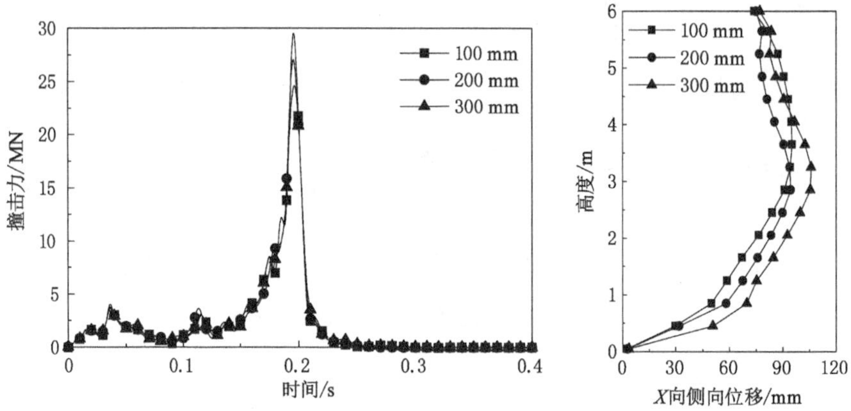

(a) 撞击力时程　(b) 最大位移分布

图 3-19　箍筋间距不同时桥墩动态响应

3.3.3　桥墩动态抗剪承载力

我国《混凝土结构设计规范》(GB 50010—2010)[159]规定,钢筋混凝土受压构件的斜截面抗剪承载力 V_{GB}应按下式计算:

$$V_{GB}=\frac{1.75}{\lambda+1}f_tbh_0+f_{yv}\frac{A_{sv}}{s}h_0+0.07N \tag{3-6}$$

$$b=1.76r,\quad h_0=1.6r \tag{3-7}$$

式中:f_t 为混凝土的轴心抗拉强度;λ 为构件计算截面的剪跨比;b 和 h_0 分别为截面宽度和有效高度;r 为桥墩截面半径;f_{yv}为箍筋抗拉强度;A_{sv}为配置在同一截面内各肢箍筋的全部截面面积;s 为箍筋间距;N 为轴向压力,当 $N>0.3f_cA$ 时,取 $N=0.3f_cA$,f_c 为混凝土圆柱体的抗压强度。

基于修正压应力场理论,美国 AASHTO 规范[20]提出了钢筋混凝土结构构件抗剪承载力的简化计算方法,抗剪承载力 V_{AASHTO}取下面两式的较小值:

$$V_{AASHTO}=0.0316\beta\sqrt{f_c}b_vd_v+\frac{A_{sv}f_{yv}d_v(\cot\theta+\cot\alpha)\sin\alpha}{s}+V_p \tag{3-8}$$

$$V_{AASHTO}=0.25f_cb_vd_v+V_p \tag{3-9}$$

式中:b_v 为有效腹板宽度;d_v 为截面有效高度,本质上为拉力合力与压力合力之间的距离,具体计算取值如图 3-20 所示。A_{sv}、f_{yv}和 s 的物理意义同上;V_p为预应力在剪力方向的有效分量;α 为箍筋与纵轴的倾角;β 和 θ 分别为斜向开裂混凝土传递拉力能力的系数和斜压应力倾角,可按下式计算:

$$\beta=\frac{4.8}{1+750\varepsilon_s} \tag{3-10}$$

$$\theta=29+3500\varepsilon_s \tag{3-11}$$

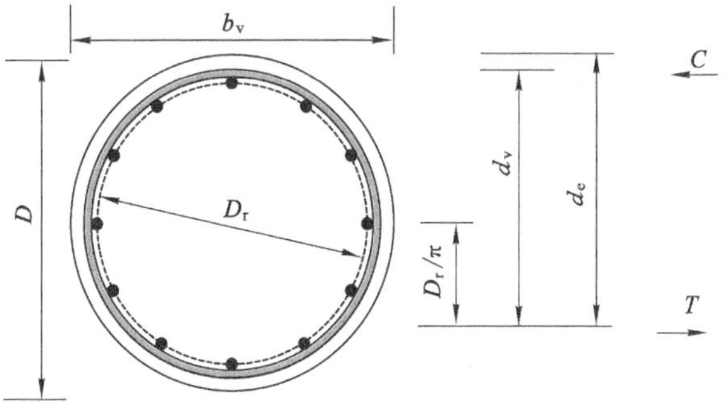

图 3-20　AASHTO 规范计算公式的参数取值

式中:ε_s 为截面的轴向拉应变,基于已有车桥碰撞分析结果可将其取为

0.006[15]。

为便于工程设计，等效静力被广泛用来衡量车辆的撞击作用，具体研究如下：El-Tawil 等[34]和 Abdelkarim 等[134]分别建议采用 50 ms 和 25 ms 平均处理撞击力时程得到的撞击力峰值作为等效静力；而 Sharma 等[62]直接将撞击力峰值作为桥墩的车辆撞击需求。不失一般性地，分别取 20 ms、25 ms 和 50 ms 平均处理后的撞击力峰值作为撞击力等效静力。表 3-1 给出了各碰撞工况下的桥墩设计参数和动态响应。

表 3-1　桥墩设计参数和动态响应

设计参数									动态响应	
工况		桥墩	车辆速度	轴压比	偏心距	箍筋间距	我国规范	美国规范	截面剪力	撞击力峰值
编号	分组	直径/m	/(km/h)	/%	/m	/mm	/MN	/MN	/MN	/MN
C1		1.0					1.48	1.28	5.03	8.94
C2	G1	1.5	80	7	0	200	2.94	2.12	13.49	27.05
C3		2.0					4.86	3.34	11.15	11.40
C4			40						2.39	2.42
C5	G2	1.5	60	7	0	200	2.94	2.12	5.23	5.94
C2			80						13.49	27.05
C6			100						13.11	52.19
C7				0			2.70		9.42	16.14
C8	G3	1.5	80	3	0	200	2.80	2.12	12.00	21.45
C2				7			2.94		13.49	27.05
C9				10			3.04		14.28	29.06
C2					0				13.49	27.05
C10	G4	1.5	80	7	0.3	200	2.94	2.12	13.46	28.85
C11					0.6				12.95	35.78
C12					0.9				13.31	38.21
C13						100	3.74	3.42	13.43	29.54
C2	G5	1.5	80	7	0	200	2.94	2.12	13.49	27.05
C14						300	2.67	1.69	11.13	24.62

3.3.3.1　动态和静态抗剪承载力

图 3-21 给出了各破坏工况下桥墩截面动态与静态抗剪承载力的比值。结果表明，钢筋混凝土桥墩的动态抗剪承载力约是我国规范静态抗剪承载力计算

值的 4 倍，且是美国规范静态抗剪承载力计算值的 4～7 倍，远远高于相关规范建议的动力放大系数(1～2)。其主要原因可能是：规范计算公式一般适用于截面尺寸较小且易发生弯曲破坏的构件，而桥墩截面尺寸远大于一般结构构件，其抗剪机理也较为复杂，同时应变率效应和惯性效应在碰撞过程中也显著地影响着桥墩的抗力机制。因此，采用现行规范对钢筋混凝土桥墩进行抗撞设计时，将会低估桥墩的抗剪承载力。

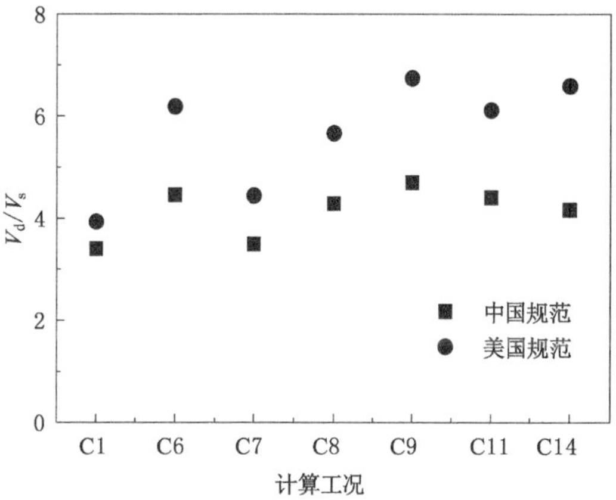

图 3-21　动态与静态抗剪承载力的比值

3.3.3.2　等效撞击力

图 3-22 给出了不同碰撞工况下分别采用 20 ms、25 ms 和 50 ms 平均处理撞击力时程后得到的等效静力与最大截面动态剪力的散点图。从图中可以看出，当撞击作用较小时，车辆撞击作用主要由桥墩底部固定端承担，此时 3 种等效静力方法得到的等效静力与最大截面动态剪力都比较接近。然而，当撞击作用较大时，惯性效应在结构响应中发挥重要作用，此时 20 ms 平均处理得到的等效静力与最大截面动态剪力的吻合程度要明显高于采用 25 ms、50 ms 平均处理和不作平均处理时的情况。不作平均处理的撞击力峰值往往远大于桥墩的最大截面剪力，因此，直接采用撞击力峰值可能会高估车辆撞击作用。随着平均时间间隔的增加，平均处理后的撞击力峰值则逐渐减小。尤其是当平均时间间隔为 50 ms 时，所得到的撞击力等效静力则小于桥墩最大截面剪力，这表明采用 50 ms 平均处理方法得到的等效静力可能会低估车辆撞击作用。因此，可以近似采用 20 ms 平均处理方法得到的撞击力等效静力作为钢筋混凝土桥墩的车辆撞击力。

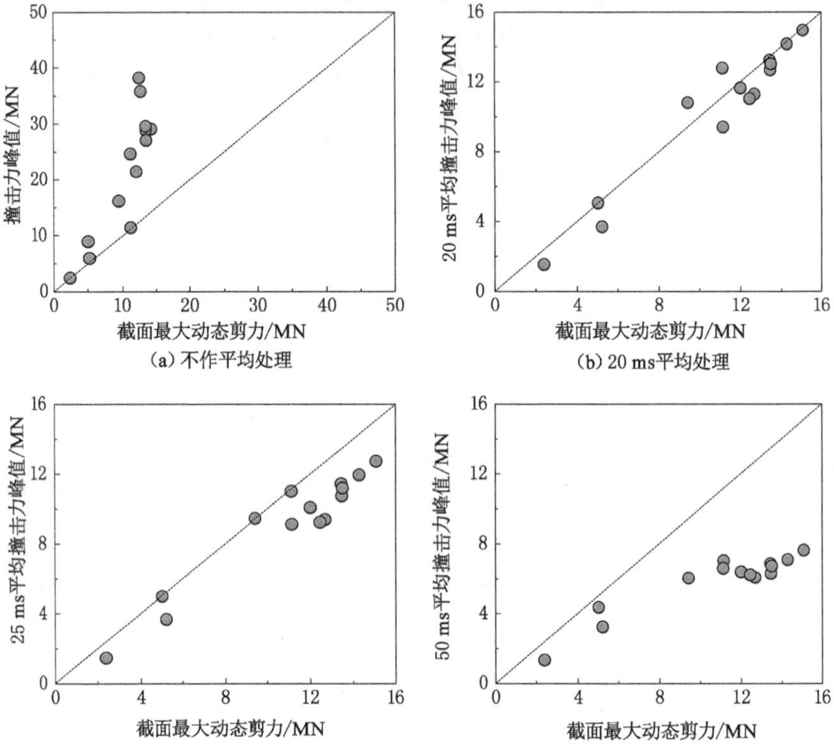

(a) 不作平均处理　(b) 20 ms平均处理

(c) 25 ms平均处理　(d) 50 ms平均处理

图 3-22　截面最大剪力与局部平均撞击力峰值的关系

3.4　桥墩内力响应特征

3.4.1　碰撞过程仿真

3.4.1.1　桥墩损伤演化

采用 40 t 拖挂式卡车以 80 km/h 的速度撞击直径为 1.5 m 的桥墩，典型碰撞时刻桥墩损伤状态如图 3-23 所示。整个碰撞过程分为保险杠、发动机和货物撞击桥墩这 3 个阶段；参考欧洲规范对硬和软碰撞类型的定义，根据桥墩刚度和车辆部件刚度的相对关系，可近似将第 1 阶段视为硬碰撞，第 2、3 阶段视为软碰撞；与第 1 阶段相比，第 2 阶段的发动机碰撞作用造成了较大的墩底损伤，第 3 阶段的货物撞击作用还产生了显著的局部冲剪效应，撞击区域形成了 2 个明显的剪切面，此时剪力控制着桥墩的破坏模式；随弯矩的逐渐增大，桥墩在货物撞击处形成塑性铰。可见，桥墩损伤程度在碰撞过程中逐步加重，且损伤分布也从墩底逐渐向上发展。

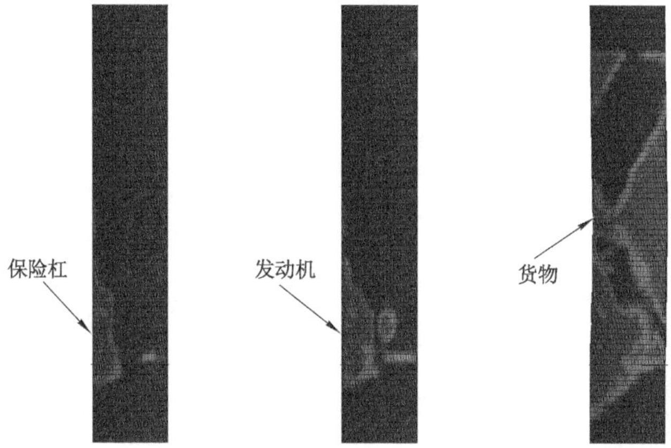

(a) 0.04 s　(b) 0.12 s　(c) 0.20 s

图 3-23　碰撞过程中桥墩的损伤演化

3.4.1.2　桥墩内力发展

当货物撞击桥墩时撞击力达到最大值，此时桥墩截面剪力和弯矩沿高度的分布如图 3-24 所示。弯矩在桥墩端部和 1/2 墩高位置附近达到最大，并且三者数值相近。桥墩截面剪力在两端部均比较大，且在距地面 2.4～2.8 m 高度处发生突变。此时桥墩的受力模式与固支梁类似，表明高速撞击作用下上部结构惯性作用能有效约束桥墩顶部侧向位移。由此可见，桥墩在撞击荷载下的响应与静载情况具有显著的差异，很有必要研究其在不同碰撞参数下的内力响应。

3.4.2　内力响应分析

图 3-25 为静力和撞击荷载下桥墩的内力分布。图中：F 为撞击力等效静力；y 为桥墩高度方向坐标；t 为碰撞时刻；$F(y,t)$ 为动态撞击力；$R(t)$ 为动态支座反力；$F_{\mathrm{I}}(t)$ 和 $p_{\mathrm{I}}(y,t)$ 分别为上部质量块和桥墩的惯性力。静力荷载下弯矩和剪力均在桥墩底部达到最大值，设计时只要满足此处抗剪和抗弯能力即可。然而，车辆高速撞击下结构的惯性效应会显著影响其动态响应：剪力沿桥墩高度发生突变，且货物撞击位置附近的局部冲剪效应显著；在桥墩顶部、底部和车辆撞击处均出现较大弯矩，并形成塑性铰。由此可见，在桥墩抗车撞设计中，不仅要考虑桥墩底部的抗剪和抗弯能力，还应防范撞击处的局部冲剪破坏。

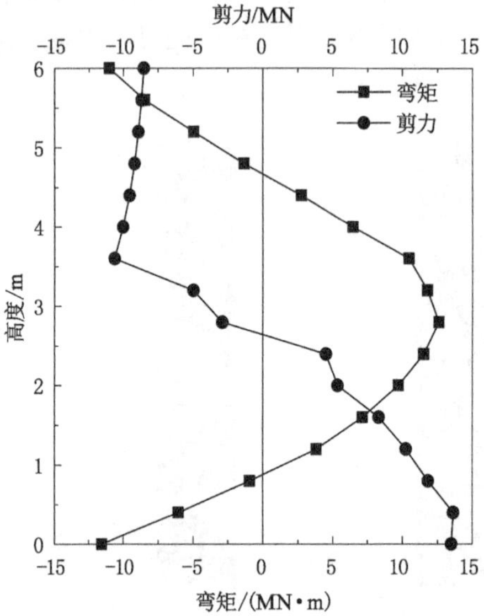

图 3-24　截面内力沿桥墩高度的分布规律

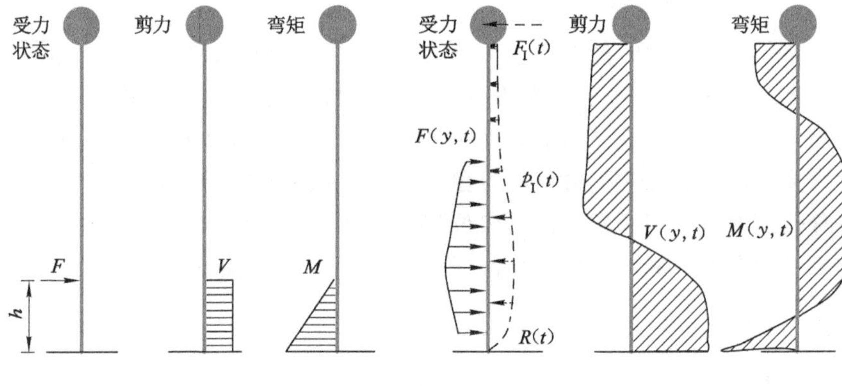

图 3-25　静力和撞击荷载下桥墩的内力分布

3.4.2.1　撞击力与初始动能

在车辆撞击桥墩过程中，车辆撞击能量逐渐转化为车辆和桥墩的内能、界面接触能、沙漏能、动能等。这些能量分量可在 LS-DYNA 程序中通过定义关键字(*DATABASE)直接输出。图 3-26 给出了各能量分量随时间的变化曲线，由图可知：总能量始终保持守恒，系统沙漏能占总能量的比例小于 5%；系统能量是否守恒和沙漏能是否得到控制是数值仿真结果合理性的重要评判依据，根据能量分析结果可知该模拟结果是比较可信的；碰撞初期动能衰减速度较小，且随碰撞程度的加深而迅速衰减，这主要是由货物刚度和质量远大于牵引车部分所造成的；各车辆部件吸收能量的不同造成各阶段撞击力特征具有很大差异，因此，可根据各阶段消耗的车辆动能来衡量其对撞击作用的贡献。

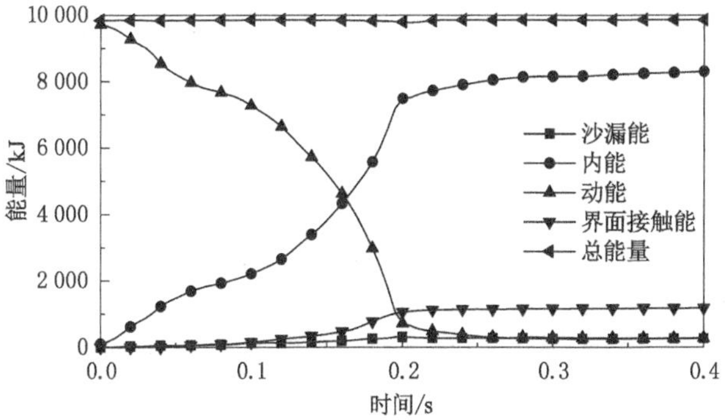

图 3-26　碰撞过程中能量随时间的变化曲线

通过改变撞击速度和车辆质量来调整车辆初始动能，不同车辆初始动能下各阶段的撞击力峰值见图 3-27。由图 3-27 可知：车辆保险杠和发动机的撞击力峰值十分接近，且随车辆初始动能的增加而略微增大，但数值均在 8 MN 以下；当车辆初始动能小于 6.5 MJ 时，货物的撞击力峰值远小于保险杠和发动机的撞击力峰值，反之，货物撞击力峰值与车辆初始动能近似呈线性关系。可见，当牵引车部分无法耗散大量初始动能时，货物与桥墩发生碰撞，从而造成撞击力峰值急剧增加。

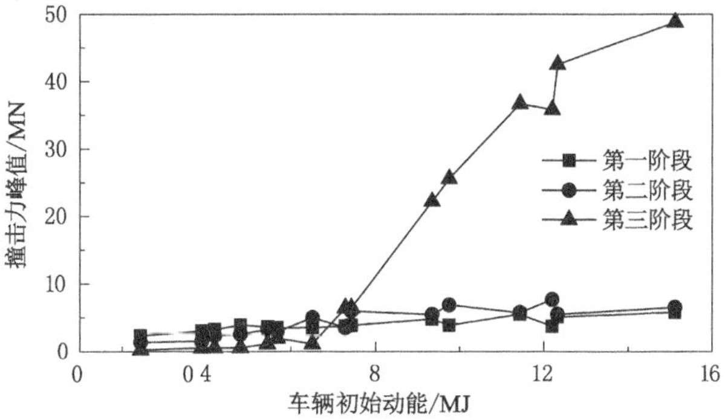

图 3-27　各个碰撞阶段的撞击力峰值

根据货物距地面高度不同，将撞击力分为两部分：1.2 m 高度以下的撞击力视为第 1、2 阶段的碰撞作用；1.2 m 高度以上的撞击力视为第 3 阶段的碰撞作用。不同部位的撞击力时程见图 3-28，由图可知：发动机在挂车部分的挤压作用下不断与桥墩发生撞击，其撞击力时程中出现多个峰值；货物的撞击力形式与脉冲荷载十分接近，因此，可直接将其简化为三角形脉冲荷载[160]。

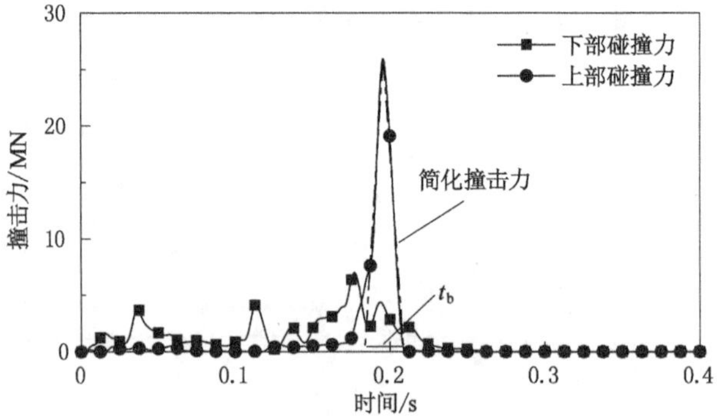

图 3-28　不同部位的撞击力时程

基于上述分析结果可建立撞击力简化计算模型：取保险杠和发动机（牵引车部分）的撞击力峰值作为静力荷载施加在距地面 0.9 m 高度处；货物的碰撞作用则简化为三角形脉冲荷载施加在距地面 2.7 m 高度处。当车辆动能大于 6.5 MJ 时，才需要考虑货物的二次碰撞作用。根据数值仿真结果回归分析各阶段的撞击力峰值和持时，图 3-29 为不同部位的撞击力与车辆初始动能的关系曲线。货物的撞击力峰值与车辆初始动能近似呈线性关系，而牵引车的撞击力峰值与车辆初始动能则存在非线性的关系，拟合得到的撞击力峰值和持时的经验公式分别为：

$$F_a = 1.50E_K^{0.58} \tag{3-12}$$

$$F_b = 3.34 + 5.95(E_K - 6.50) \quad (E_K > 6\ \text{MJ}) \tag{3-13}$$

$$t_b = 59.65\,(E_K - 6)^{-0.53} \quad (E_K > 6\ \text{MJ}) \tag{3-14}$$

式中：F_a 为牵引车部分产生的撞击力峰值，MN；F_b 为货物部分产生的撞击力峰值，MN；t_b 为货物与桥墩的撞击力持时，ms；E_K 为车辆初始动能，MJ。

值得注意的是，式(3-12)～式(3-14)的拟合是基于直径为 1.5 m 桥墩的碰撞工况结果，其他情况有待于进一步探讨。

为了衡量回归公式对数据的拟合效果，采用决定系数 $R^2 \in [0,1]$ 进行判断，其值越大，表明公式拟合效果越好，其表达式为：

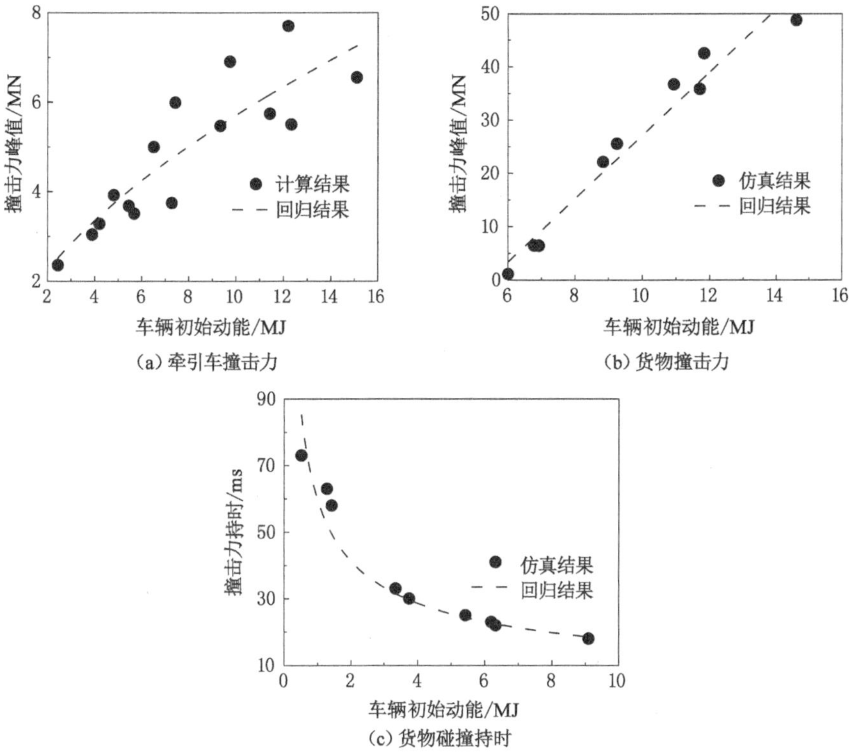

图 3-29　撞击力与车辆初始动能的关系

$$R^2 = 1 - \frac{\sum (y_i - \hat{y}_i)^2}{\sum (y_i - \bar{y}_i)^2} \tag{3-15}$$

式中：y_i 和 $\bar{y}_i$ 分别为采样点的数值和均值；$\hat{y}_i$ 为拟合得到的数值。式(3-12)～式(3-14)的决定系数分别为 0.77、0.96 和 0.90，表明撞击力峰值和持时的拟合效果理想。

3.4.2.2　撞击力简化模型的验证

图 3-30 对比了采用撞击力简化模型和精细车辆模型时桥墩的损伤分布状态，其中计算工况为 40 t 车辆以 80 km/h 的速度撞击直径为 1.5 m 的桥墩。由图 3-30 可以看出：两者的损伤状态基本一致，桥墩底部和 1/2 墩高处均出现了较大的塑性变形，二次碰撞位置附近形成了比较明显的剪切裂缝；将撞击力分布荷载简化为集中荷载，对桥墩更加不利，因此，按提出的简化模型进行桥墩抗撞设计时计算结果偏保守。

当采用撞击力简化模型和精细车辆模型时桥墩的截面弯矩和剪力沿桥墩高

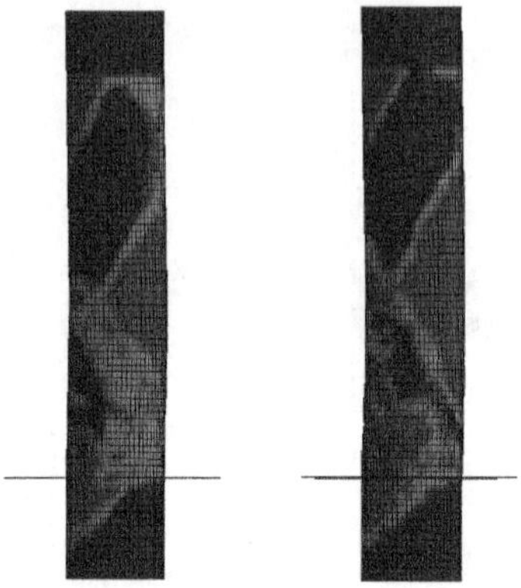
(a) 撞击力简化模型　(b) 精细车辆模型

图 3-30　桥墩的损伤分布状态对比

度的分布情况如图 3-31 所示：由于荷载形式的不同，两者剪力分布在货物二次碰撞位置附近存在一定的差异，但最大截面剪力相差不大；同时两者的弯矩分布和大小都比较接近。在计算时间上，采用精细车辆模型撞击桥墩的计算耗时长达 6～7 h，而采用撞击力简化模型时撞击桥墩的计算耗时仅需 4 min 左右。结果表明，撞击力简化模型可代替精细车辆模型对桥墩进行撞击响应分析，同时能大大缩短计算时间。

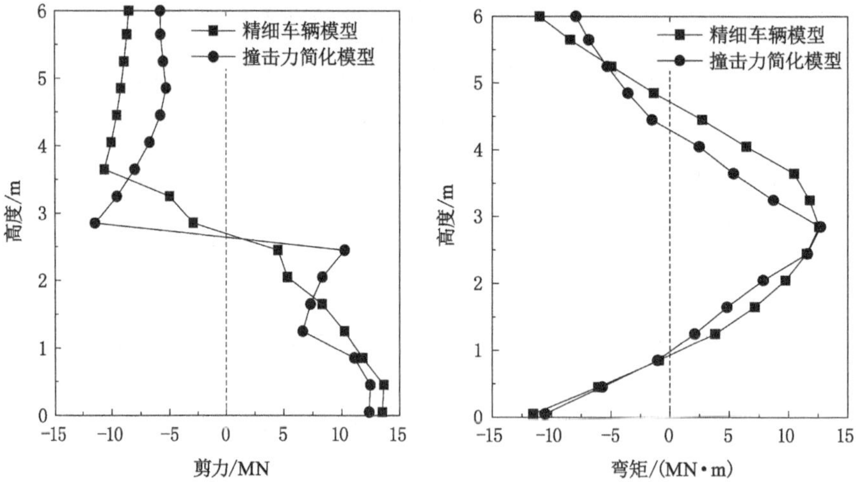

(a) 截面剪力　(b) 截面弯矩

图 3-31　桥墩内力分布对比

3.5　车辆类型对桥墩破坏机理的影响

采用单一车型来研究桥墩的破坏模式和动力响应还不够全面，有必要对不同类型车辆撞击下桥墩动力响应行为进行分析。张景峰等[161]讨论了驳船和散装货轮撞击桥梁时在撞击力、船艏刚度和桥梁结构动力响应方面的差异；计算结果表明，船艏形状和内部构造会显著地影响船舶撞击力，进而造成桥墩内力响应的不同。然而，目前鲜有文献涉及重型车辆类型对桥墩动力响应的影响。基于此，本节以已建立的 10 t、16 t、30 t 和 38 t 重型车辆为研究对象，对比分析了各类车辆的撞击作用特征及其对钢筋混凝土桥墩动力响应和破坏模式的影响。

3.5.1　有限元模型的建立

拖挂式卡车撞击下桥墩的破坏模式和动力响应已经得到了详细的探讨。因此，相应有限元模型不再赘述，本节仅对其计算结果进行分析。基于 LS-Prepost 前后处理软件对 10 t、16 t 和 30 t 车辆与钢筋混凝土桥墩进行组合，从而得到车辆-桥墩碰撞耦合模型，如图 3-32 所示。其中，有限元模型所采用的材料本构、单元类型、接触定义和计算控制均与前述 38 t 拖挂式卡车-桥墩碰撞模型相同。

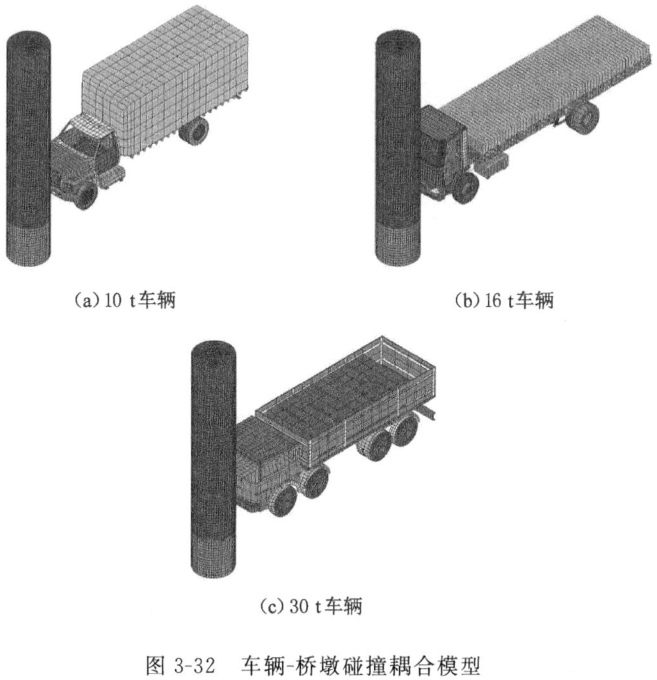

(a) 10 t车辆　(b) 16 t车辆

(c) 30 t车辆

图 3-32　车辆-桥墩碰撞耦合模型

3.5.2 撞击力分布特征

图 3-33～图 3-35 显示了 10 t、16 t 和 30 t 车辆以 40 km/h、60 km/h、80 km/h、100 km/h 的速度撞击直径为 1.5 m 桥墩时撞击力沿时间和空间的分布云图。由图 3-33～图 3-35 可以看出，碰撞过程中撞击力在时间和空间上均不断发生变化；不同类型车辆的撞击力分布特征也存在很大的差异。

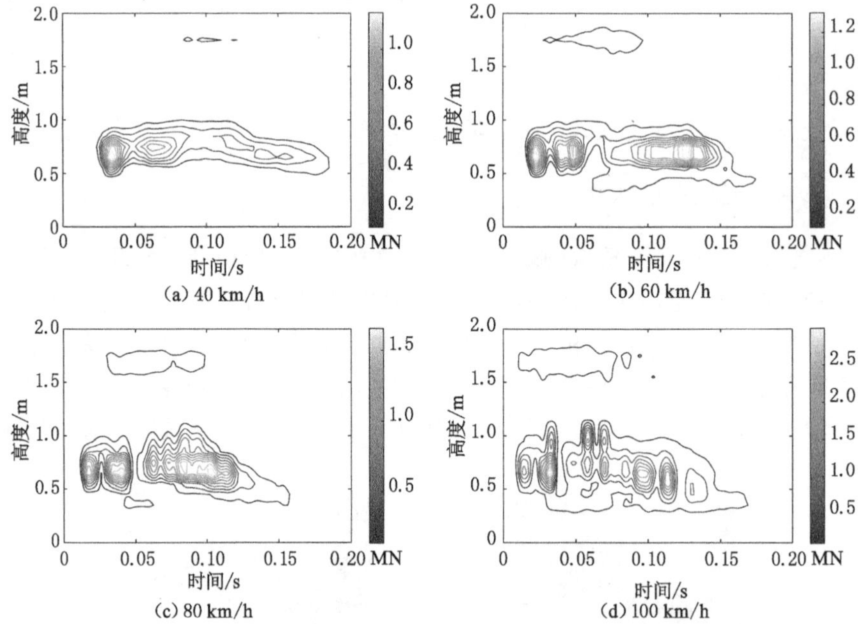

图 3-33　10 t 车辆的撞击力分布云图

对于 10 t 车辆而言，撞击力主要分布在距地面高度 0.5～1.1 m 之间，这与发动机位置一致。在距地面高度 1.75 m 处也分布一定的撞击荷载，并且随着撞击速度的增加而略有增大，其主要是由车厢撞击桥墩造成的。可以近似地认为，当运行速度低于 100 km/h 时，10 t 车辆的撞击荷载主要集中在地面以上 0.7 m 附近；而车厢货物对桥墩的直接接触撞击作用相对较小，可以忽略。

由于车架高度的增加，16 t 车辆的撞击力分布位置要高于 10 t 车辆。撞击力主要分布在距地面高度 0.5～1.3 m 之间，并且分布范围随撞击速度的增加而增大。同样地，车厢货物与桥墩的直接接触所引起的撞击荷载较小。二次撞击作用主要是由货物挤压车头部分的发动机和前纵梁造成的。因此，可以近似认为 16 t 车辆撞击荷载主要集中在地面以上 1.0 m 附近。

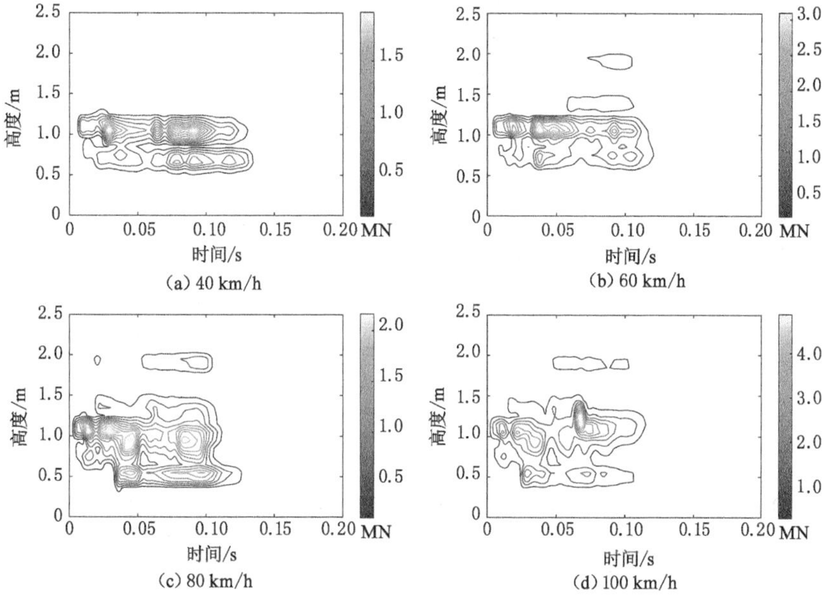

图 3-34　16 t 车辆的撞击力分布云图

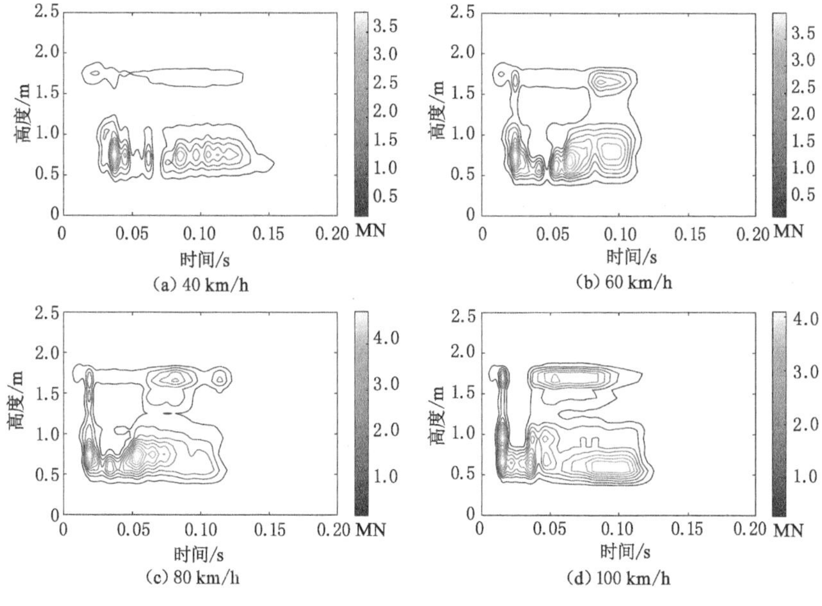

图 3-35　30 t 车辆的撞击力分布云图

30 t 车辆的撞击力分布范围更广：除了分布在地面以上 0.4～1.1 m 位置处，在地面以上 1.6～1.9 m 高度范围内也存在较大的撞击力。这与发动机尺寸有关，发动机底部距地面 0.45 m，而顶部距地面 1.65 m。车辆第一个撞击力峰值要明显大于后续撞击力。撞击力分布特征不会随撞击速度的增加而发生明显变化。因此，可以近似地认为该车辆撞击力主要集中在地面以上 0.9 m 位置附近。

3.5.3 桥墩破坏模式

分别从 4 类重型车辆撞击桥墩的仿真结果中选取桥墩破坏工况或最不利工况，对车辆撞击下桥墩的损伤机理和破坏模式进行了研究。其中，桥墩直径取为 1.0 m 和 1.5 m；考虑到单墩桥梁和多墩桥梁上部盖梁对桥墩顶部约束情况的不同，简化桥墩顶部除了采用自由边界外，还考虑了固定边界情况。为了便于说明引用，采用简写符号对分析工况进行说明。例如：M10-V80-D1.5-C 表示 10 t 车辆(M)，撞击速度(V)为 80 km/h，桥墩直径(D)为 1.5 m，桥墩顶部为自由边界条件(C)；当为 F 时，表示桥墩顶部为固支边界条件。由于车辆碰撞过程中圆形截面桥墩混凝土保护层往往会首先出现损伤，为较直观地描述桥墩内部的损伤发展，采用桥墩中部剖面的等效塑性应变来表征其损伤程度。此外，结合实际交通事故中桥墩破坏形态[15,162-163]来佐证数值仿真结果。

从图 3-36 中可以看出，当 10 t 车辆以 100 km/h 的速度撞击直径为 1.0 m 的桥墩时，桥墩在撞击位置附近出现了一个比较明显的剪切塞。该破坏现象同样可以在 2002 年美国得克萨斯州发生的车辆撞击桥梁事故中观察到。值得注意的是，由于顶部边界条件的不同，两类桥墩在撞击位置以上部位的损伤分布存在一定的差异：① 当顶部为自由边界时，由于上部结构的惯性作用，撞击位置上方背撞面出现大量的弯曲裂缝；② 当顶部为固定边界时，靠近桥墩顶部部位出现了一定的剪切损伤，而背撞面的弯曲裂缝较少。然而，当桥墩直径为 1.5 m 时，仅迎撞面混凝土出现较小的局部损伤。这主要是由于车辆刚度远小于桥墩刚度，大部分的撞击能量被车辆自身的塑性变形所消耗。

当 16 t 车辆以 80 km/h 速度撞击直径为 1.0 m 的桥墩时[图 3-37(a)、(b)]，桥墩底部发生严重的弯剪破坏，混凝土大面积剥落；撞击位置处墩体背撞面出现较多的弯曲裂缝。当顶部为自由边界条件时，桥墩撞击位置以上部位主要靠惯性力来抵抗车辆撞击作用，因此背撞面主要以弯曲变形为主。当约束桥墩顶部的水平向自由度时，桥墩顶部出现了比较明显的剪切斜裂缝。这表明桥墩上部的抗力机制与顶部自由边界情况具有一定的差异。当桥墩直径为 1.5 m 时，底部混凝土存在一定的损伤，并且撞击部位背撞面出现一些水平裂缝。此时，上部边界条件对桥墩破坏情况的影响不大。

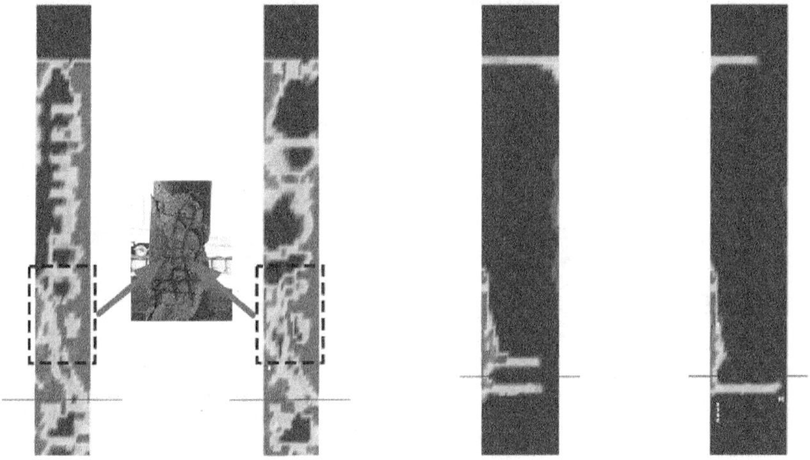

(a) V100-D1.0-C　(b) V100-D1.0-F　(c) V100-D1.5-C　(d) V100-D1.5-F

图 3-36　10 t 车辆撞击下桥墩损伤情况

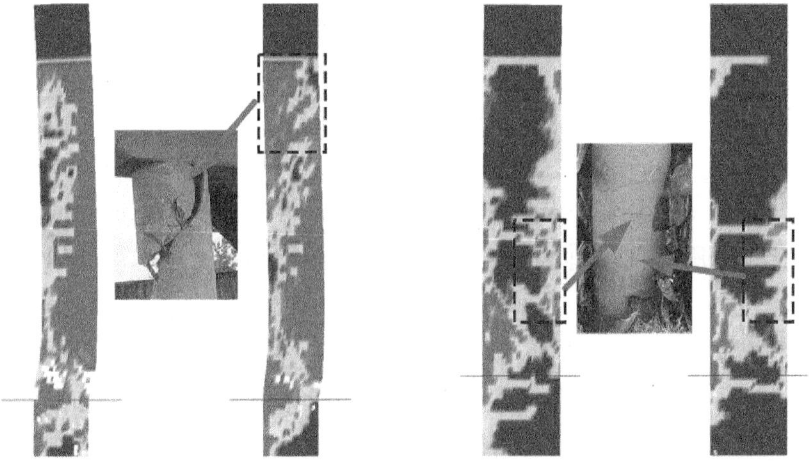

(a) V80-D1.0-C　(b) V80-D1.0-F　(c) V100-D1.5-C　(d) V100-D1.5-F

图 3-37　16 t 车辆撞击下桥墩损伤情况

当 30 t 车辆撞击直径为 1.0 m 的桥墩时，桥墩在 40 km/h 撞击速度下就基本失效[图 3-38(a)、(b)]。桥墩底部发生了直剪破坏，大部分混凝土压溃脱落。除此之外，桥墩顶部出现比较严重的损伤。当桥墩直径为 1.5 m 时，在 100 km/h 的撞击速度下桥墩底部发生局部剪切破坏，混凝土几乎全部失效

[图 3-38(c)、(d)]。由于车辆撞击作用主要集中在距地面高度 1.0 m 位置附近,桥墩上部的损伤发展受顶部边界条件的影响相对较小。因此,桥墩破坏模式以墩底的剪切破坏为主。

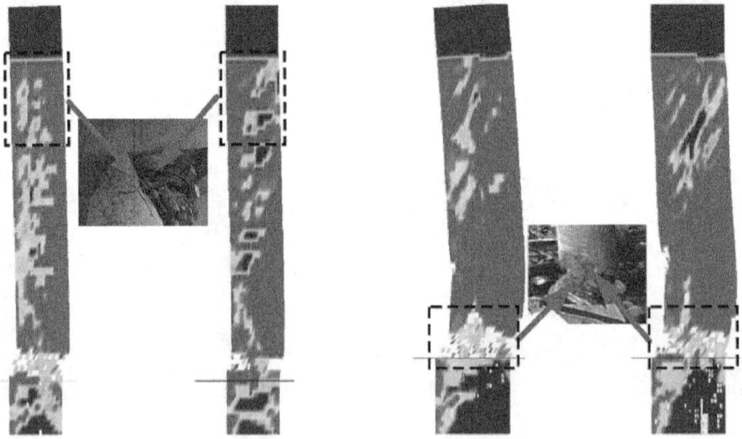

(a) V40-D1.0-C (b) V40-D1.0-F (c) V100-D1.5-C (d) V100-D1.5-F

图 3-38 30 t 车辆撞击下桥墩损伤情况

对于 38 t 拖挂式卡车,由于车身结构的整体性较差,当撞击速度达到 60 km/h 时直径为 1.0 m 的桥墩才发生破坏[图 3-39(a)、(b)]。桥墩底部以弯剪破坏为主,且桥墩内部裂缝基本出齐。当桥墩直径为 1.5 m 时,车辆速度需达到 80 km/h 才能造成桥墩的破坏[图 3-39(c)、(d)]。桥墩损伤程度主要由货物二次撞击作用所控制,车辆名义撞击位置距地面较高。同时,靠近桥墩顶部部位形成了一条很明显的剪切裂缝带。由此可见,不但桥墩底部会出现较严重的损伤,桥墩顶部附近发生破坏的概率也很大。

3.5.4 钢筋应力发展

为了探究车辆撞击下桥墩的破坏机理,本节对碰撞过程中纵筋和箍筋的应力发展规律展开讨论。车辆撞击点往往比较靠近桥墩根部,从而造成该部位的损伤最为严重。基于此,以撞击点以下部位的钢筋单元为研究对象,图 3-40 给出了各个钢筋应力考察点位置。R1 为迎撞面底部纵筋单元;R2 为背撞面底部纵筋单元;R3 为背撞面纵筋单元,距地面1.0 m高度处;R4 为剪切斜裂缝处的箍筋单元,距地面 0.4 m 高度处。采用四类车辆以不同的速度撞击直径为 1.0 m 的桥墩,并选取相应的桥墩破坏工况来考察其钢筋应力的发展。其中,四种工况分别为 M10-V100-D1.0、M16-V80-D1.0、M30-V40-D1.0 和 M38-V60-D1.0。

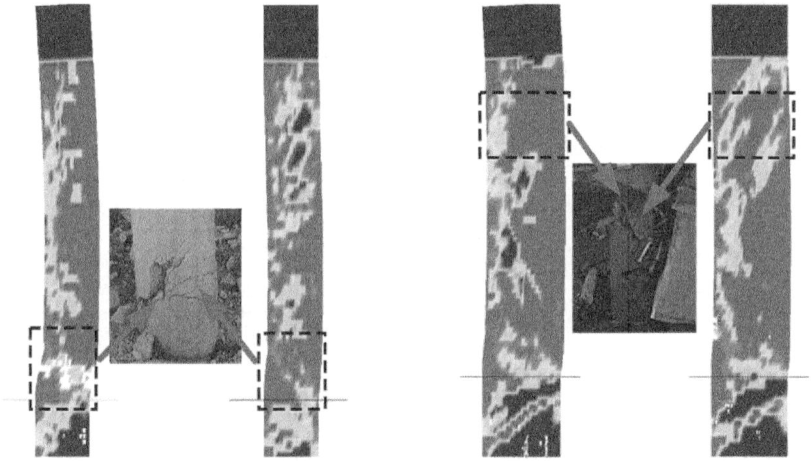

(a) V60-D1.0-C　(b) V60-D1.0-F　(c) V80-D1.5-C　(d) V80-D1.5-F

图 3-39　38 t 车辆撞击下桥墩损伤情况

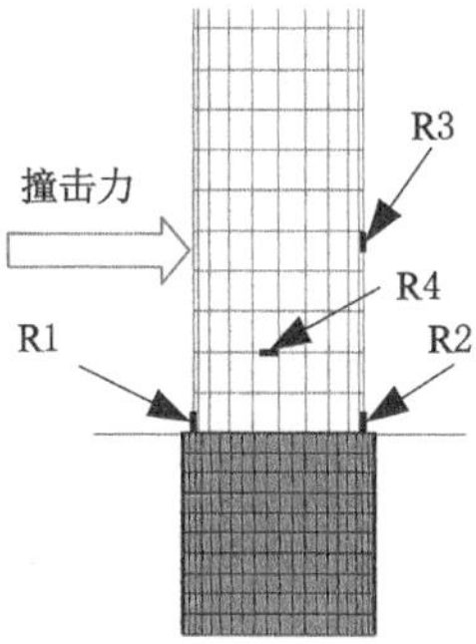

图 3-40　钢筋应力考察点

图 3-41 给出了四种工况所对应的车辆撞击力时程曲线，由图可以看出，车辆类型对撞击荷载的影响十分显著。其中，10 t 和 30 t 车辆的撞击力发展趋势较为类似：碰撞开始的很短时间内撞击力出现第一个峰值；随后出现第二个相对较小的峰值，并且碰撞冲量主要集中在二次碰撞阶段。与其他车辆不同，16 t 车辆的撞击力时程与半正弦曲线比较接近，荷载变化相对平缓。38 t 车辆的撞击力时程曲线中两个峰值的间隔时间较长，且第一个撞击力峰值出现时刻相对较迟。撞击荷载特征的差异势必会造成桥墩破坏机理的不同。

图 3-42 为四种工况下各参考点处钢筋单元的轴向应力时程曲线。其中，纵

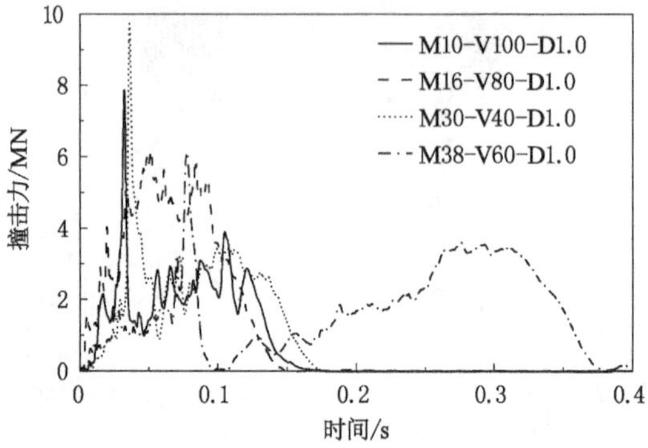

图 3-41 四类工况的车辆撞击力时程曲线

筋和箍筋的静态屈服强度分别为 400 MPa 和 335 MPa。由于车辆撞击作用的不同,各参考点处的钢筋应力发展规律具有很大的差异。

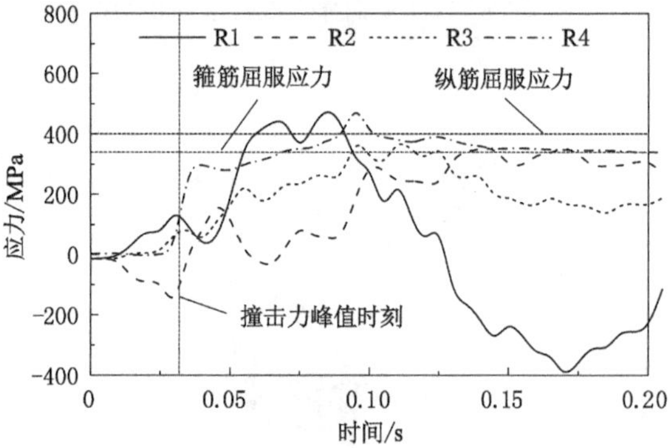

(a) M10-V100-D1.0

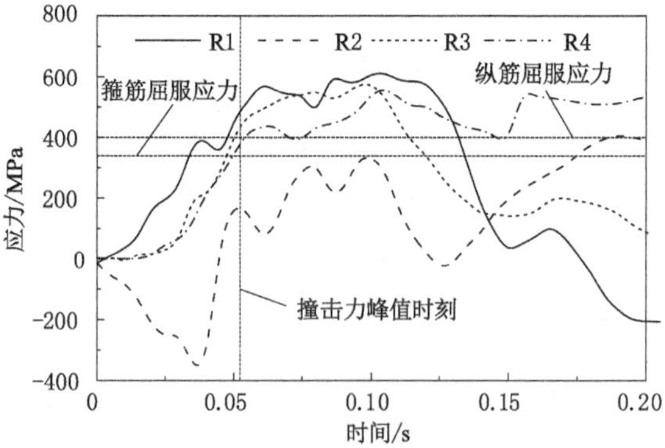

(b) M16-V80-D1.0

图 3-42 参考点钢筋单元的轴向应力时程曲线

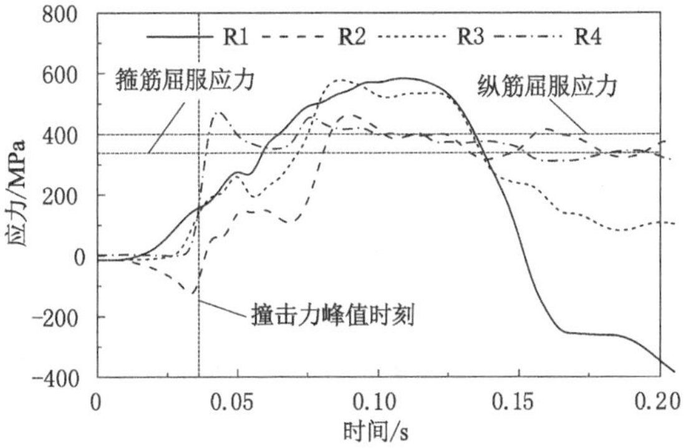

(c) M30-V40-D1.0

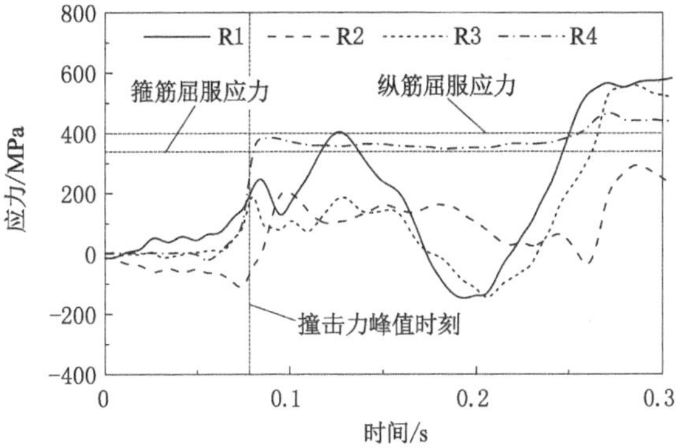

(d) M38-V60-D1.0

图 3-42(续)

对于 M10-V100-D1.0 工况，纵筋单元 R1 和 R2 在碰撞开始阶段分别承担拉力和压力，R3 和 R4 单元应力基本为零；在撞击力峰值时刻，所有单元应力均处于较低的水平；随后，箍筋单元 R4 的应力迅速增加，而纵筋单元 R1 和 R2 的应力反而减小，表明此时桥墩响应以剪切变形为主。当碰撞时间达到 0.05 s 后，桥墩响应进入二次碰撞阶段，纵筋单元 R1 的拉应力迅速增加直至屈服，并且纵筋单元 R3 也出现较大的拉应力，此时桥墩响应以墩底弯曲变形为主；随着侧向变形的增加，纵筋单元 R2 逐渐由受压转变为受拉，箍筋单元 R4 随混凝土裂缝的发展也逐渐发生屈服。碰撞结束后，桥墩进入自由振动阶段，纵向钢筋 R1 出现一定的压应力。可见，桥墩破坏过程可分为：首次碰撞阶段墩底出现较为明显的剪切损伤，二次碰撞阶段墩底弯曲响应增加，最后桥墩发生剪切破坏。

在 M16-V80-D1.0 工况下，由于撞击力变化较为平缓，碰撞初期桥墩响应以弯曲变形为主，纵筋单元 R1 和 R2 分别出现了较大的拉应力和压应力。随着弯曲变形的增加，底部截面纵筋单元均承受拉力，箍筋单元 R4 由于混凝土的开裂也逐渐屈服，这一现象在撞击力峰值时刻之后尤为明显。同时，纵筋单元 R3 逐渐达到屈服，表明撞击位置附近也产生了较大的弯曲变形。最后，由于存在较大的受弯和受拉损伤，桥墩底部的抗剪承载力下降，进而导致该部位发生剪切破坏。

在 M30-V40-D1.0 工况下，车辆撞击力在极短的时间内达到峰值，此时纵筋单元 R1 和 R2 尚来不及参与响应，箍筋单元 R4 迅速达到屈服。此时墩底出现了严重的剪切损伤，从而削弱了其承载能力。在二次碰撞阶段，纵筋单元 R1 和 R3 几乎同时达到屈服。混凝土单元逐渐退出工作，底部纵筋为桥墩提供了绝大部分的承载能力，最终桥墩底部在拉力、弯矩和剪力联合作用下发生直剪破坏。

在 M38-V60-D1.0 工况下，箍筋单元 R4 在撞击力峰值时刻后迅速屈服，并在后续碰撞过程中保持屈服状态，表明首次碰撞阶段桥墩出现了严重的剪切损伤。随后桥墩进入了短暂的自由振动阶段，纵筋单元 R1 和 R3 由拉应力转变为压应力。当进入二次碰撞阶段后，纵筋单元 R1 和 R3 均受拉屈服，单元 R2 的拉应力进一步增加。可见，在碰撞后期桥墩底部存在较大的拉力，且撞击位置处局部弯曲变形增大。最终，桥墩底部在拉力和剪力作用下发生破坏。

3.5.5 桥墩破坏机理

根据计算结果可知，四类典型车辆由于内部构造和质量分布的不同，造成了其撞击力的作用位置和变化规律存在较大的差异，进而影响着桥墩的动力响应。尽管钢筋混凝土桥墩在各类车辆撞击下的最终破坏模式以剪切破坏为主，但其破坏机理不尽相同。图 3-43 给出了车辆撞击下桥墩底部的两种典型破坏过程。对于具有较强脉冲效应的撞击作用，桥墩在峰值阶段易出现严重的剪切损伤甚至剪切破坏；随后，侧向变形随撞击作用的持续而迅速增大，从而导致桥墩损伤进一步恶化直至最终失效。然而，对于变化相对平缓的撞击荷载，桥墩响应首先以弯曲变形为主，随着损伤加重和剪切变形的增加，最终发生剪切破坏。值得注意的是，碰撞后期桥墩底部出现一条主斜裂缝，混凝土基本退出工作。此时纵向钢筋承担着绝大部分的残余撞击荷载，因此底部钢筋存在较大的拉应力。

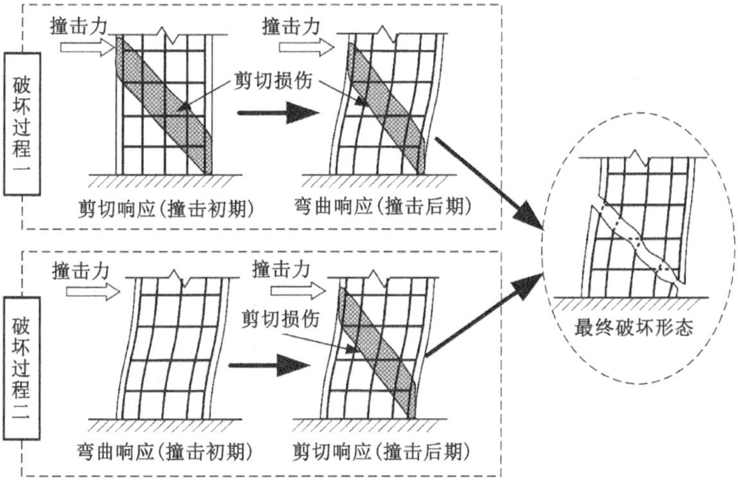

图 3-43　车辆撞击下桥墩的破坏机理

3.6　本章小结

(1) 重型车辆撞击下桥墩破坏模式以剪切破坏为主;随着撞击速度的增大,局部冲剪效应增强,剪切破坏面从桥墩底部转移到撞击点附近。现行规范建议的等效静力设计方法很难反映桥墩的真实撞击响应。在撞击需求方面,撞击速度对桥墩内力和撞击力分布特征的影响最为显著;货物高度的不同会改变撞击力的空间分布,但不会影响桥墩的最大内力响应。在抗撞能力方面,截面尺寸对桥墩抗撞能力的影响最为显著;增加配箍率对抗撞能力的贡献比较有限。

(2) 对撞击力时程进行 20 ms 平均处理后的撞击力峰值与桥墩动态剪切需求比较一致,因此可将其作为车辆撞击力等效静力。由于显著的应变率效应和惯性效应,桥墩动态抗剪承载力约是其静态抗剪承载力设计值的 4 倍。

(3) 在车桥碰撞过程中,保险杠、发动机、货物依次与桥墩发生碰撞,并且各阶段的撞击力大小和作用位置均存在较大差异。基于仿真结果得到车辆动能阈值,当车辆初始动能小于该能量阈值时,保险杠和发动机的碰撞作用决定着撞击力大小;反之,货物二次碰撞作用对桥墩破坏模式和内力响应起控制作用。对各阶段撞击力峰值和持时进行了回归分析,并提出了桥墩的动力抗撞分析方法。

(4) 由于内部构造和质量分布的不同,四类典型车辆的撞击荷载在时间、空间和数值上均存在较大的差异,从而造成桥墩动力响应和破坏模式的不同。整体式车辆的撞击作用主要集中在地面以上 1.0 m 附近，而拖挂式卡车的撞击位置在碰撞过程中的变化比较大。尽管各类车辆撞击下桥墩的破坏模式以剪切和弯剪破坏为主，但破坏机理不尽相同。对于脉冲效应较强的撞击作用，桥墩在撞击力峰值阶段易出现严重的剪切损伤，并随撞击作用的持续和弯曲响应的增加而发生破坏。对于变化相对平缓的撞击荷载，桥墩首先以弯曲响应为主，抗剪承载力随损伤加重而下降，因此最终发生剪切破坏。

第 4 章　钢筋混凝土构件的抗撞机理

4.1　概述

本章从钢筋混凝土构件的局部撞击响应入手，细致分析了其在撞击荷载下的抗力模式和破坏机理，并结合分析结果进一步提出了钢筋混凝土构件抗撞设计的简化计算模型和方法，以期为钢筋混凝土桥梁结构的抗撞设计提供理论参考。基于上一章已验证的钢筋混凝土梁有限元模型研究了其在撞击荷载下的动力响应和损伤机理，提出了基于截面损伤因子的构件撞击损伤评估方法；分析了撞击荷载下钢筋混凝土梁的局部响应特征和抗剪机制，并根据梁的受力特点和抗力机制建立了相应的剪切需求计算方法。考虑到缩尺和原型钢筋混凝土构件局部撞击响应可能存在一定的差异[167]，本节细致地讨论了足尺钢筋混凝土柱在侧向撞击荷载下的动力响应、损伤演化以及惯性力分布特点，并建立了惯性力分布和支座反力的简化计算方法。

4.2　钢筋混凝土梁的撞击响应和损伤

4.2.1　损伤评估方法

连续盖帽模型(MAT_CSCM_CONCRETE)可以反映混凝土单元在撞击荷载下的损伤程度，因此引入截面损伤因子来衡量钢筋混凝土梁在不同位置处的损伤程度。当撞击高度为 1.2 m 的落锤撞击钢筋混凝土梁跨中时，支座处、1/4 跨度处和撞击位置处钢筋混凝土梁截面损伤云图如图 4-1 所示。由图 4-1 可以看出，由于受到约束作用支座处梁截面损伤主要分布在顶部和底部；1/4 跨度处的截面损伤由于纵向钢筋与混凝土之间的黏结作用而主要分布在受拉钢筋位置附近；撞击位置处梁截面损伤最为严重，顶部混凝土由于落锤的撞击作用被压碎剥落，底部混凝土受到较大的拉应力而发生开裂失效。

针对撞击荷载具有局部效应显著和持时短暂等特点，钢筋混凝土构件在撞

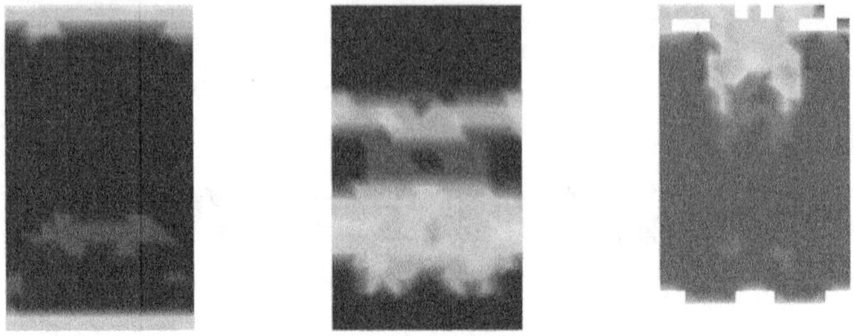
(a) 支座处　(b) 1/4跨度处　(c) 撞击位置处

图 4-1　不同位置处钢筋混凝土梁截面损伤云图

击荷载下的损伤往往集中于局部区域。因此，将同一截面处所有单元损伤因子的平均值作为截面损伤因子 d_s：

$$d_s = \frac{1}{n}\sum_{1}^{n} d \tag{4-1}$$

式中：d 为混凝土单元的损伤因子；n 为截面的单元数目总和。

为了直观地衡量构件的损伤程度，采用截面损伤因子来定义梁损伤程度：① 轻度损伤，d_s=0.0～0.3；② 中度损伤，d_s=0.3～0.6；③ 重度损伤，d_s=0.6～0.9；④ 构件失效，d_s=0.9～1.0。注：下限不包括本数，上限包括本数。构件相同损伤程度所对应的截面损伤因子 d_s 的取值要高于其他损伤评定方法[111,152]，这主要是考虑到撞击作用的局部效应比较显著，而相邻截面的约束作用会避免最不利截面处混凝土过早失效。

以撞击高度为 1.2 m 的工况为例，在撞击过程中钢筋混凝土梁截面损伤因子沿梁长度的分布如图 4-2 所示。钢筋混凝土梁的损伤起于撞击作用位置，并

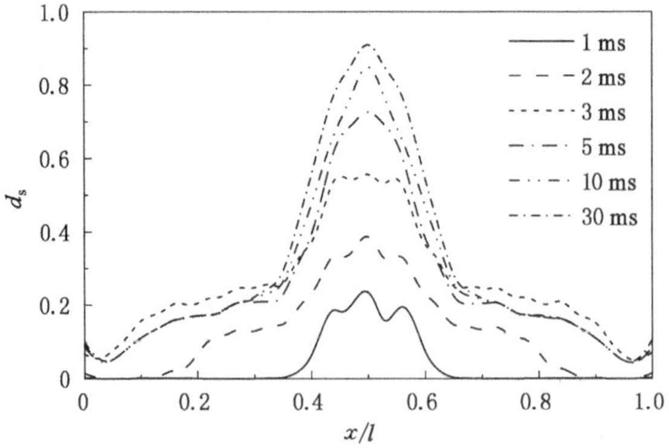

图 4-2　不同撞击时刻钢筋混凝土梁截面损伤因子

逐渐向两端扩散。在局部响应阶段落锤撞击作用对碰撞位置处的混凝土造成了较大损伤，从而削弱了此处的截面刚度和强度。因此，在整体响应阶段梁的损伤主要在撞击位置附近发展。由此可见，钢筋混凝土梁的损伤主要在局部响应阶段形成，并在整体响应阶段得到发展。

图 4-3 给出了钢筋混凝土梁在不同撞击高度下的截面损伤因子沿梁长度的分布。梁体的损伤分布主要集中在撞击位置处；梁端部一定范围内截面损伤因子并未随撞击高度的增加而显著增加，进一步表明撞击作用的局部效应随撞击速度的增加而更加显著，从而促使撞击位置处塑性铰的形成和发展。四种工况下梁损伤程度分别为中度损伤、重度损伤、重度损伤和构件失效。可见，基于截面损伤因子的评估方法能够直观地描述撞击过程中各截面的损伤发展规律。

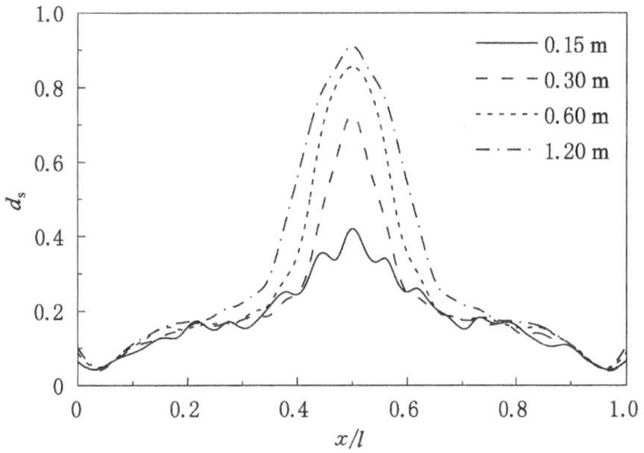

图 4-3　不同撞击高度钢筋混凝土梁截面损伤因子

需要指出的是，网格尺寸会显著地影响数值计算结果，尤其是材料的损伤积累。单元断裂能随其尺寸的减小而减小，因此相同荷载下单元的损伤积累随尺寸减小而增大。为了消除这种影响，连续盖帽混凝土模型通过对断裂能进行调整使其保持为常数[149]。为了衡量网格尺寸对钢筋混凝土梁动态响应和损伤发展的影响，对比了混凝土单元尺寸为 25.00 mm、12.50 mm 和 6.25 mm 时梁在相同撞击作用下的响应和损伤分布，其中撞击高度为 1.2 m。图 4-4 和图 4-5 分别为网格尺寸不同时梁跨中挠度时程曲线和截面损伤因子沿梁长度的分布曲线。3 种网格尺寸时梁跨中挠度时程曲线几乎完全重合；截面损伤因子随网格尺寸的减小而略有减小，这主要是由损伤积累随单元尺寸减小而更加集中所造成的。尽管截面损伤因子对网格尺寸相对比较敏感，但随着网格尺寸的减小而逐渐趋于收敛。因此，在综合权衡计算效率和计算精度后，有限元模型的网格尺寸取为 12.5 mm。

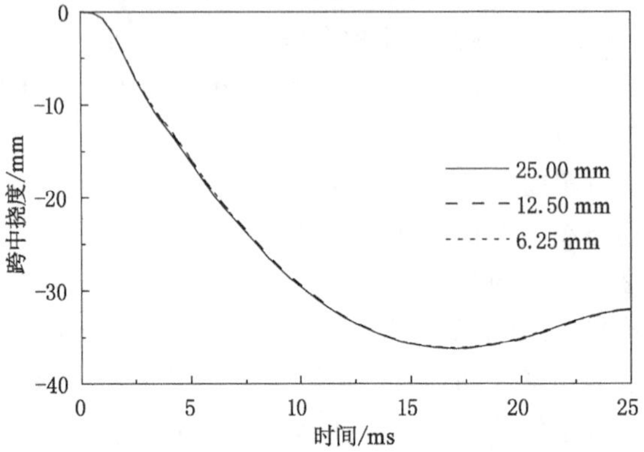

图 4-4 不同网格尺寸下梁的跨中挠度时程

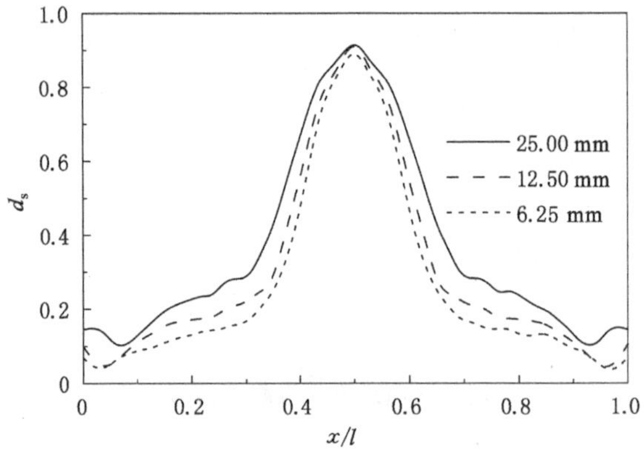

图 4-5 不同网格尺寸下梁截面损伤因子

4.2.2 影响参数分析

4.2.2.1 边界条件

钢筋混凝土简支梁、固支梁和悬臂梁的等效塑性应变云图和截面损伤因子沿梁长度的分布分别如图 4-6 和图 4-7 所示。简支梁、固支梁和悬臂梁所对应的损伤程度分别为构件失效、中度损伤和重度损伤。简支梁和固支梁的损伤主要集中于跨中位置处，而悬臂梁的损伤主要集中于跨中和固定端处。与简支梁相比，固支梁的损伤分布更加集中，而悬臂梁的损伤分布则比较分散。由于端部的轴向和转动约束效应，固支梁中出现了较大的轴向压应力，从而有效地限制了裂缝的发展。

(a) 简支梁

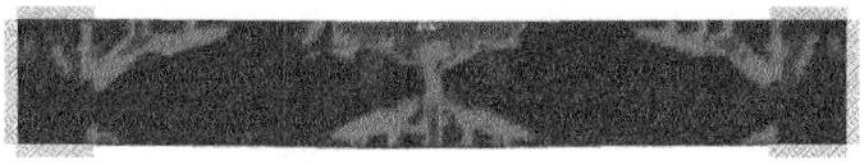

(b) 固支梁

(c) 悬臂梁

图 4-6　钢筋混凝土梁的等效塑性应变云图

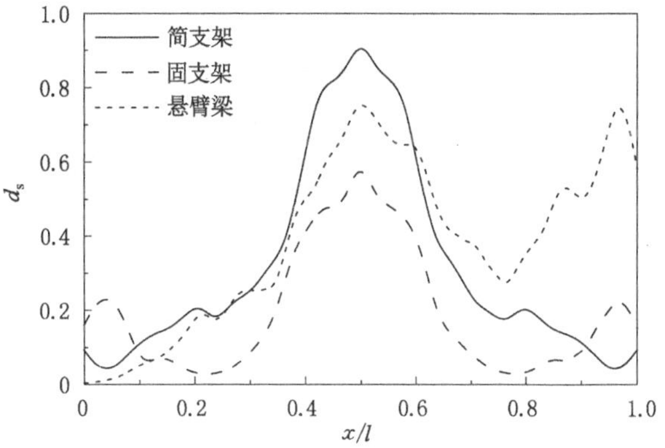

图 4-7　钢筋混凝土梁的截面损伤因子

图 4-8 给出了边界条件不同时梁撞击力时程曲线和跨中挠度时程曲线。简支梁的撞击力时程曲线达到峰值后迅速衰减，随后再次形成一个相对比较稳定的平台段；固支梁的撞击力类似于矩形脉冲荷载；悬臂梁的撞击力时程则出现多个峰值。与简支梁相比，固支梁和悬臂梁的撞击力峰值分别增加了 52%和 9%；固支梁的跨中最大位移降低了 72%，而悬臂梁的跨中位移则增加了 39%。由此可见，梁端部的轴向和转动约束可以有效地提高其抗撞性能。

图 4-9 为撞击作用下简支梁、固支梁和悬臂梁各部分材料的能量耗散，可见：

(1) 对于简支梁而言，下部受拉钢筋的耗能约占梁总耗能的 75.13%；混凝土耗能占梁总耗能的 23.28%；上部受压钢筋和箍筋仅占梁总耗能的 1.59%。梁体主要依靠下部受拉钢筋的塑性变形消耗撞击能量，这与文献[168]的计算结果一致。

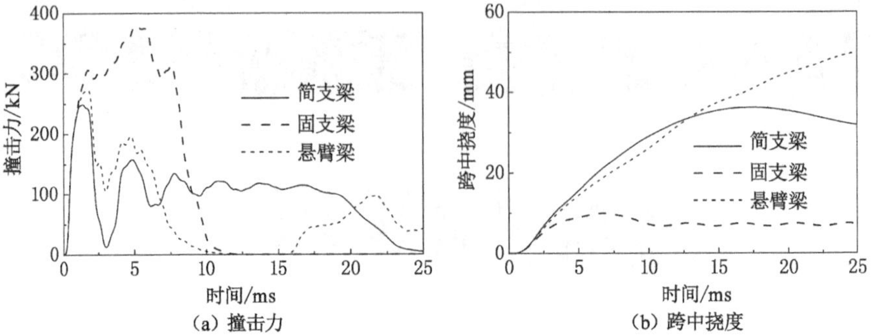

图 4-8　边界条件不同时梁撞击力和跨中挠度时程

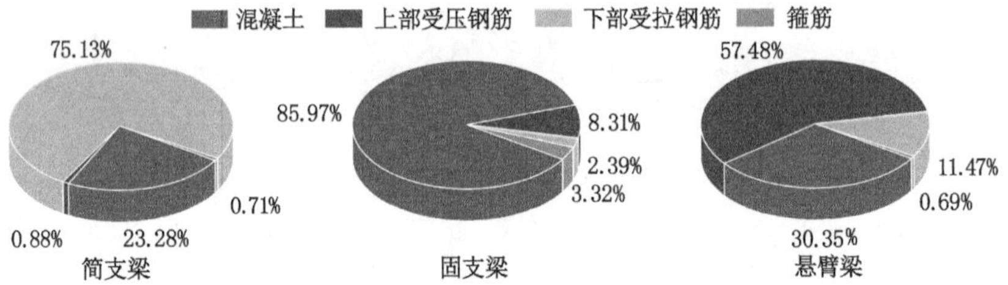

图 4-9　撞击作用下简支梁、固支梁、悬臂梁各部分材料的能量耗散

(2) 当端部为固支梁时，混凝土、上部受压钢筋、下部受拉钢筋和箍筋的耗能分别占梁总耗能的 85.97%、8.31%、2.39%和 3.32%。下部受拉钢筋的变形耗能在所有部件中最小；混凝土消耗了绝大部分撞击能量。

(3) 与简支梁和固支梁不同，悬臂梁上部受压钢筋的耗能约占梁总耗能的 57.48%，远高于梁体的其他部分，混凝土耗能占总耗能的 30.35%，箍筋耗能尚达不到总耗能的 1%。

从不同材料组分的耗能分布可知，在撞击荷载作用下简支梁响应主要以撞击处混凝土的冲剪变形和梁整体弯曲变形为主。固支梁由于轴向和转动约束提供的“膜力效应”[169]显著地减小了梁的挠度，同时上部纵向钢筋能够有效地削弱落锤对下方混凝土的冲剪效应，因此混凝土损伤程度远小于简支梁和悬臂梁。此外，梁体内部的轴向荷载引起较大的轴向应变，从而造成混凝土耗能远远高于其他材料。悬臂梁的破坏机理主要由撞击位置附近混凝土的冲剪变形和固定端处的弯曲变形组成。由此可见，边界条件对钢筋混凝土梁动态响应的影响十分显著，因此在钢筋混凝土梁的抗撞设计中可以通过调整端部约束来提高其抗撞承载潜力。

4.2.2.2　冲头形状

建立三种不同冲头形状的落锤进行钢筋混凝土梁的抗撞性能研究，其中冲头分别是直径为 180 mm 的半球体、边长为 180 mm 的正方体和 360 mm×180 mm 的长方体(如图 4-10 所示),通过调整配重密度使得撞击物质量均为 400 kg。

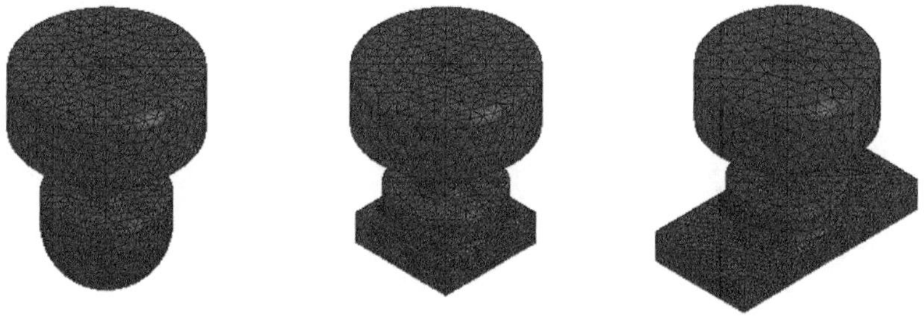

(a) 落锤 1　(b) 落锤 2　(c) 落锤 3

图 4-10　不同冲头形状的落锤

图 4-11 和图 4-12 分别给出了撞击体不同时梁撞击力和跨中挠度时程曲线及梁截面损伤因子,其中 3 种情况下梁的损伤状态分别为失效、失效、重度损伤。在冲头与梁体接触瞬间,平头冲头撞击力急剧增大,然后迅速衰减至零;而半球形冲头的撞击力则相对比较平缓,撞击力峰值也远小于平头冲头。撞击力峰值随碰撞接触面积的增大而增加,撞击力持时则逐渐减小。平头冲头撞击力由于包含了大量的高频分量而出现剧烈震荡,但基本上以半球形冲头的撞击力时程曲线为基线进行波动。3 种冲头撞击作用下梁最大跨中挠度基本相同,只是达到最大值的时间随碰撞接触面的增大而减小。从图 4-11 中可以看出,随着碰撞接触面积的增大,梁体损伤逐渐向两端发展。由于平面冲头对混凝土的约束作用,撞击位置处梁截面损伤相对较小。此时斜裂缝主要从接触面边缘处向外发展,从而造成梁的损伤分布相对分散。因此,在钢筋混凝土梁的抗撞设计中应对撞击物的形状和碰撞面积加以考虑。

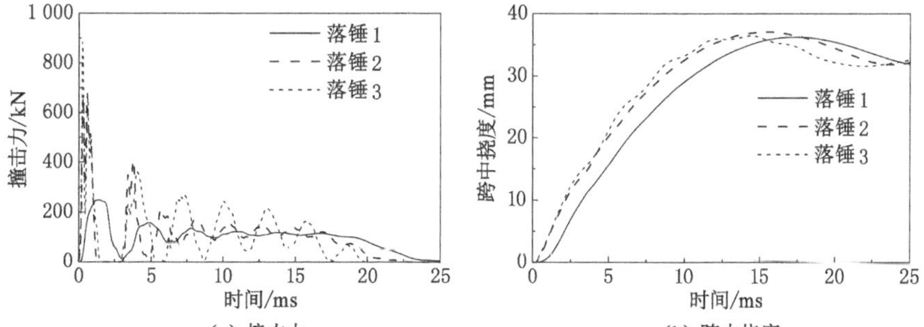

(a) 撞击力　(b) 跨中挠度

图 4-11　撞击体不同时梁撞击力和跨中挠度时程曲线

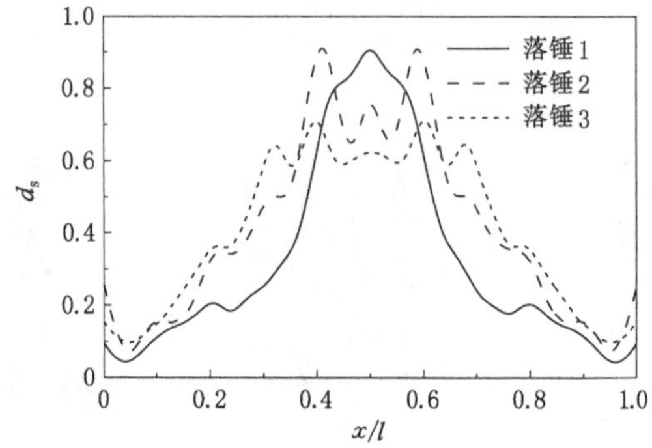

图 4-12　撞击体不同时梁截面损伤因子

4.2.2.3　撞击位置

图 4-13 为不同撞击位置时钢筋混凝土梁的等效塑性应变云图，其中 3 种工况所对应的剪跨比分别为 3.33、1.67 和 0.83。随着撞击位置逐渐靠近约束端，梁的破坏形态由初始的弯曲破坏开始转变为短跨一侧的斜压破坏，这在固支梁中尤为明显；同时剪切斜裂缝和梁轴线的夹角与短跨长度直接相关。特别是当撞击位置在 1/4 跨度处时，简支梁和固支梁的破坏模式具有显著的差异，简支梁以局部冲剪和整体弯曲破坏为主；而固支梁则以短跨处的斜压破坏为主，进一步表明边界约束条件对梁的撞击破坏影响很大。

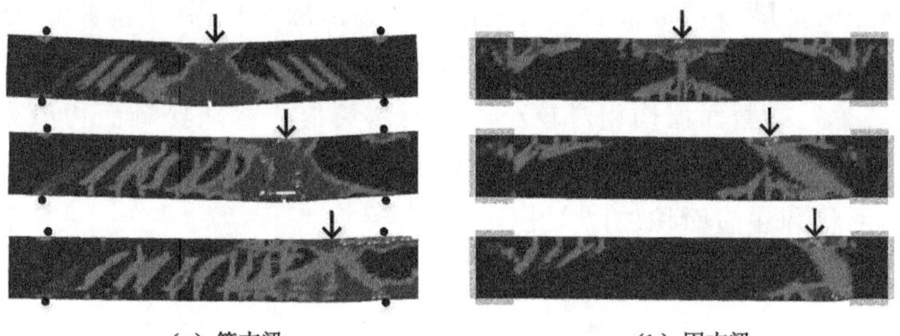

(a) 简支梁　　(b) 固支梁

图 4-13　不同撞击位置时钢筋混凝土梁的等效塑性应变云图

图 4-14 显示了不同撞击位置时钢筋混凝土梁的截面损伤因子。简支梁和固支梁的损伤基本上都集中在撞击位置附近，同时撞击位置不同时钢筋混凝土梁的最大截面损伤因子也比较接近。由此可见，梁的最大损伤主要由撞击物的局部冲剪作用所控制，撞击位置对梁损伤程度影响不太明显，但是会显著影响梁的传力机制和破坏模式。

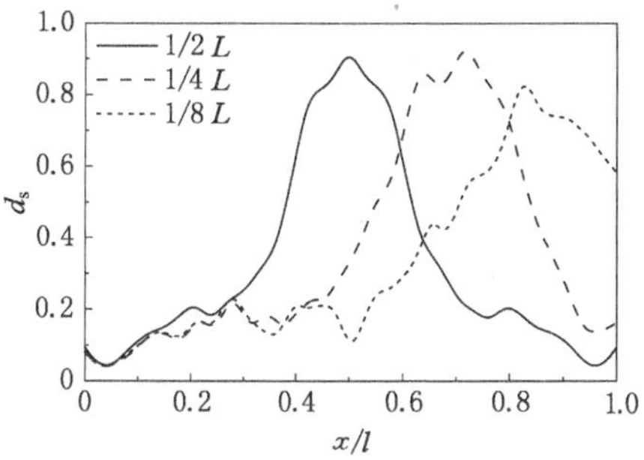

(b) 简支梁

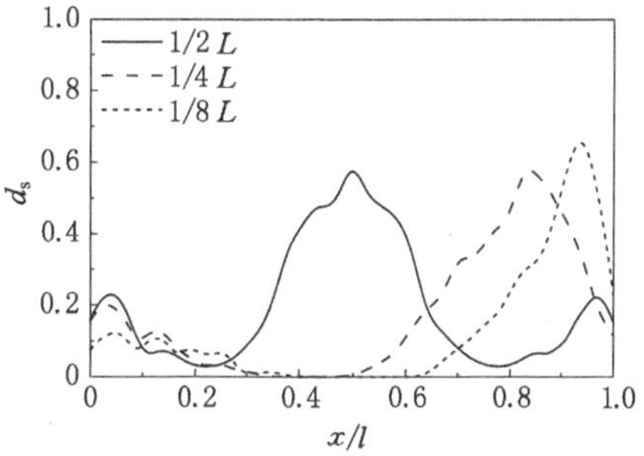

(b) 固支梁

图 4-14　不同撞击位置时钢筋混凝土梁的截面损伤因子

4.3　钢筋混凝土梁的局部响应特征

4.3.1　局部响应分析

4.3.1.1　撞击力和支座反力

撞击试验[86]为了研究梁的弯曲破坏性能而将其抗剪能力设计得过于保守，本节仿真分析中将箍筋间距调整为 150 mm，同时，梁净跨长度分别取为 0.8 m、1.4 m 和 2.0 m，撞击速度分别取为 3.4 m/s 和 13.7 m/s。不同撞击工况下撞击力和支座反力时程曲线如图 4-15 所示。当梁净跨长度为 0.8 m 时，撞击力以极短的时间传递到支座处，此时大部分撞击力由支座承担，钢筋混凝土梁的撞击响应和破坏模式与静载下相差不大。随着梁净跨的增加，惯性效应逐渐增强，而支座承担的撞击作用相对减小。当梁净跨长度为 1.4 m 和 2.0 m 时，初始撞击阶段支座反力出现了较大的负值，并且支座负反力几乎与撞击力同时达到最大值。还可以观察到：支座负反力随着撞击速度和梁跨度长度的增大而增大；撞击力峰值随撞击速度的增加而迅速增加，而梁净跨长度对撞击力峰值的影响较小。当梁进入整体响应阶段后，支座反力和撞击力基本一致，此时惯性效应减弱，梁的抗力机制与静载下基本相同。

4.3.1.2　梁体应力

基于固体力学，混凝土单元的拉应力采用第一主应力中的正值部分来表示，而压应力采用第三主应力中的负值部分来表示。图 4-16 给出了在 13.7 m/s 的撞击速度下梁体内部不同时刻的拉应力和压应力分布，其中梁净跨长度为 1.4 m。在初始撞击阶段梁剪跨内上部出现较大的拉应力，并且逐渐向两端移动，最后

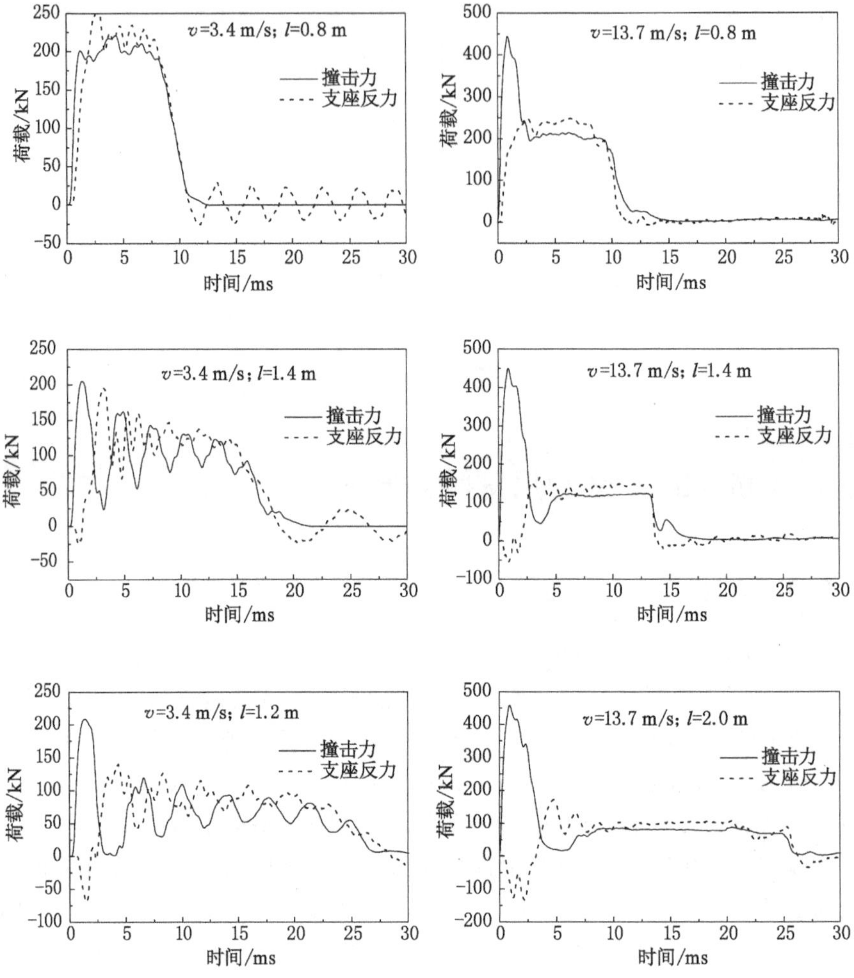

图 4-15 不同撞击工况下撞击力和支座反力时程

到达支座处。与此同时，压应力主要集中在撞击位置附近，并且剪跨内梁体下方也存在一定的压应力。压应力在 0.6 ms 时传递到上部支座处，从而造成支座产生向下的约束反力。随后，支座反力将会在较长的时间内保持为负值，从而解释了支座负反力的形成机制。下部支座在 1.5 ms 时开始抵抗撞击荷载，支座反力由负值转变为正值。由于梁剪跨内截面上部出现了较大的拉应力，在结构构件抗撞设计时应设置一定数量的上部钢筋以防止此处出现较大的垂直裂缝。

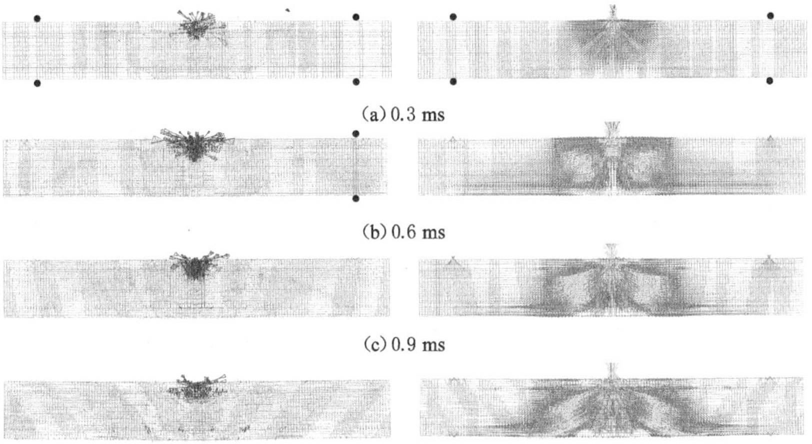

(a) 0.3 ms

(b) 0.6 ms

(c) 0.9 ms

(d) 1.5 ms

图 4-16　不同时刻梁体的拉应力(左)和压应力分布(右)

调整梁净跨长度来研究其对梁体应力分布的影响,其中净跨分别取为 0.8 m、1.4 m 和 2.0 m。图 4-17 为净跨长度不同时钢筋混凝土梁在 13.7 m/s 撞击速度下的撞击力时程及其峰值时刻的压应力分布。在局部响应阶段不同净跨长度下的撞击力时程曲线几乎重合,表明撞击荷载的局部效应明显,撞击力峰值主要取决于梁的局部刚度,而非整体刚度。从图 4-17(b)中看出,撞击力峰值时刻梁体内部压应力主要集中在距撞击点左右各一倍截面高度范围内,且该范围并未随净跨长度改变而发生明显变化,这也表明了净跨长度对撞击力影响较小的原因。撞击位置处的冲剪破坏主要取决于局部抗剪强度,而梁整体的动力特性对其影响不明显。对于净跨长度为 0.8 m 的梁而言,撞击荷载产生的压应力在极短的时间内达到下部支座处,因此不会激起显著的支座负反力。此时梁的传力机制与准静态时类似,撞击荷载的动力效应也不太明显,撞击力主要由下部支座承担。当梁净跨长度为 2.0 m 时,剪跨内下部钢筋主要承担压应力,并逐步将撞击荷载传递到上部支座处,此时支座可为梁体提供较大的负向约束反力,并且这种效应随着梁净跨长度的增加而增强。由此可见:当钢筋混凝土梁跨高比较小时,撞击荷载的动力效应并不会显著地影响梁的传力机制和破坏模式;然而,应力波传播和惯性效应将会显著地影响较大跨高比梁的动态响应。同时,这进一步佐证了图 4-15 中支座负反力的分析结论。

分别采用撞击速度为 3.4 m/s、6.9 m/s 和 13.7 m/s 的落锤撞击净跨长度为 1.4 m 的钢筋混凝土梁,进而来研究撞击速度对梁体应力分布的影响,其中落锤质量为 400 kg。图 4-18 为撞击速度不同时梁撞击力时程及其峰值时刻梁

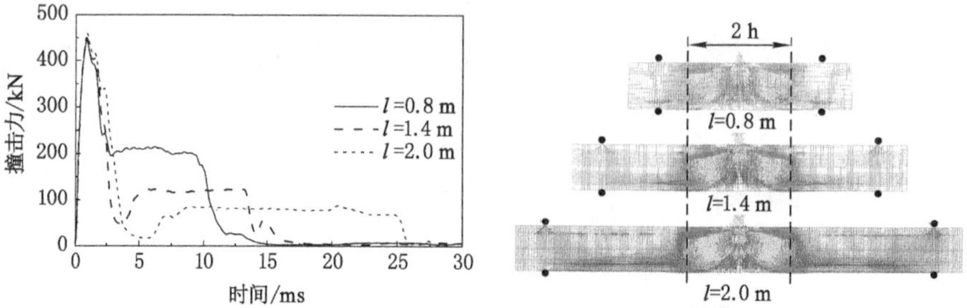

(a) 撞击力时程　(b) 压应力分布

图 4-17　净跨长度不同时梁撞击力时程及其峰值的压应力分布

体的压应力分布。3 种撞击速度下撞击力达到峰值的时间基本一致。若将初始加载段等效为线性加载,3 种情况所对应的加载速率均在一个数量级上,从而造成应力波传播距离相差不大。对于撞击力峰值时刻梁体的压应力分布,当撞击速度较小时,撞击荷载主要被梁体的惯性力所平衡,而远端处的梁体动态响应不明显。惯性效应随撞击速度的增加而增强,从而造成剪跨内下方混凝土承受一定的压应力,并且端部出现了较大的支座负反力。随着撞击速度的增加,撞击位置附近梁体的压应力逐渐增加,但其分布范围并未发生明显的改变。

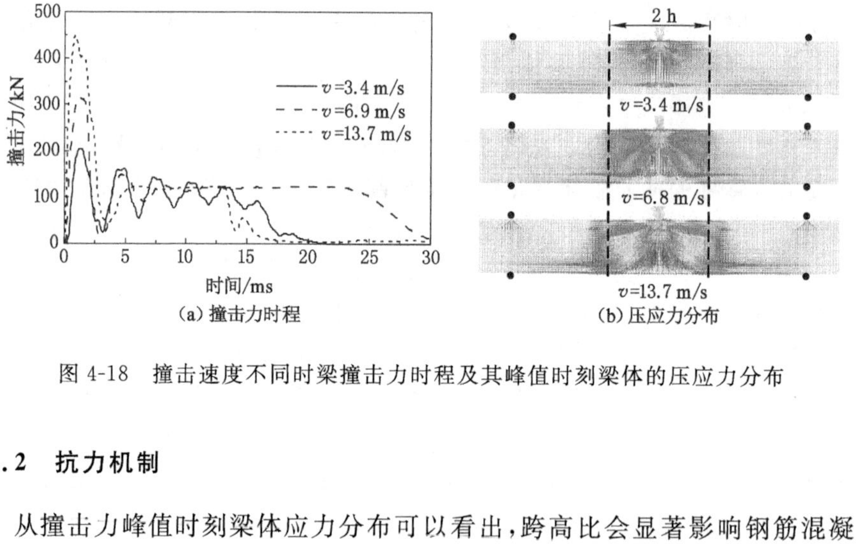

(a) 撞击力时程　(b) 压应力分布

图 4-18　撞击速度不同时梁撞击力时程及其峰值时刻梁体的压应力分布

4.3.2　抗力机制

从撞击力峰值时刻梁体应力分布可以看出,跨高比会显著影响钢筋混凝土梁在撞击荷载下的动态响应。当跨高比较小时,撞击荷载在极短的时间内传递到下部支座,此时撞击荷载的动力效应对梁抗力机制的影响较小,因此可采用拉压杆模型来表征梁的受力机制,如图 4-19(a)所示。然而,对于跨高比较大的钢筋混凝土梁,在初始撞击阶段应力波由撞击位置向梁端部传播。应力波到达部位处的截面上部混凝土受拉，而下部混凝土受压。当应力波传递到支座后，梁端部出现较大的支座负反力，同时剪跨内上方和撞击部位下方混凝土均存在较大的拉应力。由于撞击荷载的局部撞击效应，撞击部位处易出现 45°的剪切破坏带；剪跨内的梁体主要承受向上分布的惯性作用。此时梁体的受力模式类似于连续地基梁，荷载(撞击力和惯性力)主要集中在撞击位置处，惯性力从梁跨中向端部逐渐减小。梁撞击位置附近的压应力主要分布范围并未随跨度的增加而发生明显的改变，而剪跨内压应力主要分布在截面下部，直到支座附近才逐渐传递到上部支座。同时，随着梁跨度的增加，剪跨内的拱效应更加显著。因此，可以将局部响应阶段钢筋混凝土梁的抗力机制分为两部分：撞击位置附近的拉压杆模型和剪跨内的拱模型，如图 4-19(b)所示。

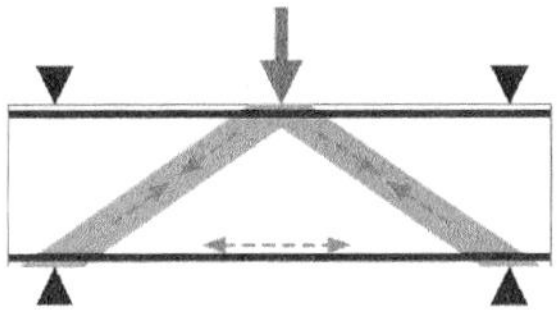

(a) 拉压杆模型

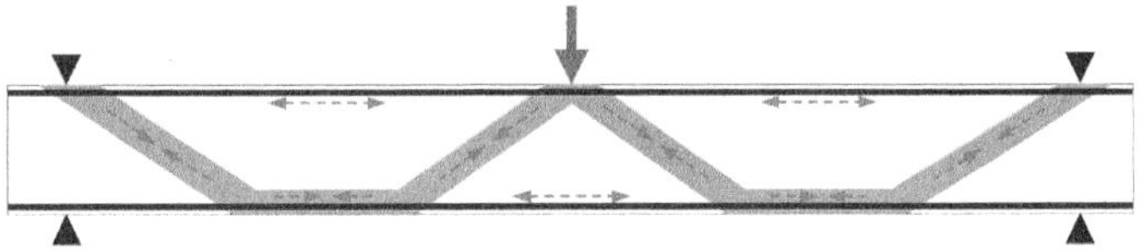

(b) 拉压杆-拱模型

图 4-19　撞击荷载下钢筋混凝土梁的抗力机制

4.3.3　内力计算

4.3.3.1　简化计算模型

根据钢筋混凝土梁在撞击荷载下的抗力机制可知，支座负反力主要是由梁惯性力引起的。为了便于分析，定义 γ 为支座反力合力与惯性力合力的比值。剪切波在极短的时间内传播到支座处，因此在理论分析时可以忽略该过程。在撞击荷载下梁惯性力沿长度一般呈三角形或正弦分布。Yi 等[170]指出在撞击力达到峰值之前惯性力沿长度的分布可以近似假定为线性分布。不失一般性地，这里将惯性力沿梁长假定为线性分布。基于 Saatci 和 Pham 等[87,100]的研究结果，简要地讨论了撞击力峰值时刻梁的内力分布。当应力波传递到支座后，钢筋混凝土梁在撞击荷载下的剪力和弯矩分布如图 4-20 所示，其中 l 为梁净跨长度；a 为悬臂长度；P 为撞击力峰值；R 为支座反力合力。

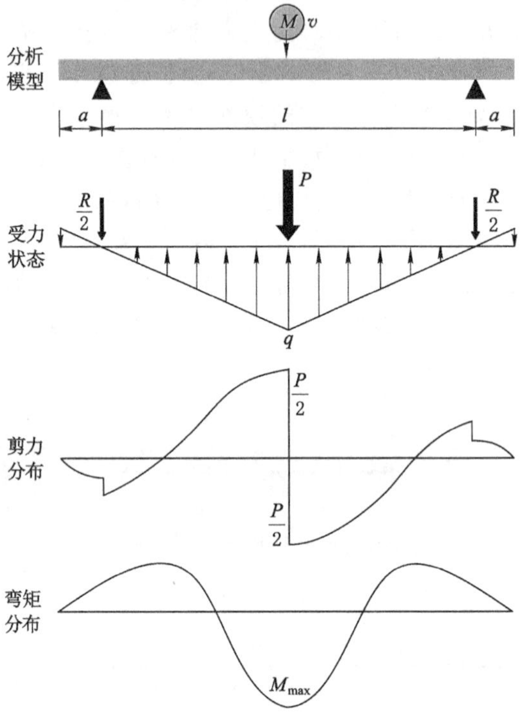

图 4-20　钢筋混凝土梁的剪力和弯矩分布图[100]

根据静力平衡条件可得：

$$P+R+2qa^2/l-ql/2=0 \tag{4-2}$$

将 $R=\gamma q(l/2-2a^2/l)$ 代入式(4-2)可得：

$$P=q(1-\gamma)(l/2-2a^2/l) \tag{4-3}$$

负弯矩最大位置与支座的距离 x_1 为：

$$x_1=a\sqrt{1-\gamma+\gamma l^2/(4a^2)} \tag{4-4}$$

跨内最大负弯矩为：

$$M_{neg}=qa^2(2a+3x_1)/3l+Rx_1/2-qx_1^3/3l \tag{4-5}$$

反弯点距支座的距离为 x_2，应满足：

$$qa^2(2a+3x_2)/3l+Rx_2/2-qx_2^3/3l=0 \tag{4-6}$$

跨中最大弯矩为：

$$M_{max}=\frac{q(l^3-16a^3-12a^2l)}{24l}-\frac{\gamma q(l^2-4a^2)}{8} \tag{4-7}$$

由于惯性力和支座负反力的存在，钢筋混凝土梁的内力分布与静载条件下具有显著的差异。惯性力和支座负反力不但改变了梁的弯矩分布，而且显著地减小了截面的最大弯矩；尽管截面剪力的分布有所改变，但其最大值并未减小。由此可知，局部响应阶段钢筋混凝土梁的抗弯需求降低，而抗剪需求基本保持不变，从而造成其发生剪切破坏的概率大大增加。此外，梁跨中出现了较大的负弯矩，同时反弯点的存在大大减小了撞击部位梁的有效剪跨比，这些都会影响梁的受力机制。

4.3.3.2　最大支座负反力和撞击力峰值

图 4-21 为不同跨高比构件的撞击力峰值和支座负反力的散点图。其中，撞击速度范围取为 1.7～13.7 m/s，跨高比范围为 3.2～10.4。当跨高比为 3.2 时，上部支座基本不会对梁产生约束作用。然而，当跨高比≥5.6 时，不同撞击速度下最大支座负反力近似与撞击力峰值呈线性关系，并且两者比值随跨高比的增大而增大。这与支座反力和惯性力呈正比的假定一致，因此分别对不同跨高比时梁的最大支座负反力和撞击力峰值进行线性拟合，拟合结果如图 4-21 所示。

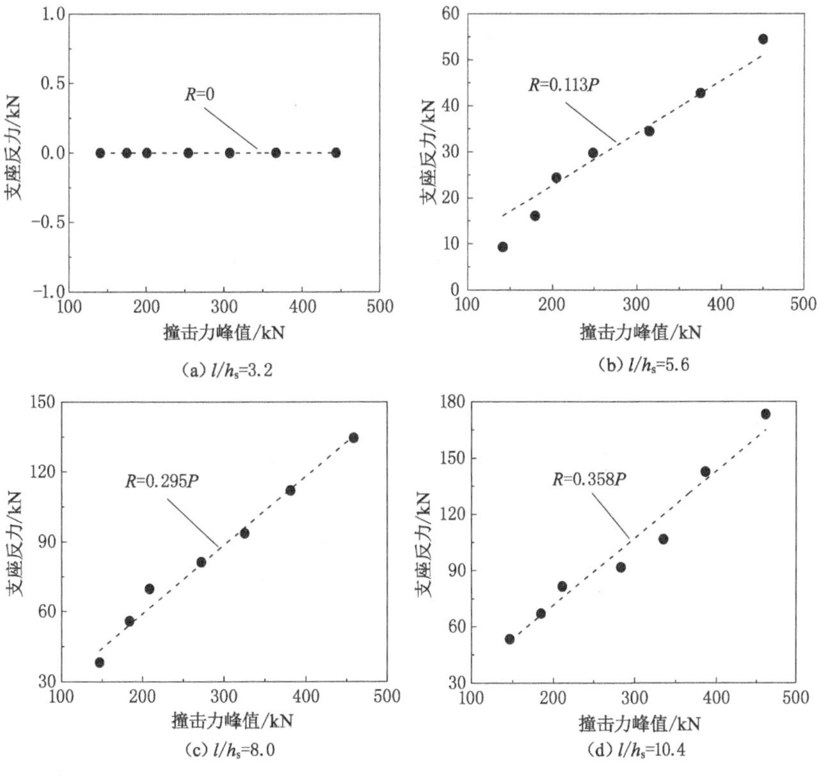

图 4-21　不同跨高比构件的撞击力峰值和支座负反力的散点图

对计算结果进行回归分析得到支座反力的经验计算公式：

$$R = (0.053l/h_s - 0.165)P \tag{4-8}$$

式中：R 为支座反力合力，kN；P 为撞击力峰值，kN；l 为净跨长度，mm；h_s 为截面高度，mm。

对数值模拟得到的撞击力峰值进行拟合来得到撞击力峰值计算公式。撞击速度的范围为 1.7～13.7 m/s，撞击质量的范围为 50～1 600 kg，梁跨高比的范围为 3.2～10.4。在局部响应阶段，梁体内应力波从撞击位置逐渐向端部传播[100]，此时梁并不能全部有效地参与撞击响应。考虑到有效参与质量随应力波的传播而不断发生变化，准确地确定梁等效质量是比较困难的。不失一般性地，采用 Biggs[141] 提出的广义单自由度体系简化设计方法，其中梁的等效质量为：

$$m_{\text{eff}} = K_m m = \frac{\int \rho_1 \varphi^2(x)\,\mathrm{d}x}{\int \rho_1 \,\mathrm{d}x} m \tag{4-9}$$

$$\varphi(x) = \begin{cases} 2x/l, & 0 \leqslant x \leqslant l/2 \\ 2(l-x)/l, & l/2 < x \leqslant l \end{cases} \tag{4-10}$$

式中：ρ_1 为钢筋混凝土梁的线密度；m 为梁体质量；$\varphi(x)$为梁的假定形状函数。

考虑到撞击体与梁体的质量比和撞击体速度对撞击力峰值的贡献最为显著，忽略了其他次要因素，对 34 组撞击工况的数值分析结果进行多元非线性回归分析，从而得到撞击力峰值 P 关于质量比 M/m_{eff}、撞击速度 v 的经验公式：

$$P = 100\,(M/m_{\text{eff}})^{0.08} v^{0.5} \tag{4-11}$$

应说明的是，式(4-11)是基于落锤撞击试验的模拟结果所确定的，主要适用于本书所讨论的半球形冲头低速撞击小尺寸普通钢筋混凝土梁的情况，可为前面的定性结论提供数据支持，以期进一步为其他撞击工况提供理论参考。

图 4-22 给出了撞击力峰值的拟合优度。从数据统计结果可以看出，撞击力峰值预测值 P_{nume} 和拟合值 P_{calc} 之比的平均值为 0.998，变异系数为 0.067，决定系数为 0.951，可见拟合效果非常理想。

4.3.3.3 内力计算

将撞击力峰值和支座反力的经验公式代入梁的平衡方程中(如图 4-20 所示)，可以得到撞击荷载下梁截面剪力和弯矩沿梁长度的分布情况，从而可以将梁的抗撞设计转变为截面设计，便于工程应用。根据支座反力和撞击力的经验计算公式可得支座负反力合力与惯性力的比值 γ：

$$\gamma = 1 - \frac{1}{0.053l/h_s + 0.835} \tag{4-12}$$

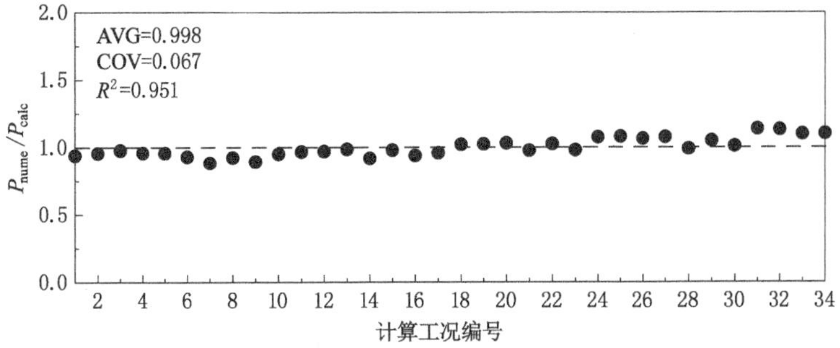

图 4-22 撞击力峰值的拟合优度

梁左半跨内任一截面的弯矩 $M(x)$ 和剪力 $V(x)$ 可以表示为：

$$M(x)=\frac{(0.053l/h_s-0.165)(2x^3-4a^3-6a^2x)P}{3\gamma(l^2-4a^2)}-\frac{(0.053l/h_s-0.165)xP}{2} \tag{4-13}$$

$$V(x)=\frac{2(0.053l/h_s-0.165)(x^2-a^2)P}{\gamma(l^2-4a^2)}-\frac{(0.053l/h_s-0.165)P}{2} \tag{4-14}$$

式中：a 为悬臂长度，mm；x 为计算截面与支座之间的距离，mm。

图 4-23 对比了数值模拟和根据经验公式计算得到的梁截面弯矩和剪力曲线。总体来看，经验公式计算结果与模拟结果比较接近，只是在撞击位置处有一定的差异，这主要是由于在理论分析中将撞击力简化为点荷载而未考虑碰撞接触面积。与弯矩分布相比，经验公式计算所得到的剪力分布更接近数值模拟结果。这恰恰是我们所期待的，因为在局部响应阶段梁的剪切效应比较明显，剪力对梁损伤的影响要远大于弯矩。这进一步表明了惯性力沿梁长度呈线性分布的假定是比较合理的。

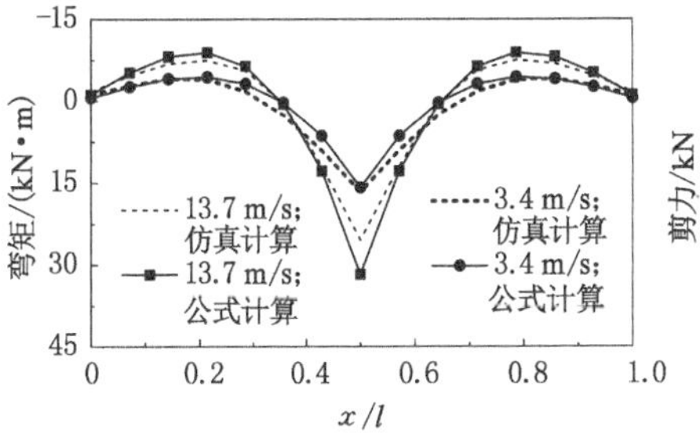

(a) 净跨长度为1.4 m时弯矩分布

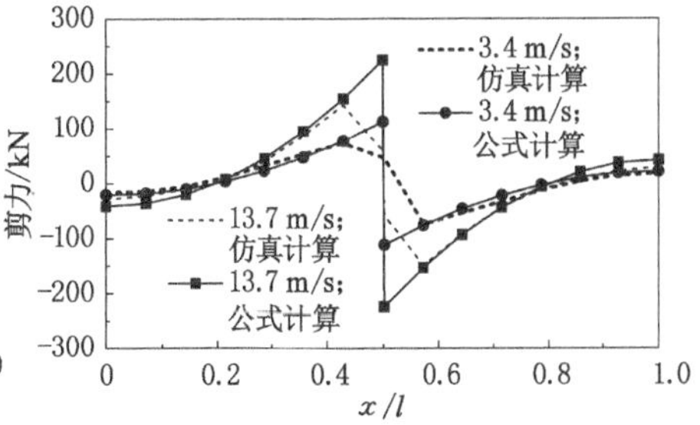

(b) 净跨长度为1.4 m时剪力分布

图 4-23 数值模拟和经验公式计算得到的梁截面弯矩和剪力曲线

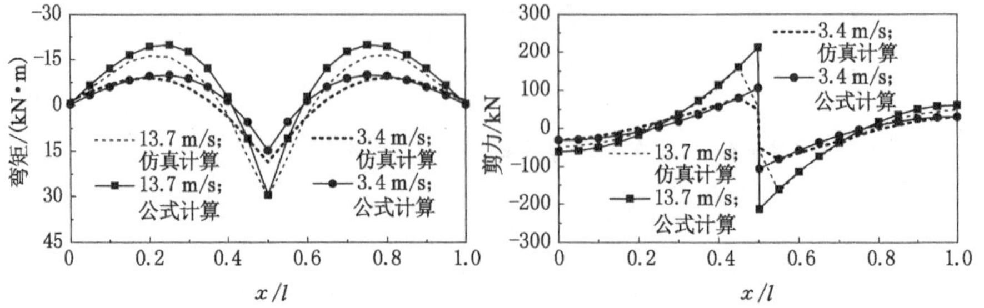

(c) 净跨长度为2.0 m时弯矩分布　　(d) 净跨长度为2.0 m时剪力分布

图 4-23(续)

4.4 钢筋混凝土梁的抗剪性能

4.4.1 抗撞能力的探讨

已有撞击试验结果[85-86,171-172]表明钢筋混凝土梁的抗撞能力远高于其静态承载能力,这说明了撞击荷载下梁的抗力机制可能与静载条件下存在较大差异。统计分析了上述文献中 21 根钢筋混凝土梁撞击试验结果,其中撞击荷载下梁的承载力动力增大系数 LIF 值(撞击力峰值与梁静态承载能力之比)如图 4-24(a)所示。可以看出,撞击力峰值约是梁静态承载能力的数倍,并且同组撞击试验得到的 LIF 值的离散性也比较大。从材料应变率效应的角度也很难解释这一现象,因此直接采用撞击力峰值作为钢筋混凝土构件抗撞能力的衡量指标是值得商榷的。此外,Adhikary 等[173]对不同加载速率下钢筋混凝土梁的动态承载能力进行了试验和仿真研究,并通过回归拟合方法给出了梁承载力动力增大系数 LIF 值的经验计算公式。

其中,对于无腹筋梁:

$$
\begin{aligned}
LIF = & [0.004\rho_g + 0.136(x_s/h_0) - 0.34]\ln\delta + \\
& [0.009\rho_g + 0.41(x_s/h_0) + 0.157]
\end{aligned} \tag{4-15}
$$

对于有腹筋梁:

$$
LIF = [1.89 - 0.067\rho_g - 0.42\rho_v - 0.14(x_s/h_0)]e^{[-0.35-0.052\rho_g+0.179\rho_v+0.18(x_s/h_0)]\delta} \tag{4-16}
$$

式中,x_s/h_0 为梁剪跨比;ρ_g 为纵筋配筋率;ρ_v 为配箍率;δ 为加载速率。

对于采用常规方法设计的钢筋混凝土梁而言,采用上述公式计算得到的承载力动力增大系数一般为 1.0～3.0,如图 4-24(b)所示。无腹筋梁和有腹筋梁

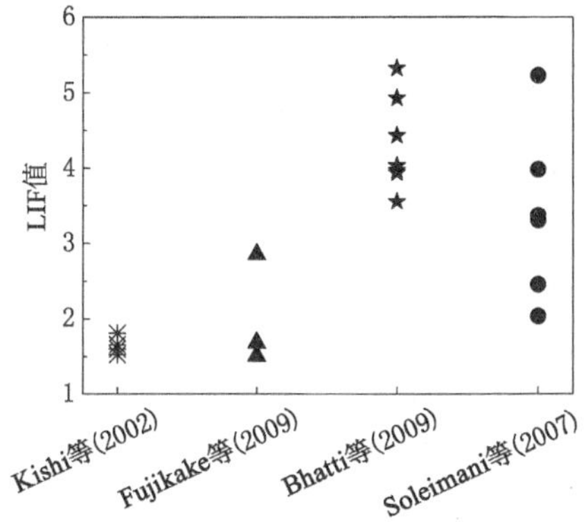

(a) 撞击荷载

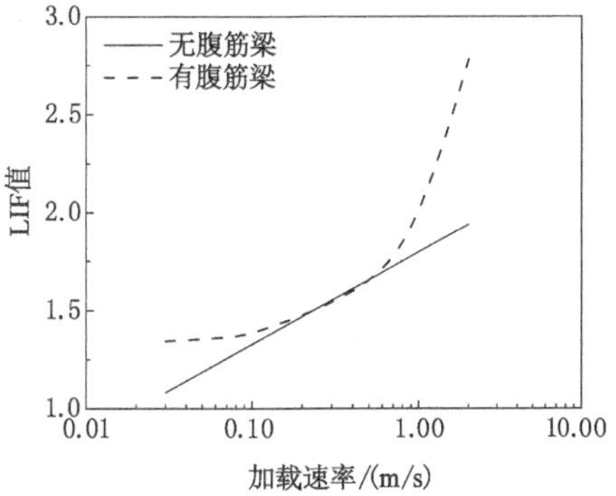

(b) 快速加载

图 4-24　动力荷载下 RC 梁承载力的动力放大系数

的动态承载能力随加载速率的增加呈不同程度的提高，可见加载速率显著地影响着梁的动力响应。然而，快速加载试验中的最大加载速率仅为 2 m/s，该经验公式对加载速率更高情况的适用性有待于进一步验证。

Cotsovos 等[174]基于波动理论提出"有效响应长度"概念来研究快速加载下钢筋混凝土梁的动态响应和抗撞能力，其中梁有效响应长度定义为跨内最大负弯矩之间的距离。有效响应长度随加载速率的增加而减小，从而提高了有效长度段内梁体的承载能力。有效响应长度的变化可为快速加载条件下钢筋混凝土梁承载能力的提高提供可能的解释，但该理论是建立在斜坡荷载的前提之上，并不能很好地反映撞击物体之间的碰撞耦合作用。另外，上节分析结果表明，撞击力峰值主要取决于撞击速度，且几乎不受撞击质量比和梁净跨长度的影响。然而，钢筋混凝土梁的静态承载能力与其净跨长度等因素直接相关。由于显著的惯性效应，瞬态响应阶段梁跨内存在较大的负弯矩，从而有效地降低了弯曲需求，而抗剪需求并未发生改变，因此钢筋混凝土梁在撞击作用下更易发生剪切破坏。由于在撞击力峰值时刻梁的有效剪跨比要远小于静载情况，从而提高了其局部抗剪承载能力。

4.4.2　剪力分布特征

以 S1616 系列钢筋混凝土梁落锤撞击试验[86]为例，当撞击速度为 4.8 m/s 时，不同撞击时刻下钢筋混凝土梁的截面弯矩和剪力分布如图 4-25 所示。由图 4-25 可以看出，撞击荷载下钢筋混凝土梁的动态响应可以分为局部响应和整体响应两个阶段，其中局部响应阶段又可分为首次碰撞阶段和分离阶段。在首次碰撞阶段，梁最大截面剪力和弯矩主要位于撞击位置附近，同时半跨跨中附近存在较大的负弯矩；此阶段梁的内力特征为极大的剪力和较小的弯矩，因此梁易发生局部的冲剪破坏，如图 4-26(a)所示。当撞击时间为 3 ms 时，由于撞击动量和能量的交换，梁体获得较大的速度而与落锤发生脱离，其受力状态类似于承受分布惯性荷载的简支梁。梁跨中截面弯矩逐渐增加，而跨内负弯矩逐渐减小；撞击位置附近的剪力减小至零，而支座处截面剪力增加到最大，也远大于跨内各截面剪力。此时，抗剪能力较弱的钢筋混凝土梁易发生剪跨内的剪切破坏，如图 4-26(b)所示。随后，梁体逐渐进入整体响应阶段，受力模式转变为梁机制，此时截面弯矩和剪力分布与准静态荷载下类似。整体响应阶段梁的内力特征转变为较小的剪力和较大的弯矩，且以弯曲响应为主。

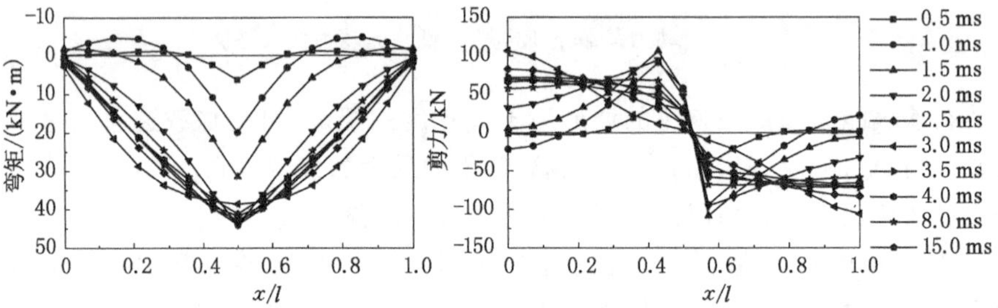

(a) 截面弯矩　　(b) 截面剪力

图 4-25　不同时刻下钢筋混凝土梁的截面弯矩和剪力分布

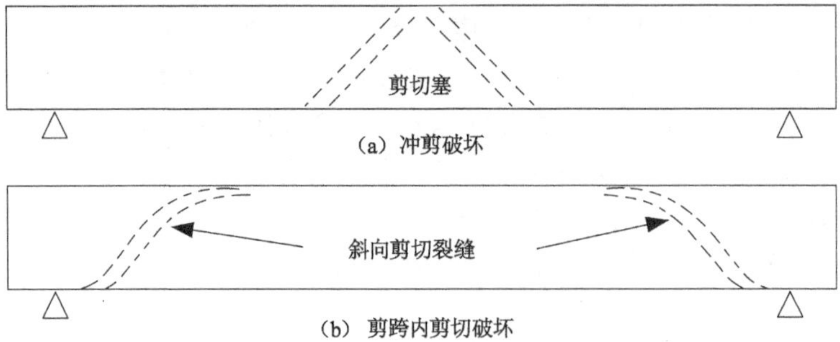

(a) 冲剪破坏

(b) 剪跨内剪切破坏

图 4-26　剪切破坏形式

4.4.3　剪切需求计算方法

4.4.3.1　撞击位置附近有效剪力

由于撞击荷载的局部效应显著，撞击位置附近的梁体易发生冲剪破坏。假定撞击位置处的混凝土压杆与梁轴线呈 45°夹角，并将此处定义为临界截面。从图 4-24 中可以看出，撞击力峰值远大于梁的承载能力。撞击荷载主要由惯性力所抵消，因此计算撞击位置附近的有效剪力时需要将惯性力扣除。首次碰撞阶段梁的剪切需求计算简图如图 4-27 所示，并且假定惯性力沿长度方向呈线性分布，梁跨中截面的最大惯性力线荷载 $q_{\max}$ 为：

$$q_{\max} = \frac{2lP}{(1-\gamma)(l^2-4a^2)} \tag{4-17}$$

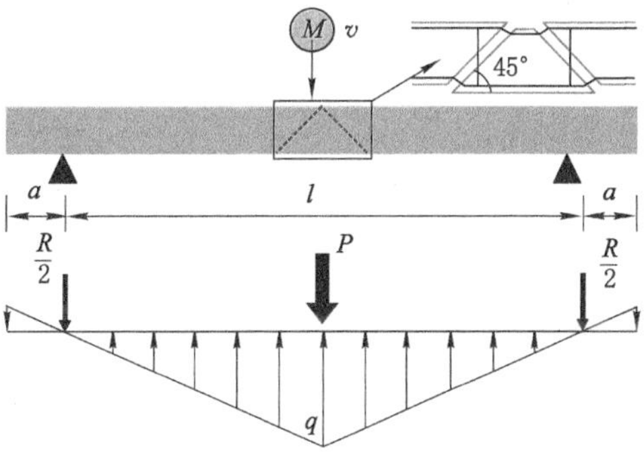

图 4-27　梁体撞击位置处的剪切需求计算简图

为了便于计算，将冲剪面之间混凝土梁体的惯性力线荷载均取为 $q_{\max}$，而扣除惯性力后撞击位置附近的有效剪力 V_{eff} 为：

$$V_{\mathrm{eff}} = \frac{(P-q_{\max}h_{\mathrm{s}})}{2} = \left[\frac{1}{2} - \frac{lh_{\mathrm{s}}}{(1-\gamma)(l^2-4a^2)}\right]P \tag{4-18}$$

为了验证上述经验公式的合理性，分别采用经验公式和数值模拟方法计算了不同撞击质量、速度和净跨长度下临界截面的有效剪力，共计 33 组撞击工况。图 4-28 对比了经验公式计算结果和数值模拟结果。撞击质量和净跨长度对撞击位置附近有效剪力的影响并不太显著。随着撞击速度的增加，经验公式计算得到的梁剪切需求和数值模拟结果之间的误差增大，这主要是撞击位置附近梁体进入了强非线性阶段而使得惯性力分布极其不均匀所造成的。整体来看，对于钢筋混凝土梁低速撞击问题，经验公式计算结果和数值模拟结果具有较高的吻合度，故可以采用该经验公式来预测撞击位置附近的剪切需求。

4.4.3.2　动态支座反力

当撞击力峰值时刻跨中截面的有效剪力小于该梁段的承载能力时，剪切塞将不会在撞击位置附近形成；随后跨中截面弯矩和支座截面剪力逐渐增加至最大值。因此，合理地评估梁在分离阶段的支座反力是十分必要的。目前，等效单自由度体系被广泛用来预测钢筋混凝土梁的撞击响应，如图 4-29 所示。然而，

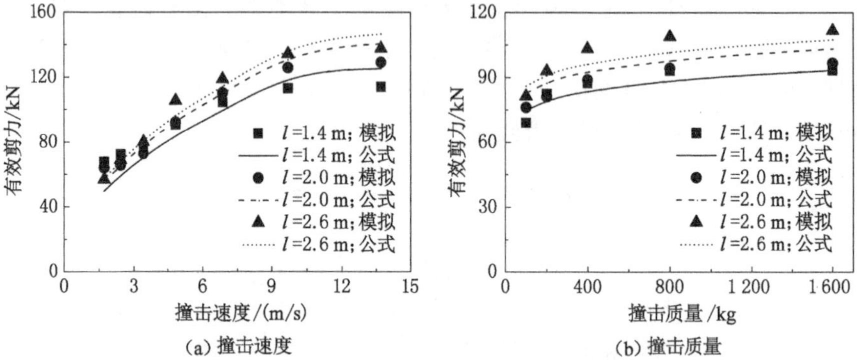

图 4-28　临界截面的有效剪力对比

等效单自由度体系的等效原则是动态位移相同，而其动态抗力并不能代表梁真实支座反力。

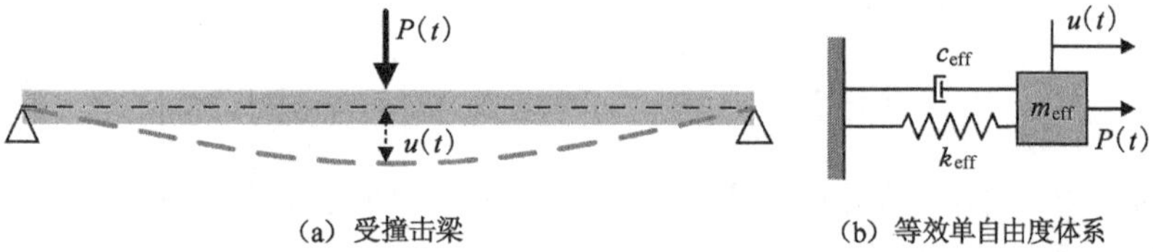

图 4-29　将梁等效为单自由度体系

支座反力往往是由单自由度体系抗力和撞击荷载共同决定的，Biggs[141] 建议基于动力平衡原理计算梁的支座反力 $V(t)$，计算简图如图 4-30 所示。

$$V(t) = \alpha R_{\text{sdof}}(t) + \beta P(t) \tag{4-19}$$

式中：R_{sdof}为单自由度体系的抗力；P 为撞击力；α 为抗力常数；β 为荷载常数。

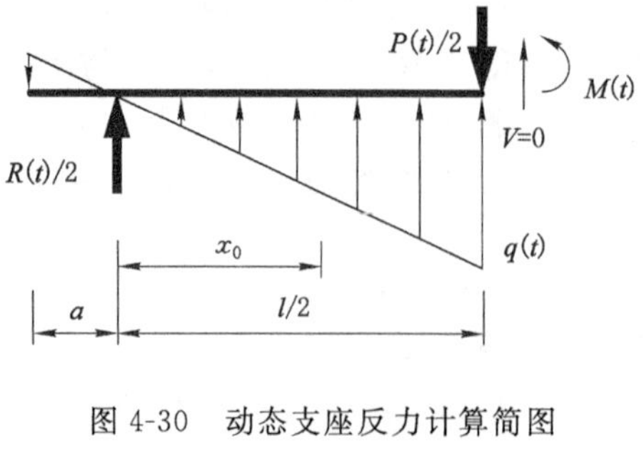

图 4-30　动态支座反力计算简图

对于简支梁的弹性响应，α 和 β 分别取为 0.78 和 −0.28；当梁出现塑性铰后，α 和 β 分别取为 0.75 和 −0.25。对于具有外伸段的简支梁，α 和 β 的取值如下：

$$\alpha = l/(4x_0) \tag{4-20}$$

$$\beta = l/(4x_0) - 1/2 \tag{4-21}$$

$$x_0 = 2/3[a^3 + (l/2)^3]/[(l/2)^2 - a^2] \tag{4-22}$$

式中，x_0 为惯性力合力距支座的距离。

单自由度体系的抗力 R_{sdof} 又可表示为：

$$R_{sdof}(t) = 4M(t)/l \tag{4-23}$$

式中，$M(t)$ 为跨中截面动态弯矩。首次碰撞阶段梁的局部损伤往往会促使塑性铰在撞击位置处的形成。因此，当塑性铰出现后，$M(t)$ 可取为截面动态屈服弯矩。

采用经验公式计算梁动态支座反力的重点在于抗力 R_{sdof} 和撞击力 $P(t)$ 的确定。由于单自由度体系在撞击初始阶段来不及发生较大的变形，此时支座反力主要取决于撞击荷载。已有撞击试验和数值模拟结果表明，当落锤与梁体首次碰撞分离后，支座反力才达到最大，而此时撞击荷载处于很低的水平。因此采用式(4-19)计算动态支座反力时可以近似忽略撞击荷载的贡献。

等效单自由度体系抗力函数 R_{sdof} 的计算相对比较复杂，一般可以分为以下两种情况：① 弹性阶段，需要从结构动力学的角度来计算首次碰撞阶段的脉冲荷载所引起的单自由度体系抗力；② 塑性阶段，可采用式(4-23)来计算抗力 R_{sdof}。当梁体处于弹性时，一般需要基于等效单自由度体系进行数值积分来求解其抗力函数。然而，数值积分方法并不能方便地应用于工程结构设计，同时结构设计中往往只关注于最大响应。基于此，采用 Chopra[133] 建议的撞击谱方法来计算最大支座反力。由于最大支座反力主要是由首次碰撞阶段的撞击力所引起的，为了便于计算，可将首次碰撞阶段的撞击力曲线近似简化为三角形脉冲荷载。同时假定当撞击物和梁体的速度达到相同时首次碰撞结束，等效三角形脉冲荷载峰值 P 可按式(4-11)进行计算，根据动量守恒定律可得：

$$\frac{Mm_{eff}}{M + m_{eff}}v = \frac{1}{2}Pt_d \tag{4-24}$$

式中，t_d 为首次碰撞阶段的持时。

由于脉冲作用时间很短，阻尼来不及吸收较多的能量，因此在撞击响应分析中可忽略阻尼的贡献，则单自由度体系的运动方程为：

$$m\ddot{u} + ku = P(t) \tag{4-25}$$

那么，单自由度体系的抗力 R_{sdof} 与脉冲荷载峰值 P 之比 LIF 的计算公式为：

$$LIF = \frac{R_{\text{sdof}}}{P} = \frac{ku_{\max}}{k\,(u_{\text{st}})_o} = \frac{u_{\max}}{(u_{\text{st}})_o} \tag{4-26}$$

由此可见，体系抗力与脉冲荷载峰值比值和最大位移响应比值相同。因此，体系抗力放大系数可采用 Chopra[133] 提供的三角形脉冲荷载所对应的冲击谱。为了简化计算，对数值积分得到的冲击谱曲线进行近似处理，如图 4-31 所示，其中简化表达式为：

$$LIF = \begin{cases} \pi(t_d/T_n) & t_d/T_n < 0.25 \\ 0.1\pi + 0.6\pi(t_d/T_n) & 0.25 \leqslant t_d/T_n < 0.65 \\ 0.49\pi & 0.65 \leqslant t_d/T_n < 1.00 \\ (1-0.49\pi)(t_d/T_n - 2) + 1 & 1.00 \leqslant t_d/T_n < 2.00 \\ 1 & 2.00 \leqslant t_d/T_n \end{cases} \tag{4-27}$$

式中，T_n 为钢筋混凝土梁的基本周期。此时根据式(4-11)、式(4-26)和式(4-27)可以得到弹性状态下等效单自由度体系的抗力最大值，代入式(4-19)即可得到钢筋混凝土梁的最大动态支座反力。

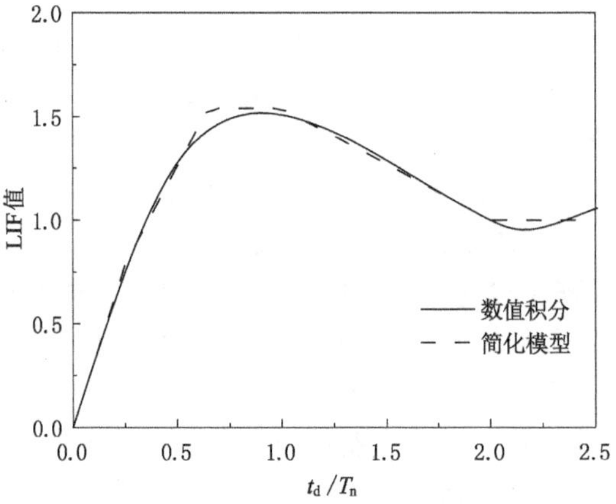

图 4-31　冲击谱及简化模型

仿真计算了 44 组不同撞击质量、撞击速度和跨高比下钢筋混凝土梁支座处的截面剪力，其中落锤撞击速度为 1.7～13.7 m/s，撞击质量范围为 100～1 600 kg，跨高比范围为 3.2～10.4。图 4-32 给出不同撞击工况下采用理论公式计算得到的支座反力最大值 V_{calc} 和数值模拟结果 V_{nume} 的比值散点图。由图 4-32 可以看出，4 种跨高比所对应的 $V_{\text{calc}}/V_{\text{nume}}$ 均值分别为 1.053、0.961、0.907 和 0.903。当梁跨高比不超过 5.6 时，采用 Biggs 分析方法得到的支座反力基本和数值模拟结果一致；随着跨高比的进一步增加，Biggs 分析方法得到的支座反力逐渐小于数值模拟结果，且离散性也逐渐增大。产生这一现象的主要原因是计算过程中采用惯性力呈线性分布的假定。Pham 等[100]指出在撞击力达到峰值之前梁的惯性力的分布可近似采用线性分布的假设，然而最大支座反力往往发生在分离阶段。惯性力的分布在撞击过程中不断发生变化，而其分布形式恰恰决定着式(4-19)中 α 和 β 的取值。因此，Magnusson 等[175]建议引入 α 和 β 关于撞击过程的函数来计算构件的最大动态支座反力，这有待于进一步开展相关研究。总体来看，采用 Biggs 分析方法得到的动态支座反力与数值仿真结果基本一致，其可为撞击荷载下钢筋混凝土梁的抗剪设计提供重要的理论指导。

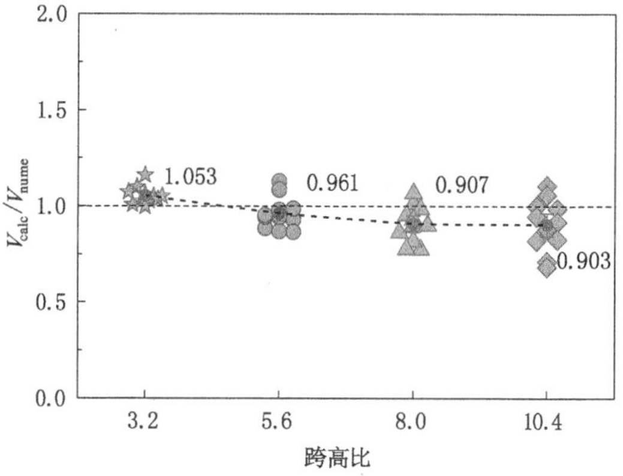

图 4-32 动态支座反力对比

4.5 钢筋混凝土墩柱的抗撞性能

4.5.1 有限元模型

4.5.1.1 数值模拟方法的验证

为了进一步验证有限元模型的建模方法和参数选取对足尺钢筋混凝土构件的适用性，对 Kishi 等[176]开展的足尺钢筋混凝土梁落锤撞击试验进行了数值仿真。钢筋混凝土梁的几何尺寸和配筋情况如图 4-33 所示。混凝土抗压强度为 31.2 MPa，骨料最大粒径为 20 mm；纵向钢筋和箍筋屈服强度分别为 401 MPa 和 390 MPa。为了减小纵向钢筋的锚固长度，梁端部采用 12 mm 厚的锚板与纵向钢筋焊接。试验中将质量为 2 t 的刚性锤从 10 m 高度处自由下落来撞击钢筋混凝土梁，其中冲头半径为 800 mm，锤身采用半径为 500 mm 的圆柱体，落锤总长度为 970 mm。

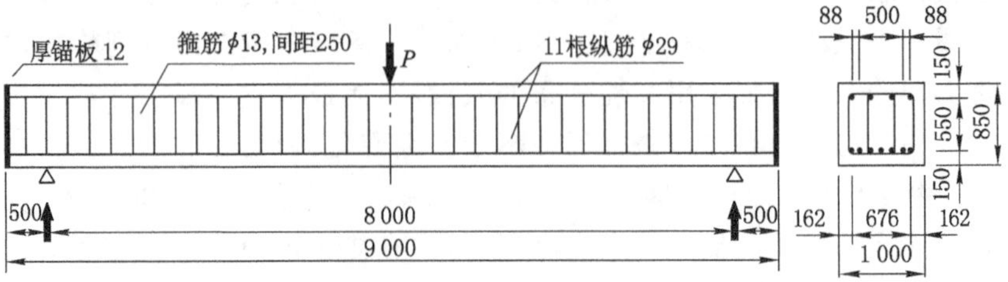

图 4-33　钢筋混凝土梁的尺寸及配筋(单位:mm)

足尺梁撞击试验有限元模型(图 4-34)所选用的材料模型、接触定义和计算控制方法均与前面钢筋混凝土梁落锤撞击试验有限元模型相同。其中,落锤和支座装置均采用刚性材料(MAT_RIGID)模拟,锚板采用弹性材料(MAT_ELASTIC)模拟。通过调整落锤材料密度使得其总重为 2 t,同时落锤初始速度设置为 14 m/s。

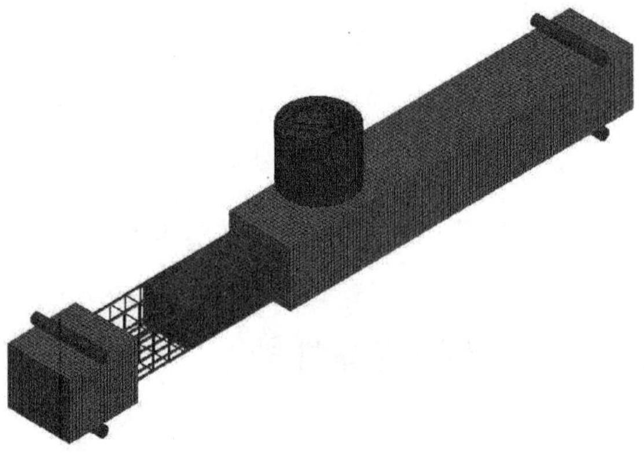

图 4-34　足尺梁撞击试验有限元模型

图 4-35 对比了撞击后梁体侧面损伤分布的模拟结果和试验结果,数值模拟结果以因拉损伤因子来表征梁体的裂缝分布。结果表明,撞击位置处梁体的损伤严重,而靠近支座附近的梁体上部出现了比较明显的垂直裂缝,数值模拟结果能够很好地反映试验梁体的裂缝分布特征。图 4-36 对比了落锤撞击力和梁跨中挠度时程曲线的数值模拟和试验结果,可以看出,数值模拟得到的撞击力和挠度时程曲线与试验值基本一致。尽管在整个时程曲线上两者存在略微的差异,但是数值模拟得到的撞击力峰值和最大跨中挠度与试验值的误差均在 1%以内。由此可见,撞击分析中该有限元模型所采用的模拟方法和参数选取是比较合理的。

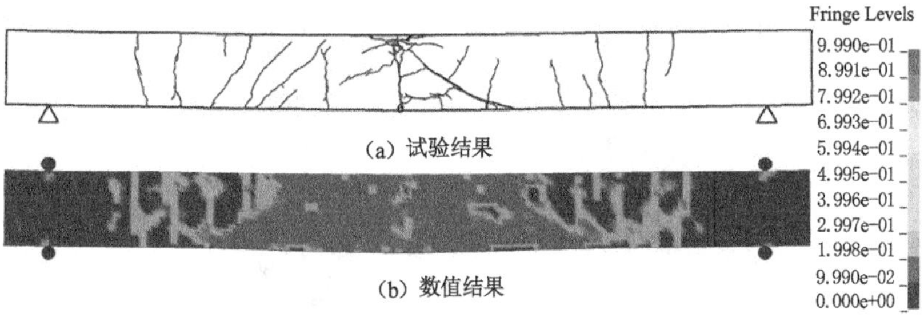

图 4-35　梁体侧面损伤分布的模拟结果和试验结果对比

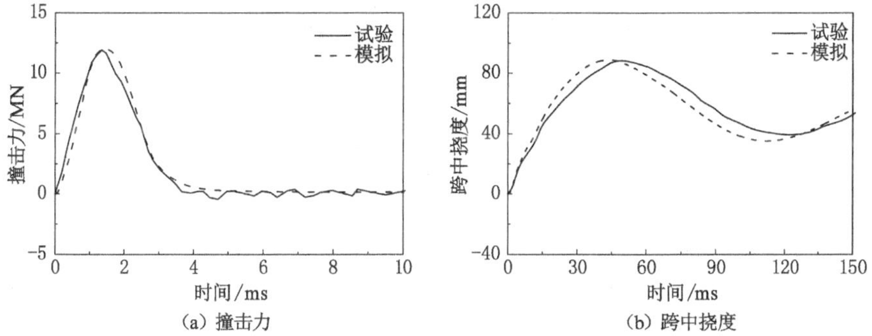

图 4-36　落锤撞击力和梁跨中挠度时程曲线的数值模拟与试验结果对比

4.5.1.2　钢筋混凝土墩柱有限元模型

采用上述有限元模型的建模方法和参数取值，建立了钢筋混凝土墩柱有限元模型，如图 4-37 所示。墩柱截面尺寸取为 1 m×1 m，柱高取为 6 m，撞击体撞击位置为地面以上 2 m 处。为了比较准确地模拟柱底钢筋和混凝土的应变发展，同时便于轴力均匀施加于墩顶，将柱底向下延伸 1 000 mm 作为柱脚，柱顶连接 100 mm 厚的刚性块。通过定义关键字(BOUNDARY_SPC_SET)以约束柱脚底面和侧面节点的平动自由度以及柱顶刚性块的水平向平动自由度，以此来实现墩柱底部固定和上部简支的边界条件。墩柱截面配筋如图 4-37 示，其中纵筋和箍筋的屈服强度分别为 400 MPa 和 335 MPa，混凝土单轴抗压强度为 30 MPa，墩顶刚性块和撞击体均采用刚性材料模拟。撞击体的几何形状同上述撞击试验的落锤，并通过改变其材料密度来实现不同的质量。相关材料模型和接触算法均参考上述钢筋混凝土梁数值模型进行选取。柱顶刚性块顶面施加均匀面荷载，轴力和重力荷载均在撞击分析之前通过动力松弛方法加载完成。

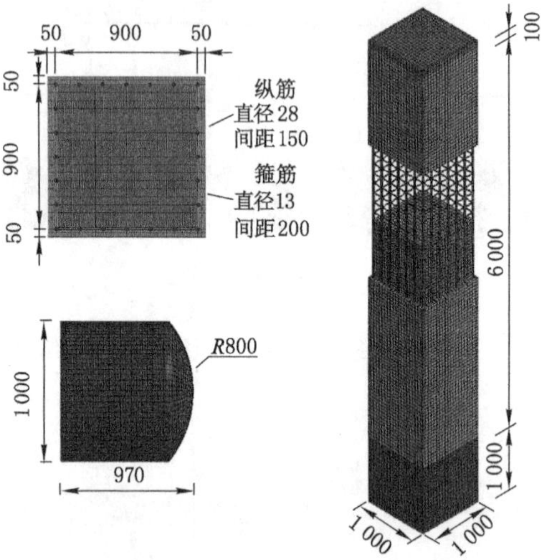

图 4-37　钢筋混凝土墩柱有限元模型(单位:mm)

4.5.2　动态响应和撞击损伤

采用质量为 10 t 的撞击体以 15 m/s 的速度撞击钢筋混凝土墩柱,其中轴压比取为 0.07[62]。图 4-38 给出了不同时刻下墩柱的损伤状态。当 $t=3$ ms 时,由于显著的惯性效应,墩柱损伤主要分布在撞击位置附近,支座附近的迎撞面出现少量的水平裂缝,此时边界条件对墩柱撞击响应的影响不太显著。当 $t=9$ ms 时,撞击点处的损伤进一步扩展;撞击点以上柱体出现了一条斜裂缝,其传力机制类似于拱机制。当 $t=30$ ms 时,撞击点处混凝土损伤程度加剧,并逐渐向墩底发展,撞击点下方混凝土保护层发生了剥落和脱离。当 $t=80$ ms 时,撞击体与墩柱分离,损伤发展进入稳定阶段。撞击作用下墩柱损伤演变过程如图 4-38 所示。

图 4-39 给出了撞击力和撞击点处墩柱侧向位移时程曲线。撞击力峰值的有效持续时间在 10 ms 以内,而撞击点挠度约在 35 ms 时才达到最大值,可见位移响应要远远滞后于撞击力发展。因此,在初始撞击阶段撞击作用往往更易导致墩柱的剪切破坏。对撞击力时程进行积分可以得到撞击力的有效冲量为 167 kN·s,反而大于撞击体的初始动量 150 kN·s。

采用第 4.2.1 节提出的基于截面损伤因子的构件损伤评估方法来描述墩柱在侧向撞击荷载下的损伤发展规律。图 4-40 为不同时刻墩柱截面损伤因子沿高度的分布情况。由图 4-40 可以看出:在撞击体与墩柱碰撞初期,墩柱损伤主

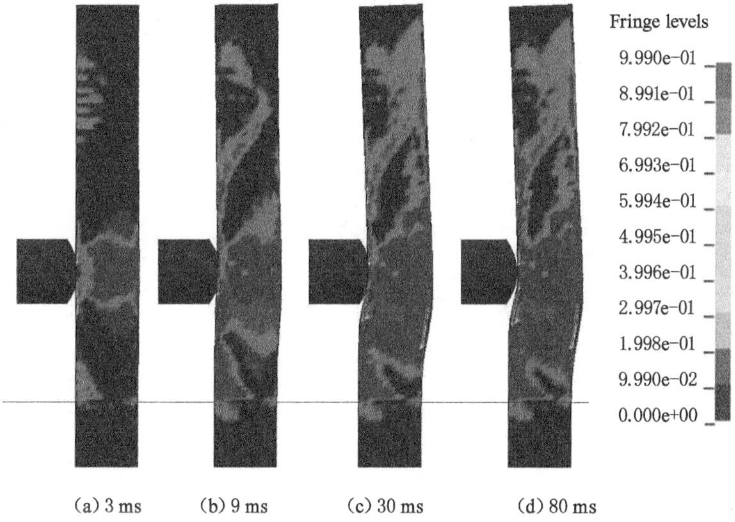

图 4-38 撞击作用下墩柱损伤演变过程

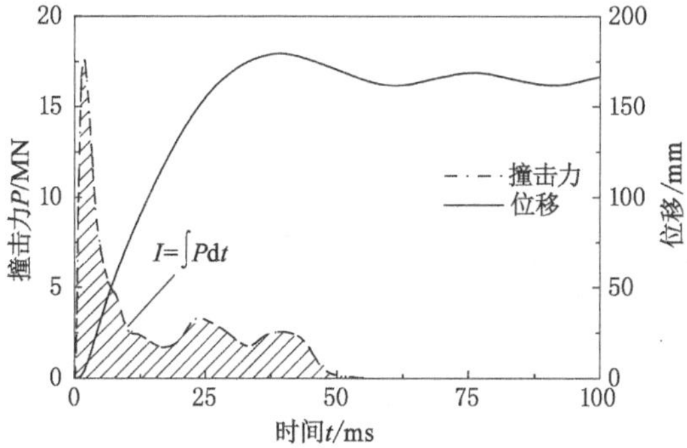

图 4-39 撞击力和撞击点处墩柱侧向位移时程曲线

要集中在撞击位置处；随着应力波的传播，混凝土损伤逐渐向墩柱端部发展。最终墩柱最大截面损伤因子为 0.895，其所对应的破坏状态为重度损伤。应注意到，当 $t=3$ ms 时，墩柱在 5 m 高度处的截面损伤因子反而大于 4 m 高度处的截面损伤因子，这进一步表明初始撞击阶段墩柱的动力响应和受力机制与静载下具有显著的差异。当 $t=12$ ms 时，墩柱截面损伤因子在撞击位置附近基本达到最大值，这说明了墩柱最大损伤基本在首个撞击力峰值区间内完成，并逐步向撞击点两侧发展。可见，截面损伤因子能够比较直观地描述撞击荷载下钢筋混凝土墩柱的损伤发展规律。

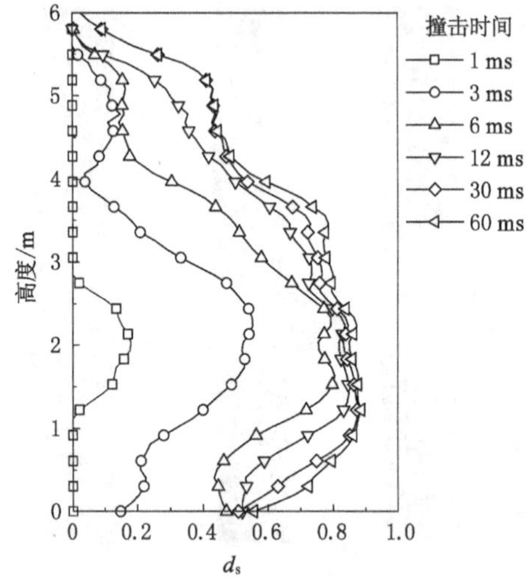

图 4-40　不同时刻墩柱截面损伤因子沿高度的分布

4.5.3　影响参数分析

为了深入地探究钢筋混凝土墩柱的抗撞性能，采用参数分析方法讨论了轴压比、冲头刚度和撞击能量等参数对其动态响应和损伤机理的影响。考虑到钢筋混凝土墩柱的轴压比一般在 0.3 以内，参数分析中轴压比取值范围为 0～0.28。通过修改撞击体的材料密度使得其质量范围为 5～30 t，撞击速度的范围为 5～25 m/s。为了考虑撞击体冲头刚度对墩柱动态响应和损伤的影响，对原有刚性撞击体进行了修改，如图 4-41 所示。冲头采用具有相同曲率的刚性壳单元模拟，撞击体的质量主要集中在后部的刚性质量块，冲头和质量块通过有限刚度的线性弹簧连接，弹簧刚度取值范围为 20～2 000 MN/m。共分析了 18 组撞击工况，分别用 C1～C18 表示，墩柱设计参数及动态响应如表 4-1 所示。

表 4-1　墩柱设计参数及动态响应

设计工况	撞击质量 /t	撞击速度 /(m/s)	初始动能 /kJ	轴压比 /%	弹簧刚度 /(MN/m)	撞击力 /MN	最大位移 /mm	体系冲量 /(kN·s)	墩柱耗能 /kJ	损伤因子 d_s	破坏状态
C1	10	15	1 125.0	0	—	16.97	190	168	1 068	0.903	失效
C2	10	15	1 125.0	7	—	17.60	179	167	1 066	0.895	重度损伤

表 4-1(续)

设计工况	撞击质量/t	撞击速度/(m/s)	初始动能/kJ	轴压比/%	弹簧刚度/(MN/m)	撞击力/MN	最大位移/mm	体系冲量/(kN·s)	墩柱耗能/kJ	损伤因子 d_s	破坏状态
C3	10	15	1 125.0	14	—	18.37	189	160	1 084	0.912	失效
C4	10	15	1 125.0	28	—	19.27	—	127	—	—	失效
C5	10	15	1 125.0	7	20	6.14	54	280	241	0.814	重度损伤
C6	10	15	1 125.0	7	200	12.21	191	163	1 025	0.917	失效
C7	10	15	1 125.0	7	2 000	16.26	182	168	1 060	0.903	失效
C8	5	10	250.0	7	—	12.49	26	61	218	0.795	重度损伤
C9	5	15	562.5	7	—	16.61	59	87	512	0.854	重度损伤
C10	5	20	1 000.0	7	—	20.55	132	110	949	0.902	构件失效
C11	5	25	1 562.5	7	—	24.73	211	135	1 493	0.917	失效
C12	10	10	500.0	7	—	13.54	60	120	440	0.875	重度损伤
C13	10	20	2 000.0	7	—	21.48	—	212	—	—	失效
C14	20	5	250.0	7	—	9.35	37	130	198	0.794	重度损伤
C15	20	10	1 000.0	7	—	14.12	173	228	929	0.885	重度损伤
C16	20	15	2 250.0	7	—	18.21	—	272	—	—	失效
C17	30	5	375.0	7	—	9.54	56	188	307	0.850	重度损伤
C18	30	10	1 500.0	7	—	14.33	—	281	—	—	失效

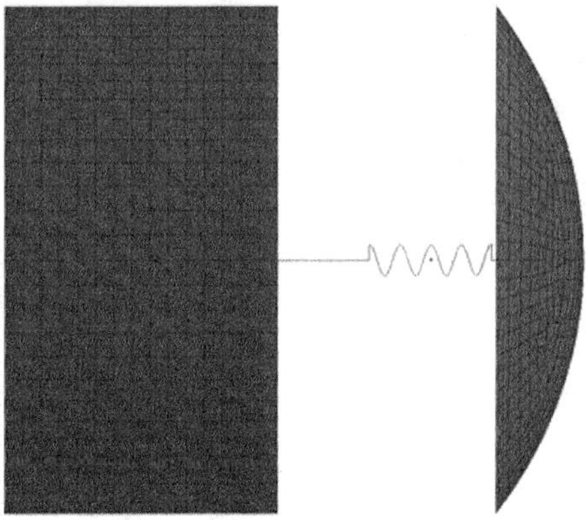

图 4-41　带弹簧冲头的撞击体

4.5.3.1 轴压力

轴压比不同时钢筋混凝土墩柱在相同撞击作用下的损伤云图如图 4-42(a)～图 4-42(d)所示，可以看出，轴压比为 0.07 的墩柱破坏程度最轻；轴压比为 0.28 的墩柱在撞击点下方发生了严重的剪切破坏，最后发生压溃破坏。随着轴压比的增加，墩柱损伤分布趋于向撞击点附近集中，进而更易导致构件发生冲剪破坏。钢筋混凝土墩柱破坏模式随轴压比的增加也逐渐从根部的弯剪破坏转变为撞击点下方的剪切破坏。这与刘飞等[115]得出的结论不同，其重要原因是刘飞采用的撞击体冲头为刚度较小的缓冲部件，而本书中采用的是刚性冲头；同时钢筋混凝土柱的几何尺寸也相差较大。结合表 4-1 可知，撞击力峰值随轴压比增加也逐渐增加，而撞击点处最大位移的变化规律则是先减小后增加。轴压比对撞击冲量和各材料组分耗能影响不大。结果表明：在低轴压比时轴力才会对钢筋混凝土墩柱的抗撞能力产生有利贡献；然而随轴压比的进一步增加，墩柱的抗撞能力逐渐降低。根据分析结果可以近似地认为轴压力对墩柱抗撞能力有利作用的限值为 0.1，这远低于轴压力对钢筋混凝土构件静态抗剪承载能力有利贡献的限值 0.5[159]。

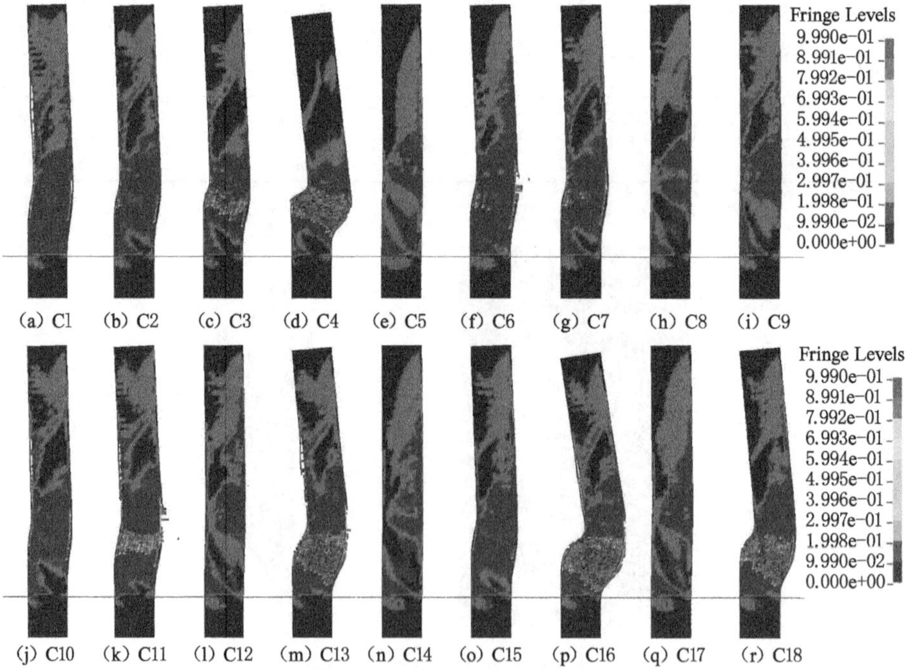

图 4-42 各个工况下钢筋混凝土墩柱的损伤云图

4.5.3.2 冲头刚度

根据对轴压力的讨论可知，撞击体冲头刚度能够显著地影响钢筋混凝土柱的破坏模式。图 4-42(e)～(g)为弹簧刚度分别为 20 MN/m、200 MN/m 和 2 000 MN/m 时钢筋混凝土墩柱的损伤云图，可以看出，墩柱损伤程度随弹簧刚度的增加而加重。当弹簧刚度为 20 MN/m 时，墩柱损伤主要分布在根部迎撞面和撞击点背撞面，此时弯曲变形起主导作用。然而，当弹簧刚度超过 200 MN/m 时，墩柱的破坏状态与刚性质量块撞击时类似，损伤主要集中在撞击点下方部位，此时墩柱基本丧失承载能力。图 4-43 给出了不同弹簧刚度时撞击体的撞击力时程曲线。弹簧刚度为 20 MN/m 的撞击体产生的撞击力基本呈半正弦分布，撞击力峰值远小于刚性冲头产生的撞击力峰值，且撞击力持时偏长。当冲头刚度较小时，撞击体的初始动能首先转变为弹簧的应变能，然后在撞击过程中逐渐转变为墩柱的内能。此时结构以整体响应为主，从而降低了撞击点附近柱体发生局部冲剪破坏的概率。

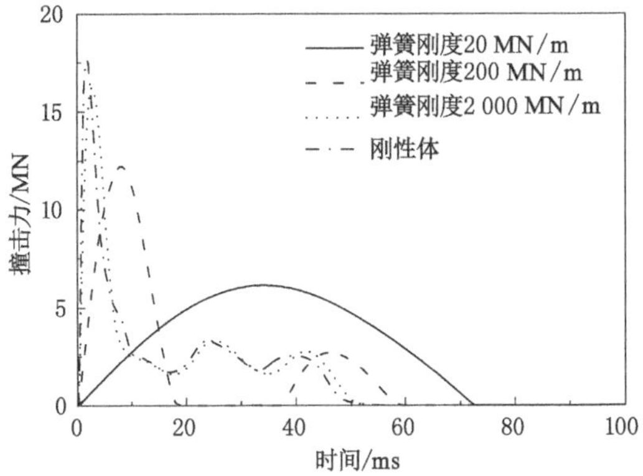

图 4-43 不同弹簧刚度时撞击体的撞击力时程

4.5.3.3 初始撞击动能

不同初始撞击动能下钢筋混凝土墩柱的损伤云图如图 4-42(b)和图 4-42(h)～(r)所示。随着撞击速度和质量的增加，墩柱损伤程度逐渐加重。当初始撞击动能较小时，墩柱在撞击位置背撞面和根部迎撞面均出现了一定的受拉损伤。当撞击动能过大时，撞击作用会造成墩柱撞击点下方部位发生严重的剪切破坏。图 4-44 为不同工况下撞击力峰值与撞击体初始动能的关系，可以看出，当初始动能保持不变时，撞击力峰值随撞击质量的增加而减小，且撞击力-初始动能曲线的切线斜率随撞击质量的减小而增大。

图 4-45 为不同工况时墩柱各部分材料耗能与初始动能的比值。随着初始

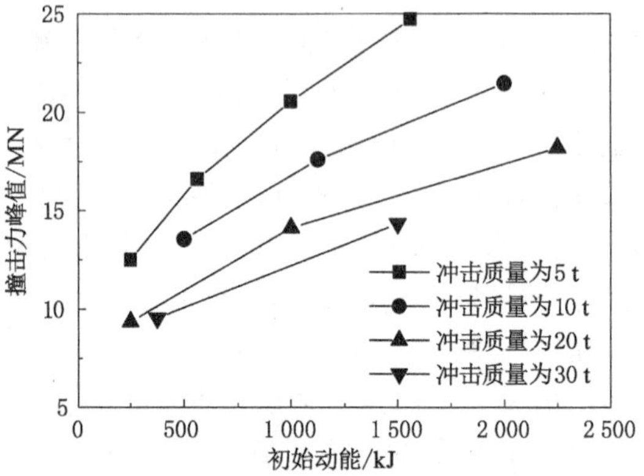

图 4-44　不同工况下撞击力峰值与初始动能的关系

动能的增加,墩柱耗能比例由于非线性程度加重而逐渐增加。与小尺寸钢筋混凝土构件不同,撞击荷载下大尺寸构件主要依靠混凝土材料的塑性变形来消耗初始动能。当初始动能相同时,随着撞击速度的增加,混凝土耗能增加,纵筋耗能相对减小,而箍筋耗能增加;反之亦然。这一现象表明,撞击速度的增加更易导致墩柱的剪切破坏,撞击质量的增加则会导致墩柱的弯剪破坏或弯曲破坏。以工况 C11 和 C18 为例,两者的初始动能分别为 1 562.5 kJ 和 1 500.0 kJ,但是破坏形态相差较大。C11 工况下墩柱在撞击点下方发生水平直剪破坏,而 C18 工况下墩柱则在撞击点下方发生斜向剪切破坏,同时柱底也出现了较为明显的弯曲破坏。

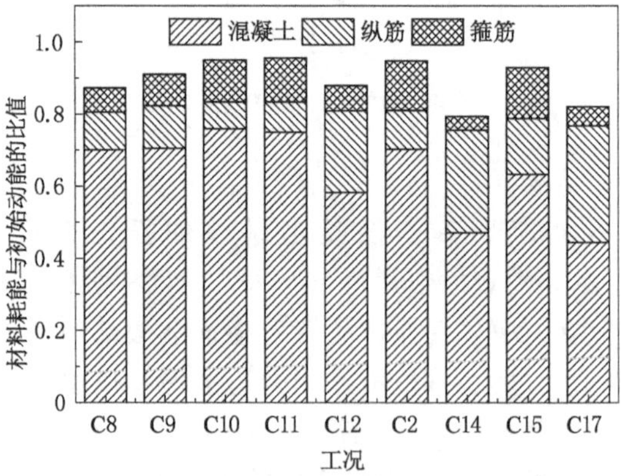

图 4-45　不同工况下墩柱各部分材料耗能与初始动能的比值

4.6　钢筋混凝土墩柱的惯性力分布

4.6.1　惯性力计算方法

4.6.1.1　墩柱抗力

采用质量为 10 t 的撞击体以 15 m/s 的速度撞击钢筋混凝土墩柱，撞击力、支座反力和撞击点处的侧向位移时程曲线如图 4-46 所示。撞击力在撞击开始后极短时间内达到峰值，而此时构件并未发生明显的侧向变形。墩柱在初始撞击阶段以内力响应为主，且更易发生脆性剪切破坏。上、下支座反力和撞击力之间也存在一定的时间差，起始时刻分别为 0.75 ms 和 1.80 ms；相应的传播速度约为2 400 m/s，这与 Demartino 等[114]开展的钢筋混凝土柱水平撞击试验结果基本一致，并进一步表明初始撞击阶段沿构件长度方向传播的应力波以剪切波为主。支座反力在撞击力峰值时刻也远小于撞击力，此时撞击荷载主要由墩柱惯性力抵抗。此外，还应注意到墩柱柱头在撞击开始阶段出现了比较明显的支座负反力；由于应力波在极短的时间内传播到柱脚，下部支座反力并未出现明显的负值。由此可见，惯性效应和应力波传播效应将显著地影响钢筋混凝土构件在初始撞击阶段的抗力机制。

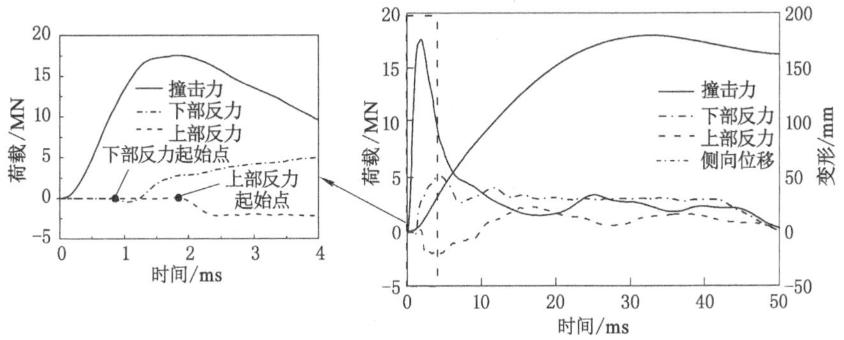

图 4-46　撞击力、支座反力和位移时程曲线

4.6.1.2　惯性力计算

由于缩减积分单元的基本特性和体内各种应力波的扰动，单个节点的加速度很难反映构件整体的运动行为。基于此，将墩柱沿长度方向离散成序列质量块（如图 4-47 所示），并通过计算每个质量块的惯性力合力以表征惯性力沿高度的分布情况。通过定义关键字（DATABASE_CROSS_SECTION_SET）

提取墩柱各个截面上的剪力，然后根据隔离体的力平衡条件可得到各质量块的惯性力 $f_{i,k}(t)$：

$$f_{i,k}(t) = f_{t,k}(t) + {}_{s,k}(t) - {}_{s,k+1}(t) \tag{4-28}$$

式中：$f_{t,k}(t)$为第 k 个质量块所受的撞击力；$f_{s,k}(t)$和 $f_{s,k+1}(t)$分别是第 k 和 $k+1$ 个截面的剪力。

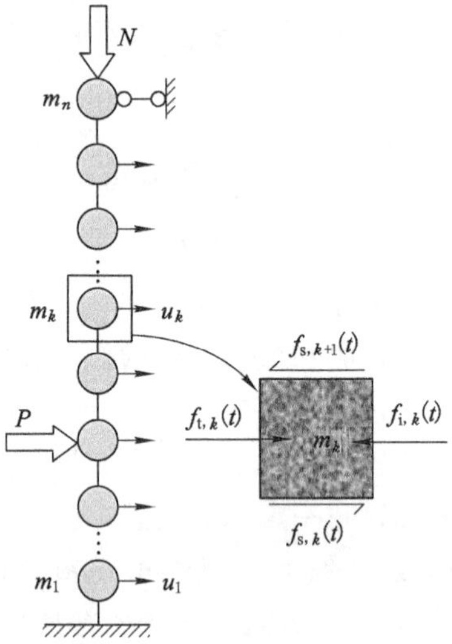

图 4-47　墩柱离散化模型

图 4-48 给出了撞击过程中钢筋混凝土墩柱惯性力沿其高度方向的变化情况，由图可知：撞击位置处首先获得惯性力，并且随着应力波的传播逐渐向两端发展；惯性力沿柱高方向近似呈三角形分布。在应力波传播到支座之前，主要由惯性力抵抗撞击作用。值得注意的是，传播过程中应力波到达位置处会首先出现反向惯性力，这与许斌等[93]开展的钢筋混凝土梁撞击试验得到的惯性力分布比较一致，从而解释了支座负反力的形成机理。由图 4-46 可知撞击力峰值时刻约为 1.7 ms，而图 4-48 中撞击点处的惯性力最大值则出现在 1.25 ms 左右，这主要是撞击过程中墩柱的有效参与质量逐渐增加和撞击点柱体损伤加重所造成的。由于墩柱的剪切破坏主要是由撞击力峰值所造成的，下面的分析中将以撞击力峰值时刻的惯性力分布为主要研究对象。

4.6.2　墩柱惯性力分布影响因素

4.6.2.1　撞击位置

采用质量为 10 t 的撞击体以 15 m/s 的速度在不同高度处撞击钢筋混凝土墩柱，撞击位置距地面高度分别为 1.0 m、1.8 m 和 3.0 m。撞击位置不同时撞击力时程曲线如图 4-49 所示，从图中可见，撞击过程基本可以分为脉冲和缓冲两个阶段。撞击力时程在脉冲阶段类似于三角形脉冲；而在缓冲阶段撞击力出现一个长持时低幅值的平台段。撞击位置不同时脉冲阶段的撞击力时程基本一致：撞击力峰值几乎相同，撞击力峰值对应时刻均为 1.7 ms 左右。撞击力对钢筋混凝土柱的冲剪作用主要集中在第一个峰值区间，而后续缓冲阶段的撞击力远小于撞击力峰值。整体来看，撞击位置对脉冲阶段的撞击作用影响不大。

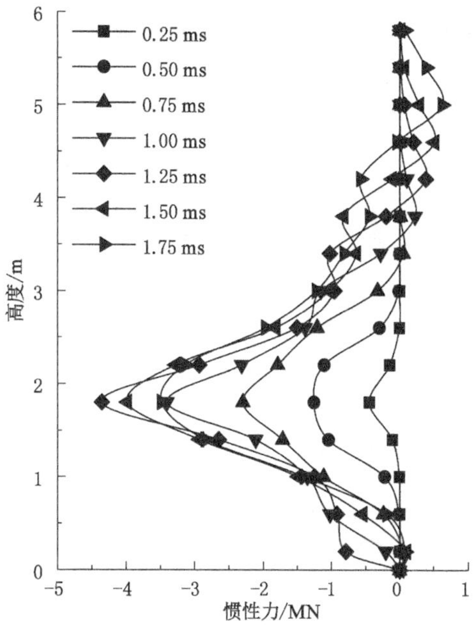

图 4-48　墩柱惯性力沿其高度方向的变化情况

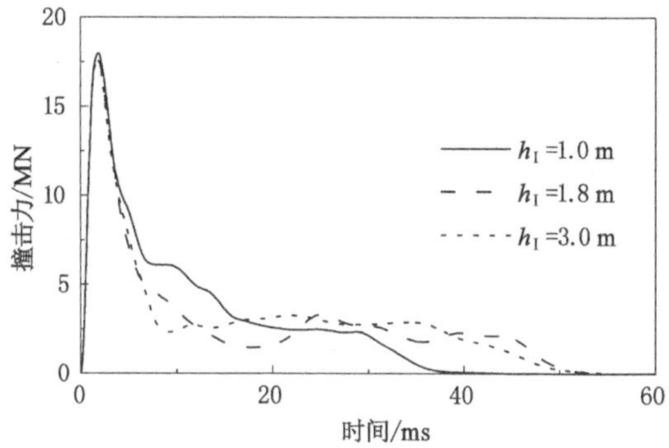

图 4-49　撞击位置不同时撞击力时程曲线

图 4-50(a)给出了撞击位置不同时撞击力峰值时刻惯性力沿柱高方向的分布情况。惯性力沿柱高呈钟形分布，并且应力波到达部位会出现反向惯性力；当应力波传播到支座后，端部惯性力的分布由于边界条件的约束作用会发生一定的改变；撞击点下方区域的惯性力分布受撞击位置的影响较为显著。值得注意的是，不同工况下柱体在远离撞击点区域的惯性力分布规律基本相同。特别是

当撞击高度为 3.0 m 时，尽管墩柱上、下边界条件不同，但是撞击点两侧的惯性力分布基本一致。图 4-50(b)为撞击位置不同时墩柱撞击点上方柱体的惯性力分布情况。该区域撞击力分布几乎不受撞击位置的影响，同时由图 4-49 可知三种工况下的撞击力峰值基本相同。可见撞击位置的不同并未明显地改变撞击点两侧撞击荷载的分配比例。当撞击位置为 1.0 m 时，原本应由撞击点下方区域柱体惯性力抵抗的撞击荷载必然由下部支座承担。这表明端部约束条件一般只会影响该侧的惯性力分布，并且柱体一侧分配的撞击荷载由该侧的支座反力和惯性力共同抵抗。

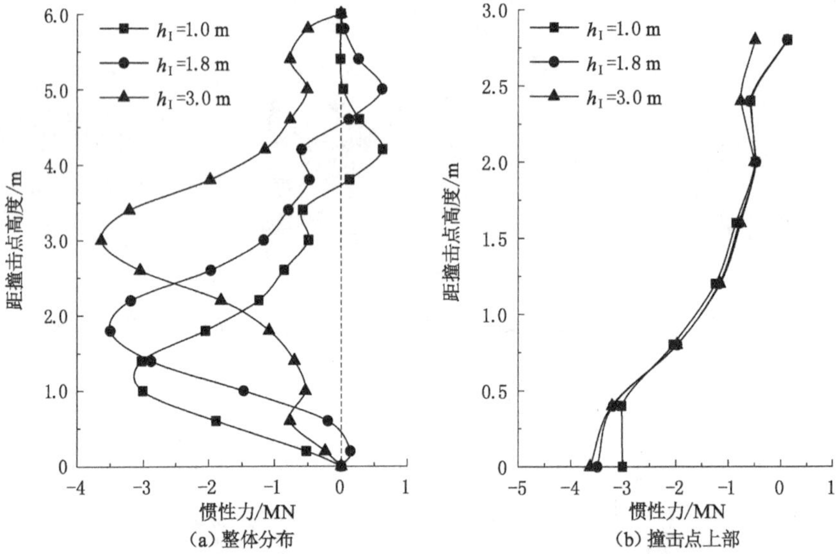

图 4-50　撞击位置不同时撞击力峰值时刻惯性力沿柱高方向的分布

4.6.2.2　柱顶边界条件

图 4-51 显示了上部边界条件对撞击力峰值和峰值时刻的影响，其中撞击位置距地面高度分别为 1.8 m 和 3.0 m。由图 4-51 可知，不同工况下撞击力峰值约为 17.5 MN，峰值时刻也主要分布在 1.65～1.8 ms，说明上部边界条件对脉冲阶段撞击作用的影响也很小。上部边界不同时墩柱惯性力沿高度方向的分布情况如图 4-52 所示。对于撞击位置为 1.8 m 的情况，由于撞击力峰值时刻应力波刚传播到上部支座，4 种工况下墩柱的惯性力分布几乎完全重合；当撞击位置为 3.0 m 时，应力波已经传播到柱顶，此时惯性力分布仅在上部小范围内存在一些差异，其他部位的惯性力分布基本吻合。由此可见，上部边界对撞击点下方柱体的惯性力影响十分小，也未改变撞击位置两侧柱体分担的撞击作用比例。

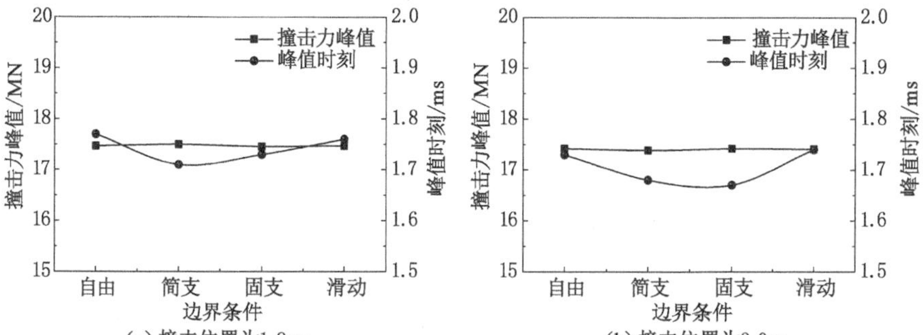

(a) 撞击位置为1.8 m　　(b) 撞击位置为3.0 m

图 4-51　上部边界条件对撞击力峰值和峰值时刻的影响

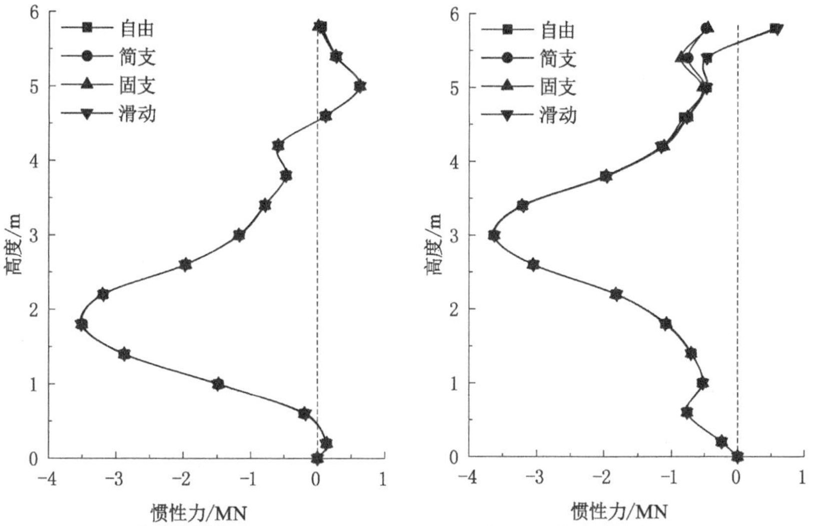

(a) 撞击位置为1.8 m　　(b) 撞击位置为3.0 m

图 4-52　上部边界不同时墩柱惯性力沿高度方向的分布情况

4.6.2.3　长细比

为了研究构件长细比对墩柱惯性力分布的影响，墩柱高度分别取为 4.0 m、6.0 m 和 8.0 m，并采用质量为 10 t 的撞击体在 1.8 m 高度处撞击钢筋混凝土墩柱。撞击力峰值及其对应时刻随墩柱高度的变化规律如图 4-53(a)所示。类似地，撞击力峰值和峰值时刻并未随墩柱长细比的增加而发生明显的变化，这表明脉冲阶段的撞击作用与墩柱整体刚度关系不大，主要由撞击位置处的局部刚度所决定。图 4-53(b)给出了不同长细比时惯性力沿高度的分布情况。不同长细比的墩柱在 3.0 m 高度以下的惯性力分布基本一致，进一步表明了上部边界的约束能力对撞击点下部柱体惯性力分布的影响很小。对于高度为 6.0 m 和 8.0 m 的墩柱，两者的惯性力分布基本一致，这主要是由于在撞击发生的极短时间内应力波的传播距离有限。这也反映了应力波在撞击力峰值时刻刚刚传播到 6.0 m 高度附近，经过计算可得应力波的传播速度约为 2 400 m/s，与混凝土剪切波速理论值基本一致。

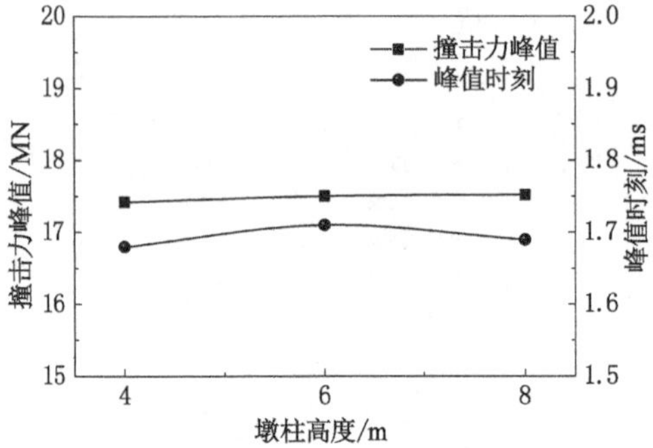

(a) 撞击力峰值及其时刻

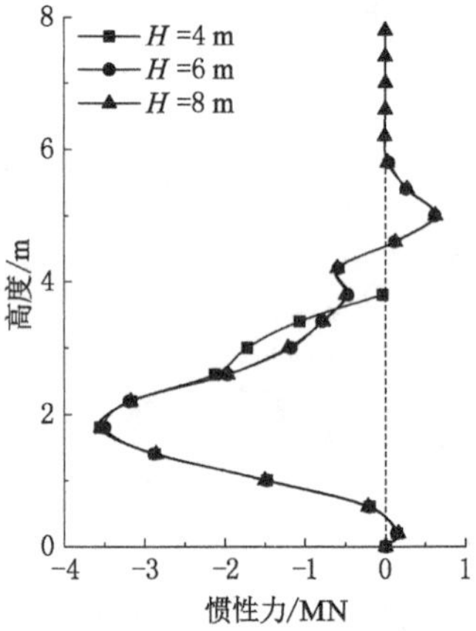

(b) 惯性力分布

图 4-53　长细比不同时墩柱撞击力峰值及惯性力分布

4.6.2.4　撞击速度

图 4-54(a)为钢筋混凝土墩柱分别在 5 m/s、10 m/s、15 m/s 和 20 m/s 撞击速度下的撞击力峰值及其对应时刻，图中显示：撞击力峰值随撞击速度的增加而近似呈线性增加；撞击力峰值时刻则随撞击速度的增加而线性减小，其分布范围为 1.3～2.5 ms。这表明了撞击速度能够显著地影响脉冲阶段钢筋混凝土柱的撞击作用。图 4-54(b)给出了撞击速度不同时撞击力峰值时刻墩柱惯性力沿高度的分布情况。撞击力峰值时刻的不同造成了应力波传播距离的差异，因此各个工况的惯性力分布也就存在较大的差别，尤其是撞击点上方柱体的惯性力分布。当撞击速度为 20 m/s 时，应力波尚未传播到上部边界处；而当撞击速度为 5 m/s 时，惯性力分布范围较大，在整个区域内甚至未出现明显的反向惯性力。还可以发现，撞击速度并不会影响应力波的传播速度，但会显著地影响撞击位置处柱体的惯性力大小。惯性力分布形式主要由撞击力大小和应力波传播距离所决定，撞击速度则会显著地影响撞击力峰值及其对应时刻，进而影响惯性力的大小和分布范围。由此可见，撞击速度是钢筋混凝土构件脉冲响应阶段的重要影响参数。

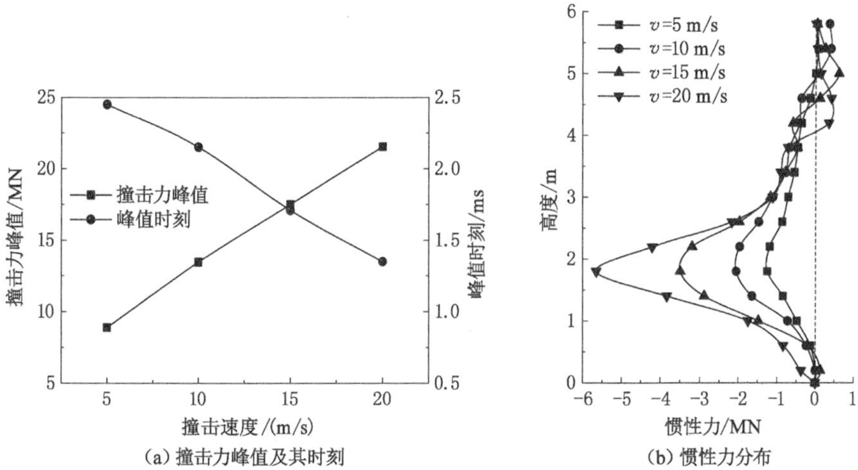

图 4-54　撞击速度不同时墩柱撞击力峰值及惯性力分布

4.6.3　惯性力简化分析方法

根据上述参数分析结果可以发现，撞击位置、边界条件和构件长细比对脉冲阶段的撞击力峰值和峰值时刻影响不大。Demartino 等[114]开展的钢筋混凝土柱撞击试验结果中也得到了类似的结论。此外，这些因素也未改变撞击位置两侧墩柱承担的撞击荷载比例。因此，可以近似假定外部撞击荷载从撞击位置处均等地向两侧传递，而不受端部约束条件的影响。惯性力的分布范围与剪切波的传播距离基本一致，且应力波传播范围端部会出现一定的反向惯性力。

4.6.3.1　墩柱等效力学模型

撞击力峰值时刻钢筋混凝土墩柱的受力情况如图 4-55(a)所示，其中承受荷载主要为撞击力、支座反力和惯性力。将柱体惯性力分为两部分：撞击点以下区域柱体惯性力合力 $F_{\mathrm{I},1}$ 和上方区域惯性力合力 $F_{\mathrm{I},2}$。由于边界约束条件对撞击力峰值和撞击位置两侧分配荷载比例的影响不明显，相同撞击速度和质量的撞击体撞击无限长钢筋混凝土柱体时的撞击力峰值及其对应时刻应该与原模型[如图 4-55(a)所示]接近。根据数值模拟结果可知，撞击荷载下无限长柱体的惯性力分布基本如图 4-55(b)所示。此时虚拟的无限长墩柱受力模型中仅需考虑撞击力和惯性力，则撞击点上、下区域的虚假惯性力合力 $F_{\mathrm{VI},1}$ 和 $F_{\mathrm{VI},2}$ 应满足：

$$\begin{cases} F_{\mathrm{VI},1} = F_{\mathrm{I},1} + R_1 \\ F_{\mathrm{VI},2} = F_{\mathrm{I},2} + R_2 \end{cases} \tag{4-29}$$

式中：$F_{\mathrm{I},1}$和$F_{\mathrm{I},2}$分别为考虑实际边界条件后撞击点下方和上方区域的惯性力合力；R_1 和 R_2 分别为下端和上端的支座反力。

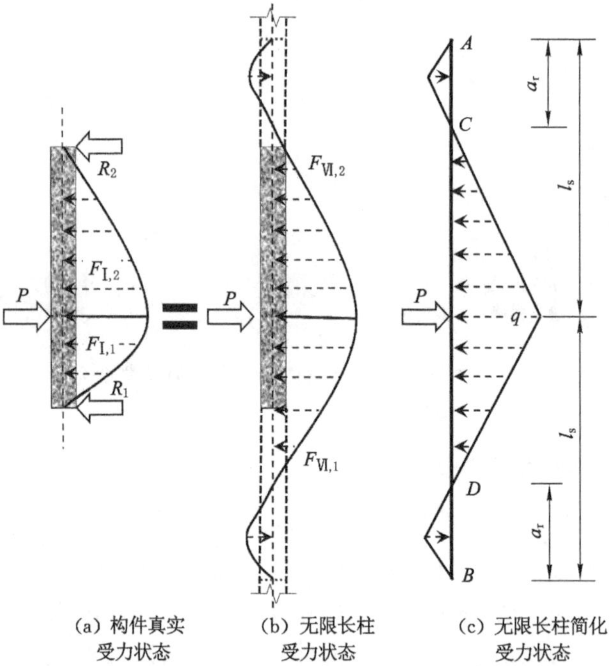

图 4-55　墩柱等效力学模型

由于无限长钢筋混凝土构件忽略了端部边界条件的影响，这将极大地简化脉冲阶段撞击荷载的计算。

根据波动理论，混凝土介质中的剪切波速 v_s[177]可由下式计算：

$$v_s = \sqrt{E/[2\rho(1+\mu)]} \tag{4-30}$$

则撞击力峰值时刻 t_p 的应力波由撞击点的传播距离 l_s 为：

$$l_s = v_s t_p \tag{4-31}$$

为了便于理论推导，将惯性力分布形式进一步简化，假定其沿构件长度方向呈线性分布[100]，如图 4-55(c)所示。图中 P 为撞击力峰值；q 为撞击位置处柱体的最大惯性力分布；a_r 为反向惯性力分布长度。对于给定的撞击力峰值及其对应时刻，惯性力沿构件长度分布主要由 a_r/l_s 确定，由此可见，a_r/l_s 对构件的内力分析至关重要。基于基本力学平衡方程可得：

$$P+\frac{qa_r^2}{2(l_s-a_r)}-q(l_s-a_r)=0 \tag{4-32}$$

由截面 A 处转角为零的变形相容条件，按叠加原理可得：

$$\theta_A=\theta_{A,CD}+\theta_{A,AC}+\theta_{A,BD}+\theta_{A,F}=0 \tag{4-33}$$

式中，$\theta_{A,CD}$ 为 CD 段惯性力引起的截面 A 转角；$\theta_{A,F}$ 为撞击力引起的截面 A 转角；$\theta_{A,AC}$ 和 $\theta_{A,BD}$ 分别为反向惯性力段 AC 和 BD 引起的截面 A 转角。

根据共轭梁法[178]可求出各个分量对转角的贡献：

$$\theta_{A,CD}=\frac{q(l_s-a_r)(5l_s^2+2l_sa_r-a_r^2)}{24EI} \tag{4-34}$$

$$\theta_{A,AC}+\theta_{A,BD}=-\frac{qa^3(24l_s-7a_r)}{192EI(l_s-a_r)} \tag{4-35}$$

$$\theta_{A,F}=-\frac{ql_s^2(2l_s^2-4l_sa_r+a_r^2)}{8EI(l_s-a_r)} \tag{4-36}$$

将式(4-32)、式(4-34)～(4-36)代入式(4-33)可得：

$$a_r/l_s\approx 0.318 \tag{4-37}$$

结合式(4-32)和式(4-37)可得撞击位置处的最大惯性力分布 q：

$$q=1.645P/l_s \tag{4-38}$$

由此可见，反向惯性力段在应力波传播距离中占了较大的比例，如果忽略了这一部分反向惯性力，势必会造成计算得到的应力波波速小于其理论值[179]。根据图 4-55(c)可知，由撞击力峰值及其峰值时刻和 a_r/l_s 的数值可以容易地确定构件的惯性力和内力分布。

4.6.3.2　支座反力简化计算模型

由于撞击荷载几乎均等地从撞击点向两侧传递，同时边界约束条件也仅仅影响该侧柱体的惯性力分布。因此，根据考虑边界条件后墩柱实际的惯性力分布可以反算其支座反力，参见式(4-29)。基于此，将撞击点一侧柱体的受力状态作为研究对象，根据应力波传播距离 l_s 和撞击点与支座之间距离 l_t 的相对关系将柱体惯性力分布分为以下三种情况(如图 4-56 所示)：

(1) 当撞击点与支座之间的距离 l_t 小于正向惯性力段长度(l_s-a_r)，此时可假定撞击点和支座之间的惯性力呈线性分布，则支座反力为：

$$R=\left[\frac{1}{2}-\frac{(l_s-a_r)l_t}{2l_s^2-4l_sa_r+a_r^2}\right]P \tag{4-39}$$

(2) 当撞击点与支座之间的距离 l_t 大于(l_s-a_r)而小于应力波传播长度 l_s 时，此时反向惯性力在(l_s-a_r)和 l_t 之间呈三角形分布，则支座反力为：

$$R=\left[\frac{1}{2}-\frac{(l_s-a_r)^2+2l_t(l_s-a_r)-l_t^2}{2(2l_s^2-4a_rl_s+a_r^2)}\right]P \tag{4-40}$$

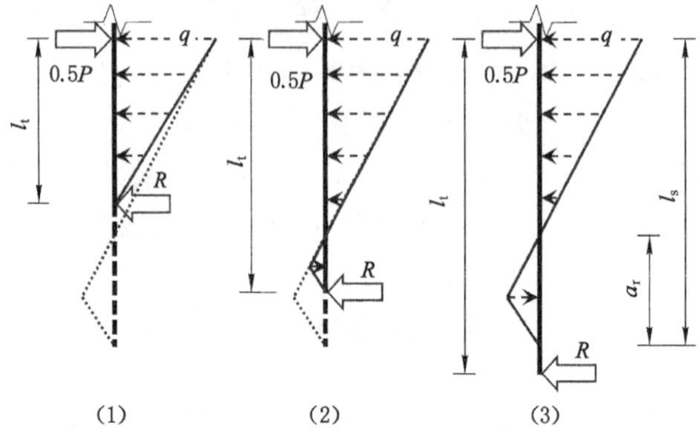

图 4-56　支座反力简化力学模型

(3) 当撞击点与支座之间的距离 l_t 大于应力波传播长度 l_s 时，此时构件惯性力分布与无限长梁情况相同[如图 4-55(c)所示]，则支座反力为 0。

4.6.3.3　简化计算模型的验证

为衡量撞击位置、边界条件、墩柱长细比和撞击速度等参数对撞击位置两侧撞击荷载分配比例的影响，对比了按照式(4-29)计算得到的撞击点下、上部分柱体抗力合力 $F_{Ⅵ,1}$ 和 $F_{Ⅵ,2}$。取 $\beta=F_{Ⅵ,1}/F_{Ⅵ,2}$，不同撞击工况下 β 的分布情况如图 4-57 所示。从图可见，β 主要分布范围为 0.93～1.06，均值为 1.025，这表明以上各参数对撞击作用分配比例影响不大，并且撞击点上部和下部柱体提供的抗力基本相等，进一步说明了前述撞击荷载均等分配的假定是比较合理的。基于此，在钢筋混凝土构件撞击响应研究中，可以先从无限长构件的受力特征入手。

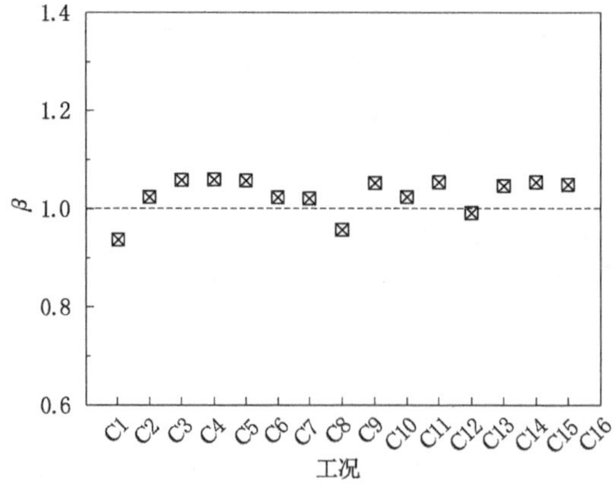

图 4-57　不同工况下 β 的分布情况

图 4-58 对比了撞击力峰值时刻墩柱惯性力分布的数值模拟结果和简化力学模型计算结果。仿真结果表明，撞击力峰值及其峰值时刻几乎不受边界条件和墩柱长细比的影响。因此，简化力学模型中撞击力峰值和峰值时刻根据有限

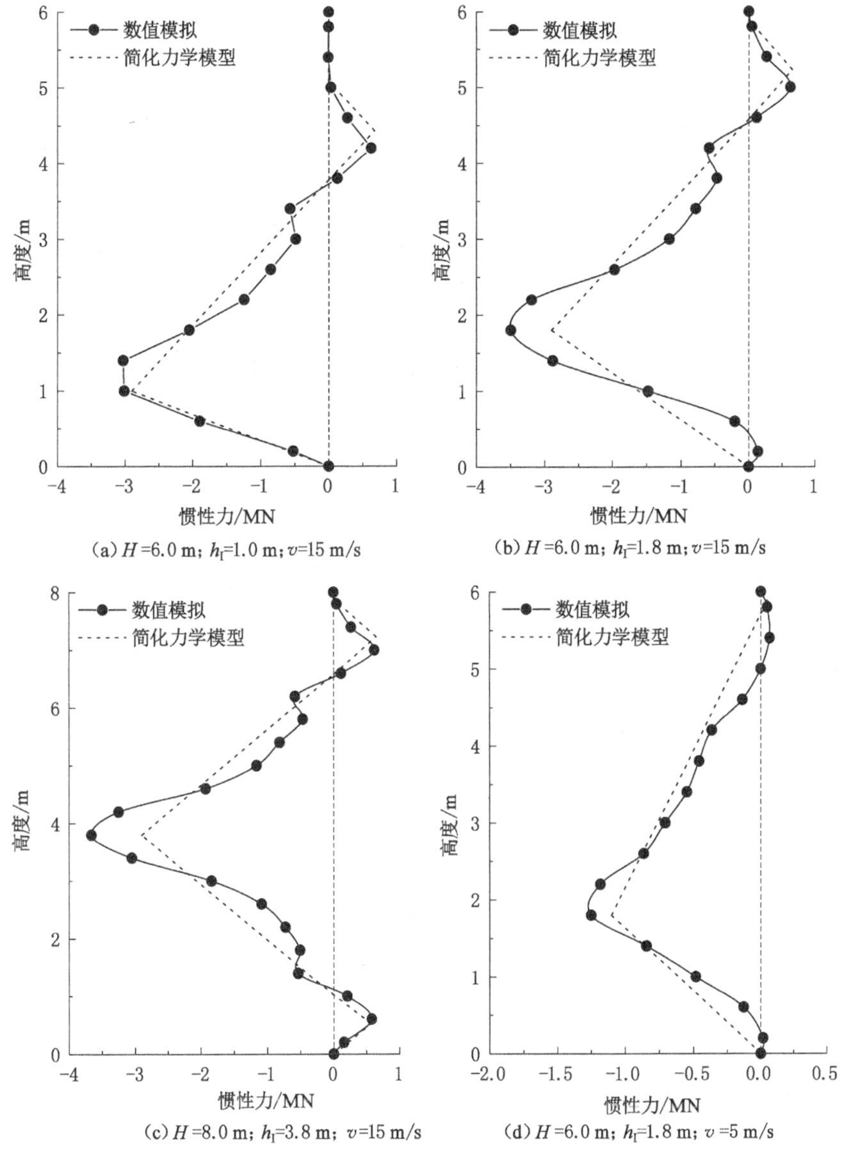

(a) H=6.0 m; h_I=1.0 m; v=15 m/s

(b) H=6.0 m; h_I=1.8 m; v=15 m/s

(c) H=8.0 m; h_I=3.8 m; v=15 m/s

(d) H=6.0 m; h_I=1.8 m; v=5 m/s

图 4-58　惯性力分布验证

元模拟结果进行取值。从图 4-58 中可以看出，简化力学模型计算得到的惯性力分布与数值模拟结果吻合良好，尤其是反向惯性力和正向惯性力的转折点，这说明了式(4-37)的推导过程是比较准确的。应注意到，撞击位置处最大惯性力的模拟结果大于简化力学模型计算结果；然而，随着与撞击位置距离的增大，两者惯性力大小接近。这主要是由于数值模拟中考虑了材料的塑性变形，而简化力学模型则主要基于弹性理论。在较高的撞击能量下撞击点附近柱体局部损伤比较严重，从而导致该处加速度远大于其他部位。从设计角度来看，忽略塑性变形引起的较大惯性力，采用本书提出的惯性力分布计算方法进行钢筋混凝土构件抗冲剪设计是偏安全的。

图 4-59 对比了各工况下支座反力的数值模拟仿真结果和简化力学模型预测结果。简化力学模型计算得到的下部支座反力和数值模拟结果基本一致，这说明了考虑边界条件后柱体惯性力和支座反力可以按照式(4-39)和式(4-40)进行计算，也间接地表明了图 4-55 中简化力学模型对惯性力分布形式的假定是比较合理的。

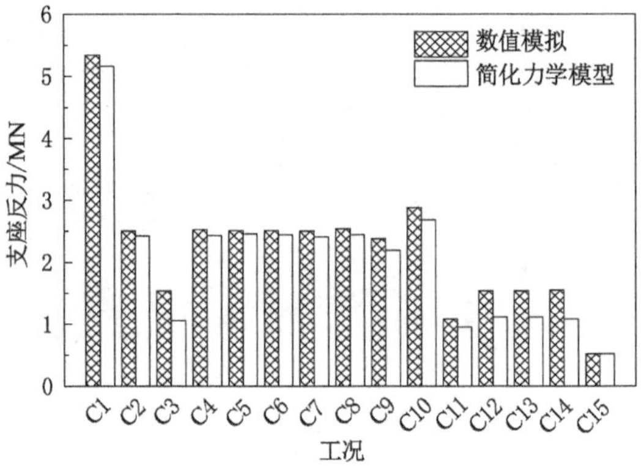

图 4-59 支座反力计算方法验证

4.7 钢筋混凝土墩柱抗冲剪易损性分析

4.7.1 撞击荷载

基于图 4-37 中墩柱有限元模型计算了 63 组撞击工况，其中撞击速度范围为 2.5～20 m/s，撞击质量范围为 1～20 t，冲头半径范围为 0.2～1.2 m。图 4-60 和图 4-61 分别给出了不同参数下撞击力峰值和峰值时刻的变化规律，可以看出:撞击力峰值随撞击速度增加而近似呈线性增加;然而,随着撞击质量的增加,撞击质量对撞击力峰值的贡献逐渐减弱。随着撞击能量的增加,接触部位较大的塑性变形造成冲头与墩柱的接触面积增大,进而造成冲头半径对撞击力峰值的影响作用增强。峰值时刻随撞击速度、撞击质量和冲头半径的增加而减小。尤其是当撞击速度小于 10 m/s 时,撞击能量对撞击力峰值时刻的影响比较显著;反之,峰值时刻随撞击能量的变化相对比较平缓。与撞击能量相比,冲头半径对撞击力峰值时刻的影响更加显著。

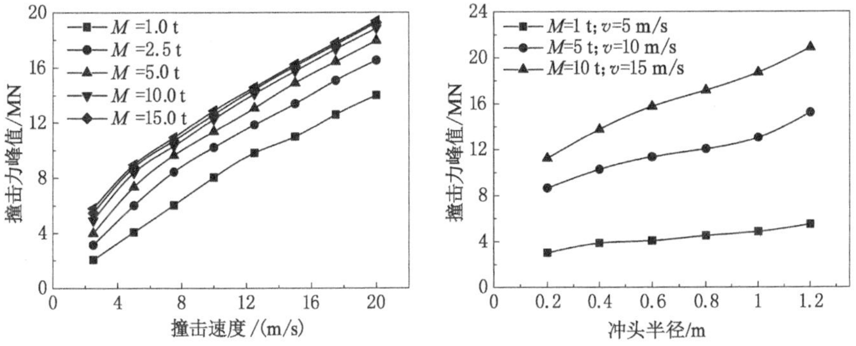

图 4-60　撞击参数对撞击力峰值的影响

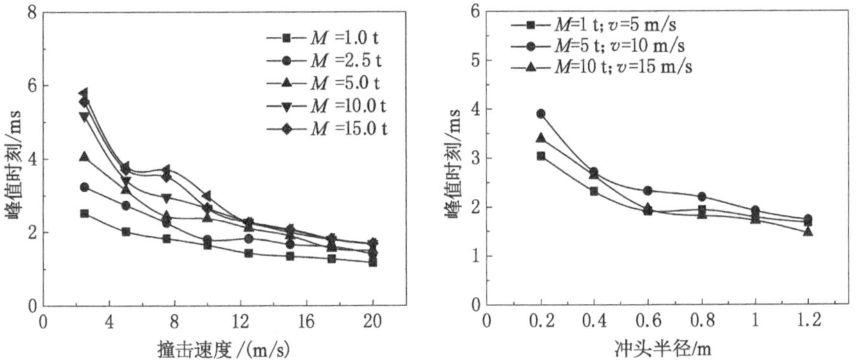

图 4-61　撞击参数对撞击力峰值时刻的影响

忽略其他次要因素的影响,认为撞击力峰值和峰值时刻主要与撞击速度、撞击质量、结构构件参与质量和冲头半径有关。撞击过程中钢筋混凝土墩柱的有效参与质量是随着应力波的传播逐渐增加的。因此,在撞击力峰值时刻的回归分析中,需要将撞击时间从构件参与质量中分离出来。墩柱撞击荷载的计算可忽略边界条件而将其简化为无限长构件，因此根据应力波的传播距离来确定其有效参与质量。对 63 组撞击工况的模拟结果进行多元非线性回归，得到撞击力峰值时刻的经验计算公式为：

$$t_p = 0.02\left(\frac{M}{2K_m\rho_1 v_s}\right)^{0.2} v^{-0.5} R^{-0.4} \tag{4-41}$$

同样地，撞击力峰值 P 经验计算公式为：

$$P = 0.36\left(\frac{2K_m\rho_1 t_p v_s M}{2K_m\rho_1 t_p v_s + M}\right)^{0.25} v^{0.72} R^{0.4} \tag{4-42}$$

式中：ρ_1 为墩柱线密度，kg/m；v_s 为剪切波速，m/s；M 为撞击质量，kg；v 为撞击速度，m/s；R 为撞击体冲头半径，m；K_m 为等效质量系数。

K_m 可按下式计算：

$$K_m = \frac{\int \rho_1 \varphi^2(x)\mathrm{d}x}{\int \rho_1 \mathrm{d}x} \tag{4-43}$$

式中，$\varphi(x)$ 为假定的形状函数，其表达式为：

$$\varphi(x) = \begin{cases} x/t_p v_s, & 0 \leqslant x \leqslant t_p v_s \\ (2t_p v_s - x)/t_p v_s, & t_p v_s < x \leqslant 2t_p v_s \end{cases} \tag{4-44}$$

采用经验公式(4-41)和式(4-42)计算得到的撞击力峰值和峰值时刻与数值模拟结果的对比如图 4-62 所示，可以看出，两者其对应的决定系数分别为 0.985 和 0.953，可以满足工程精度要求。

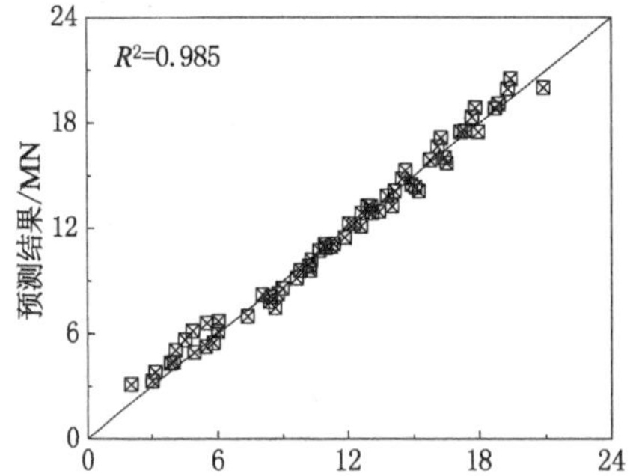

(a) 撞击力峰值

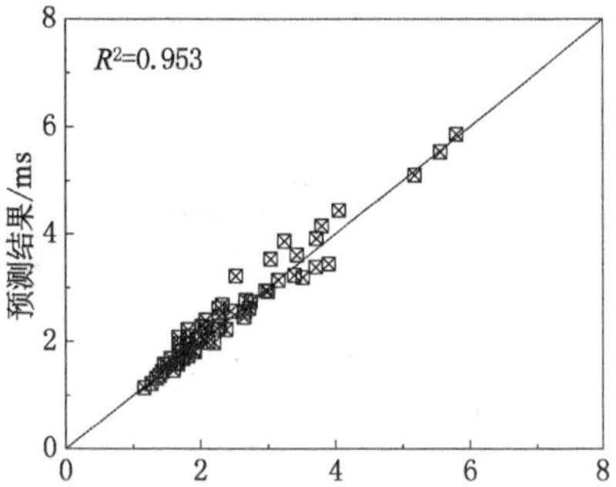

(b) 峰值时刻

图 4-62　拟合结果和仿真结果对比

4.7.2　动态剪切需求和抗剪能力

4.7.2.1　动态剪切需求

由于撞击荷载的局部效应和应力波传播的滞后，钢筋混凝土构件在撞击位置附近易发生剪切破坏。在撞击初期，构件首先在撞击位置附近形成于轴线呈 45°的剪切斜裂缝，最后发展为剪切塞[15,180]。一般而言，撞击体引起的撞击力峰值往往数倍于构件的截面抗剪强度，仅仅将撞击力峰值作为构件抗剪需求往往偏保守。基于此，假定撞击力峰值时刻与构件轴线呈 45°的两个斜向剪切面为临界截面，如图 4-63 所示。图中：f_i 为剪切塞的惯性力；f_{st} 为剪切面处箍筋提供的拉应力；f_{ct} 为剪切面处混凝土的拉应力；α 为裂缝与构件轴线的夹角。取临界截面处的剪力作为动态剪切需求 V_D，则有：

$$V_D = \frac{P}{2} - \frac{f_i}{2} = \frac{P}{2} - \int_{h_I - D}^{h_I} q(x)\,\frac{x - h_I + D}{D}\mathrm{d}x \tag{4-45}$$

式中：h_I 为撞击点距地面高度；$q(x)$为惯性力线密度，可根据上节惯性力分布简化计算方法进行确定；D 为构件截面高度。

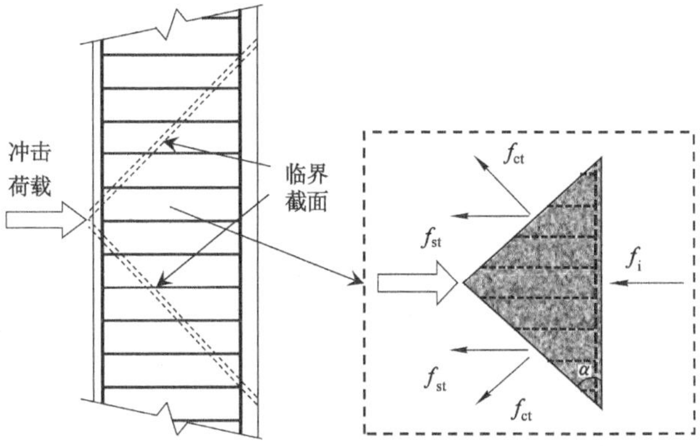

图 4-63　墩柱破坏机制

4.7.2.2　动态抗剪承载力

由于撞击荷载下墩柱的破坏机理与静载情况下截然不同，其抗剪能力的计算采用 Do 等[52]提出的分析方法。以图 4-63 中的隔离体为研究对象，在剪切面上的动态抗剪承载力主要由混凝土对抗剪承载力的贡献 V_{cd}、箍筋对抗剪承载力的贡献 V_{sd} 两部分组成，即：

$$V_R = V_{cd} + V_{sd} \tag{4-46}$$

假定剪切面上的所有混凝土均达到其动态抗拉强度$DIF_{ct} \cdot f_{ct}$，DIF_{ct}为考虑应变率效应后的混凝土抗拉强度动力放大系数，则混凝土对抗剪强度的贡献为：

$$V_{cd} = DIF_{ct} \cdot f_{ct} \cdot \cos\alpha \cdot \frac{B \cdot D}{\sin\alpha} = DIF_{ct} \cdot f_{ct} \cdot B \cdot D \tag{4-47}$$

式中：B 为截面宽度；混凝土抗拉强度 $f_{ct}=0.3f_{cc}^{(2/3)}$，f_{cc}为抗压强度。

对于冲剪破坏而言，箍筋在混凝土受拉开裂后往往尚未达到屈服，同时钢筋与混凝土之间的黏结滑移很小，因此可以假定箍筋应变与混凝土开裂应变 ε_{ct} 相等，则箍筋对剪切面抗剪强度的贡献为：

$$V_{sd} = E_s \varepsilon_{ct} A_{sv1} n \tag{4-48}$$

式中：E_s 为箍筋弹性模量，并忽略应变率对其影响；A_{sv1} 为箍筋单肢的截面面积；n 为与剪切面相交的箍筋肢数。而箍筋单肢的截面面积可以由下式估算：

$$A_{sv1} \approx \frac{BD\rho_{sv}}{2n} \tag{4-49}$$

式中，ρ_{sv}为体积配箍率。将式(4-49)代入式(4-48)可得：

$$\begin{aligned} V_{sd} &= DIF_{ct} \cdot E_s \cdot \varepsilon_{ct} \cdot \frac{\rho_{sv}}{2} \cdot B \cdot D = \frac{E_s \cdot \varepsilon_{ct}}{f_{ct}} \cdot \frac{\rho_{sv}}{2} \cdot DIF_{ct} \cdot B \cdot D \cdot f_{ct} \\ &= \frac{E_s}{E_{ct}} \cdot \frac{\rho_{sv}}{2} \cdot V_{cd} \end{aligned} \tag{4-50}$$

式中，E_{ct}为混凝土弹性模型。

因此，剪切面的抗剪承载力可根据下式计算：

$$V_R = V_{cd} + V_{sd} = (1 + \frac{E_s}{E_{ct}} \cdot \frac{\rho_{sv}}{2}) \cdot DIF_{ct} \cdot B \cdot D \cdot f_{ct} = k_v \cdot B \cdot D \cdot f_{ct} \tag{4-51}$$

式中，k_v 为无量纲系数，主要与材料应变率和配箍率有关。

为了确定 k_v 的数值规律，基于数值仿真技术分析了钢筋混凝土墩柱在临界截面的抗剪承载力。采用质量和速度不同的撞击体撞击截面尺寸分别为 1.0 m×1.0 m、1.3 m×1.3 m 和 1.6 m×1.6 m 的墩柱，并提取墩柱破坏工况所对应的临界截面最大剪力，从而得到剪切面的抗剪承载力。通过仿真分析得到 15 组墩柱破坏工况，从而得到 k_v 的数值分布，如图 4-64 所示。可以看出，k_v 可以近似取为 2.0，即撞击荷载下剪切面的抗剪承载力计算公式为：

$$V_R = 2BDf_{ct} \tag{4-52}$$

4.7.3 易损性分析

4.7.3.1 基本变量统计特征

钢筋混凝土柱的撞击响应主要受撞击参数和结构设计参数的影响，其中撞

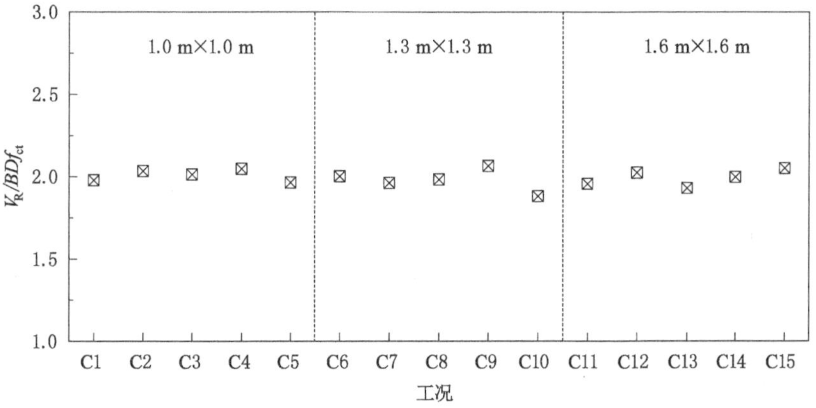

图 4-64　抗剪承载力拟合优度

击参数主要包括撞击质量、撞击速度、冲头半径和撞击位置；结构参数主要包括几何尺寸和混凝土强度、密度。这些参数均可采用具有特定分布特征的随机变量来表示，并且认为各变量是相互独立的。参考文献[181]～[183]中对钢筋混凝土构件设计参数不确定性的统计结果，表 4-2 给出了各随机变量的均值、分布类型和变异系数。根据各随机变量的分布特征，分别对其随机抽取 100 000 个样本。

表 4-2　随机变量的统计描述

变量	符号	分布类型	均值	变异系数
撞击质量	M	正态分布	10 t	0.20
撞击速度	v	正态分布	10 m/s	0.15
冲头半径	R	正态分布	0.8 m	0.20
撞击位置	h	正态分布	1.5 m	0.10
构件高度	H	确定	6.0 m	—
截面宽度	b	确定	1.0 m	—
截面高度	D	确定	1.0 m	—
保护层厚度	c	正态分布	50 mm	0.05
混凝土强度	f_c	正态分布	35 MPa	0.11
混凝土密度	ρ	正态分布	2 400 kg/m^3	0.04

4.7.3.2　极限状态函数

根据可靠度理论，工程结构的失效概率 P_f 可以表示为：

$$P_f = P\{G(X) < 0\} = \int_{D_f} f(X)\mathrm{d}X \tag{4-53}$$

则可靠指标 β 为：

$$\beta = \Phi^{-1}(1 - P_f) \tag{4-54}$$

式中：X 为 n 维随机变量的向量；$f(X)$ 为随机变量 X 的联合概率密度函数；$G(X)$ 为随机变量的极限状态函数；D_f 为 $G(X)$ 相对应的失效区域；Φ^{-1} 为标准正态分布累积概率分布函数的反函数。

考虑到侧向撞击荷载下钢筋混凝土构件易发生冲剪破坏的特点，采用承载能力极限状态设计方法来研究墩柱在不同撞击参数下的可靠性能。墩柱失效条件定义为截面动态剪切需求 V_D 大于动态截面抗剪承载力 V_R，则极限状态函数为：

$$G(X) = V_R - V_D \tag{4-55}$$

根据表 4-2 中基本变量的抽样样本，采用式(4-45)计算得到的墩柱动态剪切需求与撞击力峰值的概率分布如图 4-65 所示。动态剪切需求均值为 4.8 MN，而撞击力峰值均值高达 14.0 MN。由于显著的惯性效应，钢筋混凝土墩柱的实际剪切需求远小于撞击力峰值。由此可见，直接将撞击力峰值作为钢筋混凝土墩柱剪切需求进行结构抗撞设计时往往会造成计算结果过于保守。

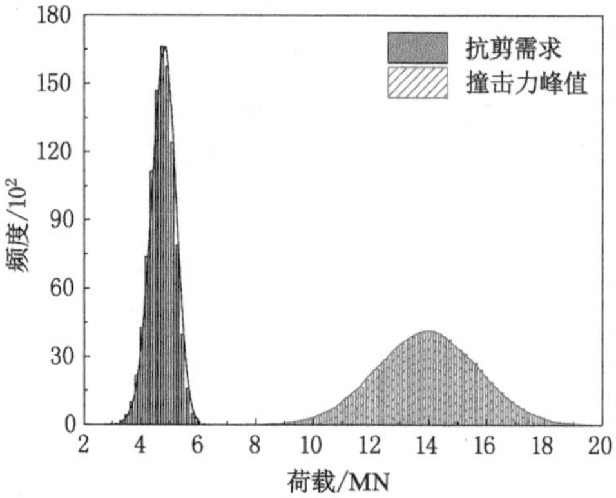

图 4-65　动态抗剪需求和撞击力峰值的概率分布

4.7.3.3　易损性曲线

根据定义的钢筋混凝土墩柱极限破坏状态，由动态剪切需求和抗剪承载力的概率分布可以求得不同参数下墩柱的易损性曲线。撞击荷载下钢筋混凝土墩柱的安全性能主要取决于撞击速度、撞击质量、撞击位置、混凝土强度和截面宽度、截面高度，这些参数对构件易损性的影响如图 4-66 所示。

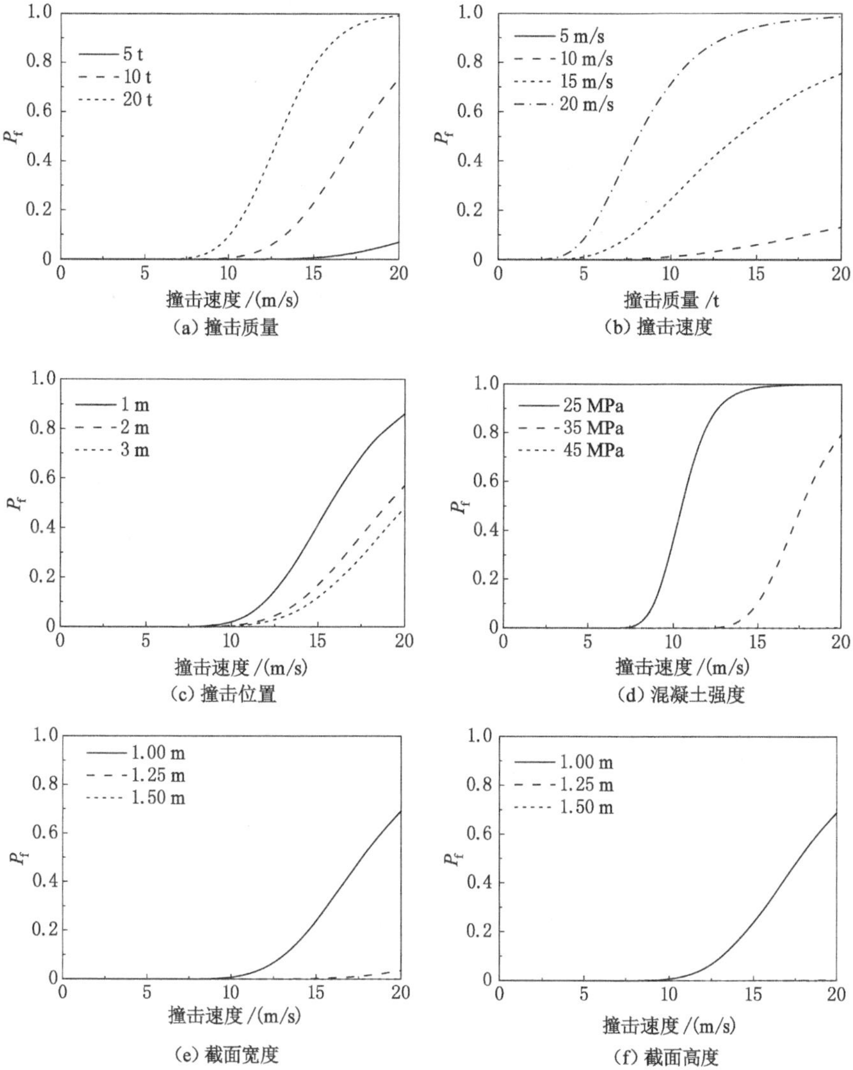

图 4-66　不同工况下墩柱易损性曲线

图 4-66(a)、(b)分别给出了撞击质量和速度对钢筋混凝土墩柱易损性的影响，可以看出：当撞击体质量超过 5 t 后，撞击速度对墩柱失效概率影响十分显著；然而，当撞击速度小于 5 m/s 时，质量小于 20 t 的撞击体几乎不会引起墩柱的剪切破坏。墩柱在质量为 15 t 撞击体以 10 m/s 速度撞击下的剪切失效概率约为 0.06；然而，当撞击体质量为 10 t 且速度为 15 m/s 时，墩柱的失效概率达

到0.24。可见,在冲量相等的情况下,与撞击质量相比,撞击速度对钢筋混凝土柱剪切失效概率的影响更为显著。这主要由于相同冲量下,撞击速度越高,撞击力峰值越大,而达到撞击力峰值的时间越短,从而加重了墩柱的剪切损伤。

撞击位置距地面分别为 1 m、2 m 和 3 m 时钢筋混凝土墩柱的易损性曲线如图 4-66(c)所示,可以看出:当撞击位置从 1 m 增加到 3 m 时,墩柱剪切失效概率逐渐减小。当撞击速度为 15 m/s 时,三种情况所对应的失效概率分别为 0.41、0.17 和 0.12。这主要是因为随着撞击位置与支座距离增大,支座反力对墩柱抗力的贡献减小,而惯性效应增强,从而造成墩柱实际剪切需求减小。进一步解释了撞击试验[114]和实际工程事故[15]中剪切破坏往往发生在靠近支座一侧的柱体。

图 4-66(d)给出了混凝土抗压强度分别为 25 MPa、35 MPa 和 45 MPa 时墩柱的易损性曲线。由于墩柱抗剪承载力随混凝土强度的提高而提高,从而使得失效概率减小。可以看出,混凝土强度对墩柱抗冲剪性能的影响十分显著。

保持截面高度不变,截面宽度分别为 1.00 m、1.25 m 和 1.50 m 时墩柱的易损性曲线如图 4-66(e)所示。随着截面宽度的增加,易损性曲线整体沿撞击速度增加的方向偏移,这表明截面宽度的增加可有效地降低墩柱失效概率。图 4-66(f)给出了截面宽度不变时,截面高度分别为 1.00 m、1.25 m 和 1.50 m 时墩柱的易损性曲线。与截面宽度相比,截面高度对墩柱失效概率的影响更加显著。由此可见,通过增加截面尺寸可以显著地提高钢筋混凝土墩柱在撞击荷载下的可靠性。

4.8 本章小结

(1) 基于截面损伤因子的损伤评估方法能够比较直观地描述撞击荷载下钢筋混凝土梁沿长度的损伤演化规律;梁损伤基本在局部响应阶段达到最大值,且主要集中于撞击位置附近,并逐渐向两侧发展。端部固支约束通过"膜力效应"强化了梁的抗撞承载潜力,限制了跨中裂缝的开展,提高了混凝土的耗能效率,最终降低了梁整体的损伤程度;撞击位置会直接影响梁体的裂缝分布和破坏模式;撞击接触面积和冲头形状对梁的损伤分布具有一定的影响。

(2) 惯性力和支座负反力均会显著地影响钢筋混凝土梁在局部响应阶段的内力分布特征,主要表现为降低了弯曲需求,但并未改变其剪切需求,导致梁更易发生剪切破坏;支座负反力近似与梁的跨高比和撞击力峰值呈线性关系;将惯性力假定为线性分布能够较好地反映梁在局部响应阶段的受力状态。

(3) 撞击荷载的动力效应随跨高比的减小而减弱,根据跨高比可将钢筋混凝土梁抗力机制分为拉压杆模型和拉压杆-拱模型。撞击过程中钢筋混凝土梁的剪切破坏模式包括撞击位置处的冲剪破坏和支座附近的剪切破坏；梁的剪切破坏模式随跨高比和撞击速度的增加逐渐从剪跨内的剪切破坏转变为撞击位置处的冲剪破坏；扣除惯性力后的撞击荷载才能反映撞击位置处的有效剪切需求；采用冲击谱和动力平衡原理能够较好地预测梁在局部响应阶段的最大支座反力。

(4) 撞击过程主要分为脉冲阶段和缓冲阶段，足尺钢筋混凝土墩柱在脉冲阶段的撞击力峰值及其对应时刻与无限长构件的计算结果比较接近，而几乎不受端部约束边界的影响；脉冲阶段的撞击荷载均等地由撞击点向两侧传递，而端部约束边界仅会影响该侧柱体的惯性力分布。惯性力沿柱高近似呈线性分布，其分布范围由应力波传播距离所决定，同时传播范围端部会首先出现反向惯性力，其中反向惯性力分布长度与应力波传播距离的比值约为 0.318。

第5章 车撞荷载下桥墩的安全性能评估

5.1 概述

与结构抗震设计和抗船撞设计相比,基于性能的桥梁抗车撞设计的相关研究远远不够。目前欧洲规范[19]和美国AASHTO规范[20]已将基于性能设计方法引入桥梁抗船撞的设计中。例如,AASHTO规范[20]提出了基于桥梁抗撞能力与船舶撞击荷载比值的桥梁倒塌概率曲线。欧洲规范[19]根据桥梁的预定失效概率,采用可靠度来衡量船舶撞击风险接受准则。耿波等[184]为弥补我国现行设计规范的不足,提出了一个基于可靠度理论的桥梁船撞风险评估框架。然而,在桥梁抗车撞设计中,相关设计规范一般采用等效静力方法,即采用撞击力标准值来表征车辆撞击作用,而未涉及车辆撞击概率和结构安全性要求等方面。

本章基于可靠度理论和风险分析概念建立了一种车辆撞击下桥梁结构安全性的评估方法。首先提出了钢筋混凝土桥梁抗车撞性能评估的总体框架,并探讨了桥墩结构的车辆撞击概率计算方法。随后,为了提高计算效率,建立并验证了车桥碰撞简化分析模型;根据大量的参数分析结果,确立了桥墩极限破坏状态的判定指标和用于可靠性分析的功能函数;基于可靠度理论和风险分析概念建立了桥梁安全性评估方法,并编制了重型车辆-桥墩碰撞的可靠性分析程序。最后,通过一个典型算例论证了本章提出的桥梁安全性评估框架的实用性。

5.2 桥梁结构车撞安全性能评估框架

动力可靠度是经典结构动力学和随机过程的产物。Rice[184]首次研究了结构动力响应超越某一固定界限的问题,提出了在规定时间内交叉次数以及期望值的表达式,这一成果奠定了首次超越动力可靠度理论的基础。在此基础上,Siegert[185]将结构响应简化为连续马尔可夫过程,并建立了响应首次超越概率的计算方法。随后,动力可靠度方法逐渐在实际工程尤其是地震工程中得到应用。为了识别工程项目中可能存在的各种潜在风险,并对其发生概率、造成后果和风险水平进行探究，工程界往往采用风险思想来指导规避灾害的对策和措施，从而利用较小的成本获得最大的结构安全保障。

美国太平洋地震研究中心(PEER)提出的基于性能的结构抗震设计概率框架[186]，是以概率理论为基础，将性能评估过程分为四个相互独立而又具有逻辑关系的阶段：地震危险性分析、结构响应分析、结构性能分析和损失决策评估。基于这一概率框架，可以较为方便地建立严谨的系统分析方法，进而将抗震相关领域知识充分地组织起来。在船舶撞击桥梁结构的安全性能评估方面，船桥碰撞的风险分析概念已经被引入了当前相关设计规范中。现有分析方法主要包括欧洲规范模型[19]，AASHTO 规范模型[20]、德国昆兹模型[187]和佩德森模型[188]等。在桥梁结构抗车辆撞击风险评估方面，Das 等[189]首次采用可靠度理论研究了车桥碰撞风险，并指出其损失决策分析应从桥梁结构破坏情况、交通系统瘫痪引起的经济损失和人员伤害等方面入手。Kamaitis[190]也对车桥碰撞概率和碰撞后桥梁倒塌概率展开了分析。

考虑到车辆撞击桥梁事故存在极强的不确定性，概率统计方法可能更加适合分析此类问题。参考 PEER 提出的基于性能的地震工程概率框架，建立了基于可靠度理论的桥梁结构车撞安全性能评估框架，如图 5-1 所示。类似地，该概率框架主要包括四个方面：

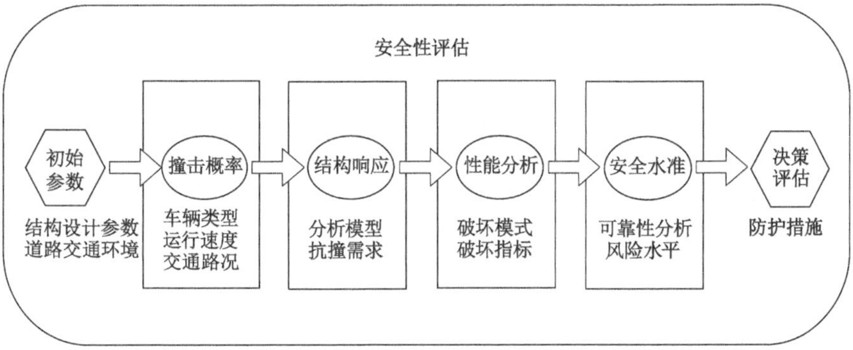

图 5-1　桥梁抗撞安全性分析框架

(1) 车辆撞击概率分析。根据桥梁结构所处区域的道路交通环境、车辆通行数量和类型，基于统计分析方法计算考察期桥梁可能遭受车辆撞击的概率。

(2) 结构撞击响应分析。根据结构设计参数和车辆撞击参数建立车桥碰撞非线性简化分析模型，并通过计算分析得到结构在车辆撞击下的工程需求参数。

(3) 结构抗撞性能分析。根据结构的撞击响应，确定其极限破坏状态以及相应的性能评价指标。

(4) 结构安全水准的确定。根据车辆撞击概率和性能评价指标，采用可靠度理论计算结构失效概率，引入风险分析概念来评估结构安全水准。

5.3 车辆撞击概率

与中国规范[191]和美国 AASHTO 规范[20]略有不同，欧洲规范[19]引入了风险分析概念计算车辆撞击下桥梁结构的失效概率，其中桥梁车撞概率计算示意图如图 5-2 所示。将车辆撞击事件的发生假定为泊松分布，从而得到考察时间内车辆偏离道路的总数 N_V：

$$N_V = n_V \lambda_V(x,t) T \tag{5-1}$$

式中：n_V 为单位时间的车流量；$\lambda_V(x,t)$ 为车辆单位距离内偏离道路的概率，是坐标 x 和时间 t 的函数；T 为风险分析所考虑的时间区间。应注意的是，规范并未提供 $\lambda_V(x,t)$ 的表达式，在实际分析时往往取为常数 λ_V。同时，规范也并未直接给出车辆偏离道路后与桥梁碰撞的概率，而是将其在结构分析阶段通过车辆和桥梁之间的偏移角度和距离来加以考虑。由于车辆在考察时间内与桥墩发生碰撞的概率无法直接计算得到，该公式具有较大的局限性。

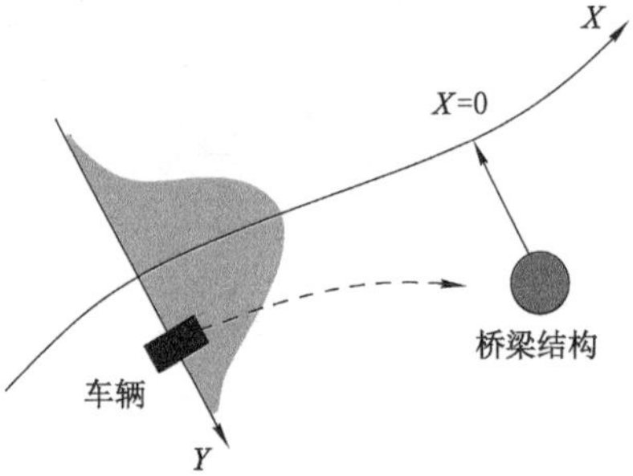

图 5-2 桥梁车撞概率计算示意图[19]

考虑到目前桥梁船撞可靠性研究成果比较丰富，可将其引入车桥碰撞分析中。AASHTO 规范基于条件概率思想将船舶撞击桥梁概率视为各关键因素同时发生的可能性，其中一年内船桥碰撞概率计算公式为：

$$AC = N \cdot PA \cdot PG \tag{5-2}$$

式中，N 为船舶的年通行量；PA 为船舶偏离航线的概率；PG 为船舶偏离航线后与桥梁发生碰撞的概率，主要与船舶宽度、桥墩几何尺寸以及船舶偏离角度有关。

AASHTO 规范给出的概率计算公式具有物理概念清晰、关键因素统计数据容易获得和实用性较强等优点，因而在桥梁结构抗船撞设计中被广泛采用。不失一般性地，借鉴 AASHTO 规范，单一桥梁结构在考察时间内遭受车辆撞击的总次数 N_{VBC} 可按下式计算：

$$N_{\mathrm{VBC}} = n_{\mathrm{V}} \lambda_{\mathrm{V}} T P_{\mathrm{VBC}} \tag{5-3}$$

式中，P_{VBC} 为车辆偏离道路后与目标桥梁发生碰撞的概率。

5.4 车桥碰撞分析模型

5.4.1 分析模型的建立

采用 LS-DYNA 软件建立的车桥碰撞简化动力分析模型如图 5-3 所示。

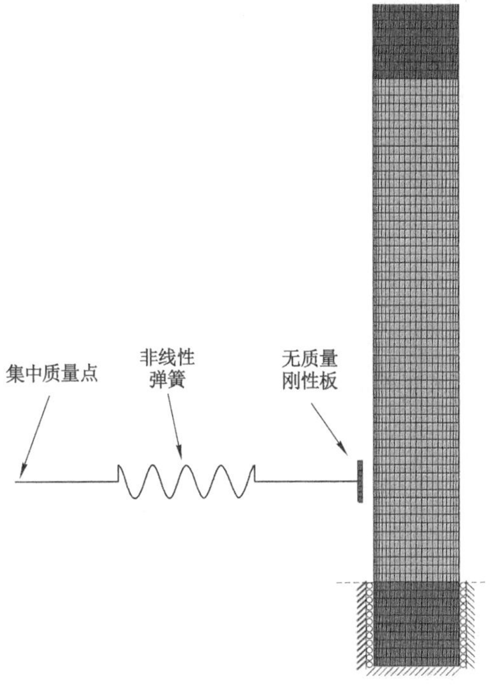

图 5-3　车桥碰撞简化动力分析模型

简化车辆模型主要包括三部分：集中质量点、非线性弹簧和无质量刚性板。集中质量点采用质量单元来模拟车辆质量；非线性弹簧采用离散梁单元来模拟车身的刚度特征，材料类型采用 MAT_SPRING_INELASTIC，并将 CTF 控制选项设置为 1 以保证该弹簧仅承受压力；刚性板采用实体单元来建立简化车辆模型与桥墩的接触关系，材料类型为 MAT_RIGID，材料密度取很小的数值。通过调整集中质量点的质量和初始速度来模拟不同的碰撞工况；不同类型车辆的刚度特征通过调整非线性弹簧的力-位移曲线来表征。根据第 3 章的仿真模拟结果可知，10 t、16 t 和 30 t 整体式车架车辆的等效撞击高度分别取为 0.7 m、1.0 m和 0.90 m。对于 38 t 拖挂式卡车，挂车和牵引车之间的转向节使得车辆在碰撞过程中传力路径不够直接。根据车辆初始撞击能量将 38 t 车辆的等效撞击高度分为两种情况：当初始动能不大于 6.5 MJ 时，其等效撞击高度取为 0.9 m；反之，等效撞击高度取为 2.7 m。根据撞击力的空间分布特点，将无质量刚性板的高度尺寸取为 0.5 m。无质量刚性板和桥墩之间的接触依旧采用基于罚函数算法的自动单面接触类型（CONTACT_AUTOMATIC_SINGLE_SURFACE），动摩擦系数和静摩擦系数均取为 0.3。

计算过程分为重力加载和碰撞分析两个阶段。首先采用动力松弛方法完成桥墩的重力加载，随后对车桥碰撞进行瞬态动力分析，计算持时取为 0.4 s。典型算例结果表明，采用简化分析模型完成一次碰撞分析所需时间约为 10 min，而精细有限元模型的计算耗时高达 7 h 之久。由此可见，简化分析模型可以极大地提高计算效率，为结构可靠性分析提供方便。

5.4.2 分析模型的验证

图 5-4 对比了四类简化车辆模型和精细车辆模型撞击下钢筋混凝土桥墩的损伤破坏模式。10 t 车辆撞击下桥墩仅仅在撞击部位出现轻微的局部损伤；桥墩在 16 t 车辆撞击下底部截面损伤加重，撞击位置和底部均存在一定数量的裂缝。30 t 车辆撞击下桥墩损伤十分严重，撞击位置处桥墩背撞面出现了大量的弯曲裂缝，并且墩底剪切损伤十分严重。值得说明的是，由于简化车辆模型将撞击荷载全部集中在等效撞击高度处，同时撞击位置十分靠近桥墩根部，从而造成简化车辆模型撞击下墩底出现了更加明显的剪切裂缝带，同时撞击部位的局部损伤也更加严重。而当 38 t 拖挂式卡车撞击桥墩时，货物二次碰撞作用使得桥墩在撞击位置处出现了一个明显的剪切塞。由于简化车辆模型碰撞分析中假定撞击力集中作用在距墩底较高位置处，局部冲剪效应较为显著；桥墩底部还存在较大的弯矩，从而造成该部位存在较为严重的弯曲破坏。整体来看，采用简化车辆模型对钢筋混凝土桥墩进行碰撞分析时基本能够较好地重现精细车辆模型撞击作用对桥墩造成的损伤。由于撞击荷载更加集中，采用简化车辆模型时桥墩的损伤程度往往要略大于精细车辆模型碰撞情况，因此采用简化车辆模型对桥墩进行碰撞分析是略微偏于保守的。

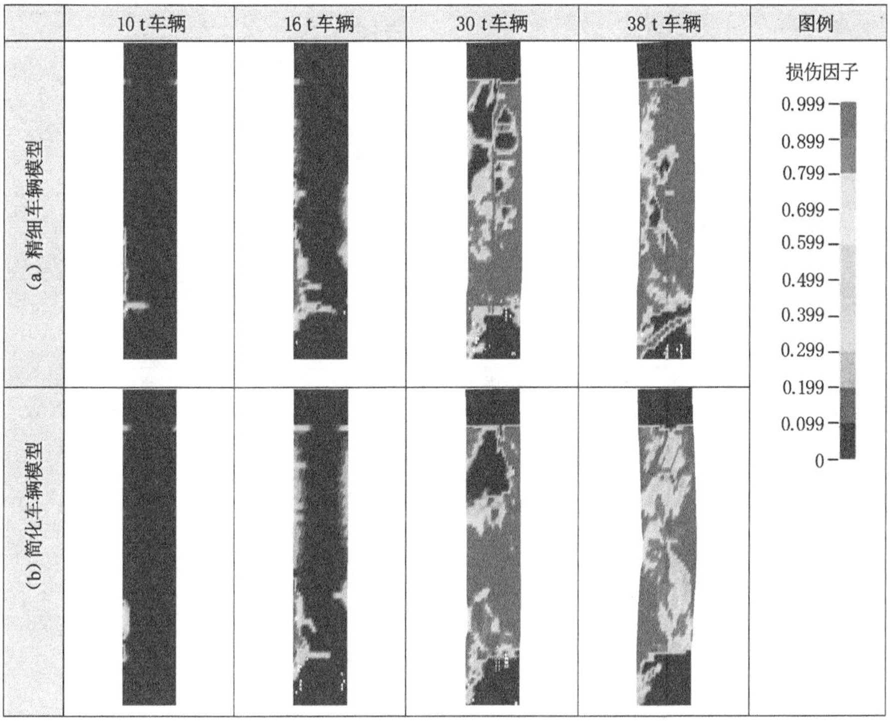

图 5-4　简化车辆模型和精细车辆模型撞击下桥墩损伤云图

撞击力是衡量车辆碰撞作用的重要指标，也是桥梁结构抗撞设计的重要依据。图 5-5 为精细车辆模型和简化车辆模型撞击力时程曲线，可以看出，简化车辆模型能够较为准确地反映精细车辆模型的撞击作用。尤其在碰撞前期，简化车辆模型得到的撞击力时程与精细车辆模型计算结果吻合良好。这主要是由于车头部分的刚度远小于桥墩刚度，此时撞击力主要取决于车辆前端刚度特征。然而，随着撞击力对桥墩所做外力功的增加，桥墩损伤加重。此时撞击力取决于车辆和桥墩之间的耦合作用，因此简化车辆模型和精细车辆模型之间存在一定的误差。尤其是，当 38 t 车辆撞击桥墩时，简化车辆模型的撞击力峰值要小于精细车辆模型的计算数值。其主要原因在于，桥墩在集中撞击荷载(简化车辆模型)下的损伤程度要大于在相对分散荷载(精细车辆模型)下的情况，而严重损伤所引起的桥墩刚度退化势必会导致撞击力峰值的减小。

为了进一步衡量简化车辆模型和精细车辆模型撞击下桥墩动态响应的差异，以距地面高度 1 m 处桥墩侧向位移为研究对象。图 5-6 为精细车辆模型和简化车辆模型时桥墩参考点侧向位移时程曲线，可以看出，在 10 t 和 16 t 车辆

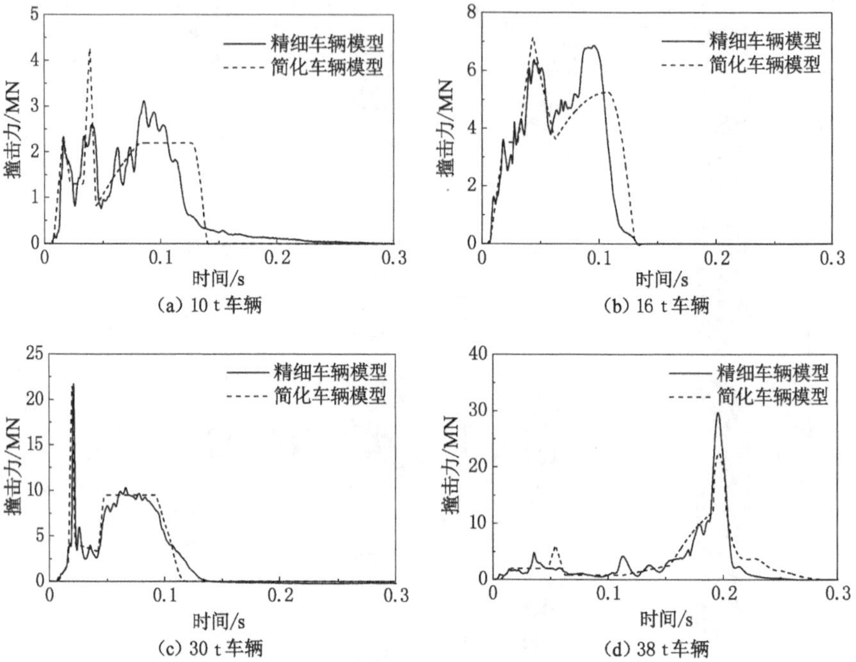

图 5-5 精细和简化车辆模型撞击力时程曲线

撞击作用下，简化车辆模型和精细车辆模型所对应的参考点位移时程曲线比较吻合，而且最大位移均在毫米量级，这表明了此时桥墩损伤很小。对于 30 t 和 38 t 车辆而言，采用简化车辆模型时参考点的最大位移要大于采用精细车辆模型计算结果，这与车辆撞击下桥墩的损伤程度直接相关。与精细车辆模型的撞击作用相比，简化车辆模型的撞击作用更加集中，因此两者所对应的桥墩侧向位移存在一定的差别。不过，通过对比各工况的最大位移可以发现，采用简化车辆模型得到的参考点位移基本能够反映桥墩在精细车辆模型撞击下的位移响应。

车辆撞击下桥墩破坏模式以墩底剪切破坏为主，可见墩底截面剪力是评估桥墩剪切破坏的重要指标。图 5-7 为精细车辆模型和简化车辆模型时墩底剪力时程曲线，可以看出，基于简化车辆模型的墩底剪力计算结果与精细车辆模型模拟结果基本一致。由于桥墩损伤更加集中，38 t 车辆简化模型得到的墩底截面剪力小于精细模型计算结果。尽管如此，基于简化车辆模型得到的墩底截面剪力基本能够满足桥梁下部结构抗撞设计的需求。

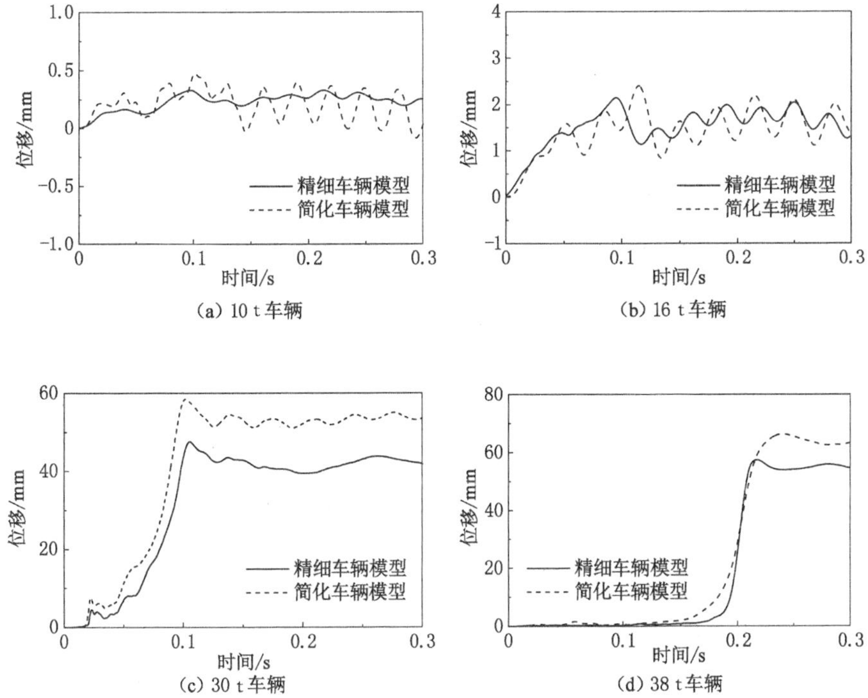

(a) 10 t 车辆　(b) 16 t 车辆　(c) 30 t 车辆　(d) 38 t 车辆

图 5-6　精细车辆模型和简化车辆模型时桥墩参考点侧向位移时程曲线

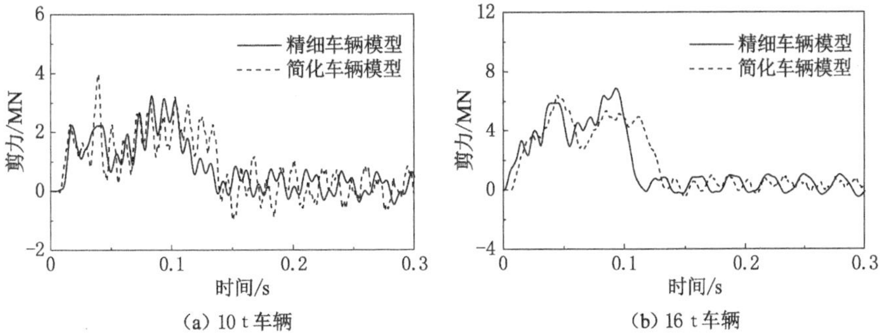

(a) 10 t 车辆　(b) 16 t 车辆

图 5-7　精细车辆模型和简化车辆模型时墩底剪力时程曲线

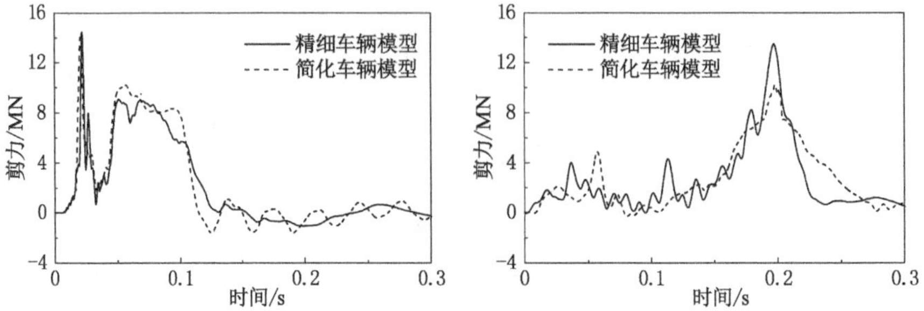

(c) 30 t车辆　　(d) 38 t车辆

图 5-7(续)

5.5　桥墩极限破坏状态及功能函数

采用车辆简化模型对不同设计参数的桥墩进行撞击响应分析。其中,三种截面尺寸桥墩的设计参数如表 5-1 所示,其静态抗剪承载力按照我国混凝土结构设计规范[159]计算得到。分别采用四类车辆简化车辆模型撞击各桥墩,并提取桥墩破坏工况所对应的撞击点下方最大截面剪力和撞击点处最大侧向位移作为考察对象,从而得到衡量桥墩破坏程度的控制指标。

表 5-1　钢筋混凝土桥墩的设计参数信息

直径/m	高度/m	混凝土强度	纵筋		箍筋		轴压比/%	静态抗剪承载力/MN
			屈服强度/MPa	配筋率/%	屈服强度/MPa	配箍率/%		
1.0	6.0	C40	400	1.15	335	0.45	7	1.72
1.2	6.0	C40	400	1.09	335	0.37	7	2.34
1.5	6.0	C40	400	1.09	335	0.29	7	3.46

5.5.1　动态抗剪承载力

图 5-8 给出了简化车辆模型撞击下各桥墩破坏工况所对应的撞击点下方最大截面剪力,并将其作为桥墩构件的动态抗剪承载力。从图 5-8 中可以看出,不同车辆撞击下桥墩下部最大截面剪力存在一定的差异。与其他车辆相比,30 t 车辆撞击下桥墩下部截面剪力最大。这主要与车辆撞击荷载特征有关,该车辆撞击作用在碰撞初期就导致了桥墩在撞击点下方出现较严重的剪切损伤。然而,在初始刚度相对较小的车辆撞击下,桥墩底部的初始弯曲损伤削弱了其抗剪

承载力，因此造成桥墩最大截面剪力偏小。该现象在 38 t 车辆撞击直径为 1.5 m 桥墩的工况中尤为突出。还可以发现，动态抗剪承载力约是按规范计算所得到的静态抗剪承载力的四倍，这与第 3 章中的计算结果一致。因此，采用规范进行桥墩结构设计时往往会过于低估其真实抗撞能力。

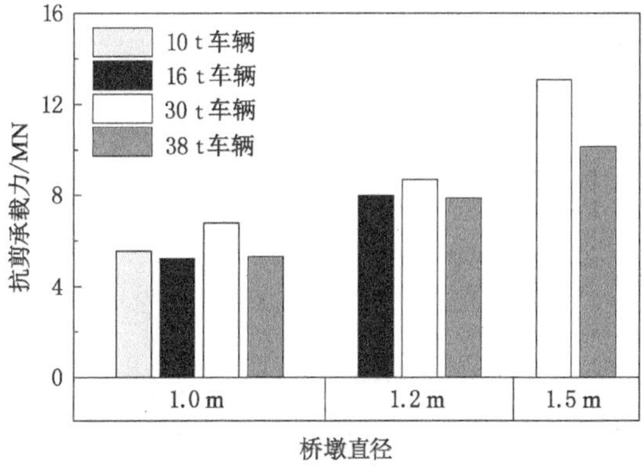

图 5-8　各桥墩破坏工况所对应的撞击点下方最大截面剪力

图 5-9 为各参数对桥墩抗剪承载力的影响。由图 5-9(a)可以看出：桥墩抗剪承载力随混凝土强度的提高而增大，并且两者近似呈线性关系。随着桥墩直径的增加，混凝土强度对桥墩抗剪承载力的影响更加显著。这是因为混凝土部分对抗剪承载力的贡献随桥墩直径增大而增大。由图 5-9(b)可知，与混凝土强度相比，纵筋配筋率对桥墩抗剪承载力的影响很小，进一步表明纵筋销栓作用对抗剪承载力的贡献很小。与纵筋配筋率类似，体积配箍率对抗剪承载力的影响也不太明显，如图 5-9(c)所示。由此可知，当采用现行设计规范计算桥墩抗剪承载力时，计算结果很可能低估混凝土部分的贡献而高估箍筋部分的贡献。

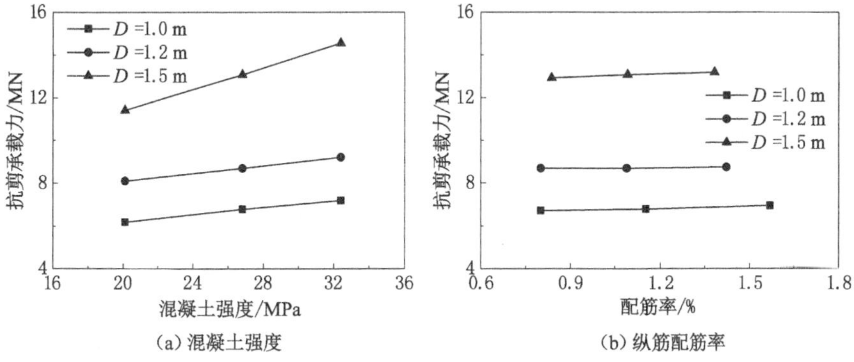

图 5-9　各参数对桥墩抗剪承载力的影响

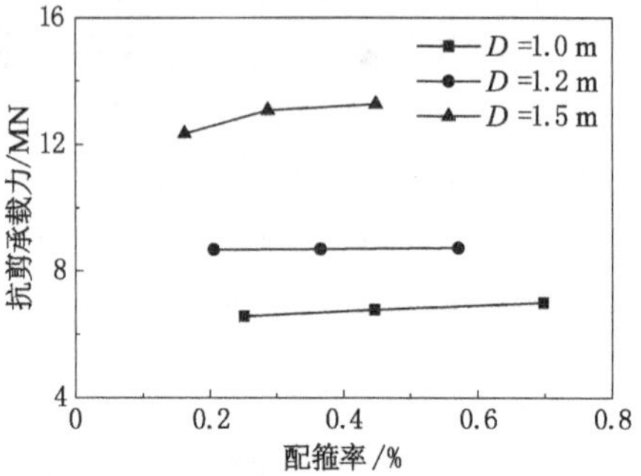

(c) 体积配箍率

图 5-9(续)

车辆撞击位置一般比较靠近桥墩底部,从而使得剪跨比较小的墩底易发生斜压破坏。然而,现行规范往往基于截面分析或修正压应力场理论来计算钢筋混凝土构件的抗剪承载力。Bentz[192]指出,修正压应力场理论将构件截面沿高度分成不同的层,每一层作为一个双轴应力单元进行分析,同时假定各层的纵向应变服从平截面假定。在钢筋混凝土构件 D 区(应变呈不连续分布的区域)的抗剪性能分析中采用修正压应力场理论得到的结果往往偏于保守。对于剪跨比小于 2.5 的钢筋混凝土构件,拉压杆模型的计算结果与试验结果更加吻合。由此可见,宜采用拉压杆理论计算桥墩的抗剪承载力。

车辆碰撞下桥墩底部的抗力模式如图 5-10 所示。由于车辆撞击位置十分靠近桥墩固定端,撞击荷载在碰撞初期主要由混凝土压杆传递到支座。在碰撞过程中,混凝土往往首先压碎膨胀,随后与之相交的箍筋逐渐受拉屈服。这表明,当抗剪承载力达到最大时,箍筋往往不能充分发挥作用。因此,为了简化计算,桥墩的动态抗剪承载力计算仅考虑混凝土压杆的贡献。

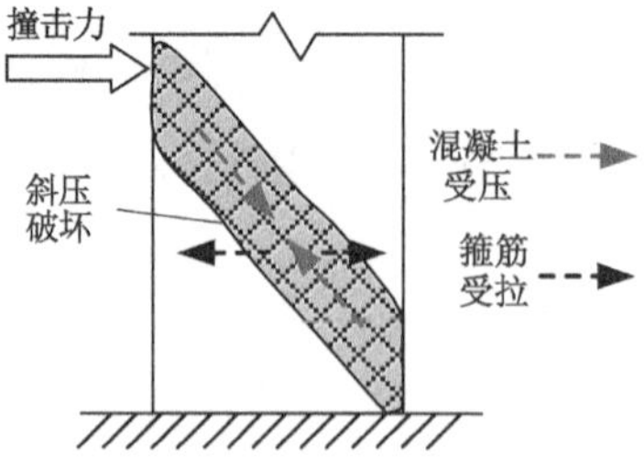

图 5-10　车辆碰撞下桥墩底部的抗力模式

图 5-11 给出了不同影响参数下桥墩抗剪承载力与 f_cD^2 之间的关系，共包括 21 组计算工况。其中，f_c 和 D 分别为混凝土抗压强度和桥墩截面直径。由图 5-11 可以看出，桥墩抗剪承载力与 f_cD^2 近似呈线性关系。值得注意的是，两者的比值(0.22) 略小于我国混凝土结构设计规范[159]对斜压破坏时两者比值的规定限值(0.25)。这主要是由于圆形截面桥墩在撞击作用下截面中部单元往往率先发生压碎破坏，而周边混凝土单元并不能充分发挥作用。另外，混凝土应变率效应和箍筋的约束作用也会提高混凝土抗压强度，进而提高了桥墩的抗剪承载力。应注意到，随着桥墩直径的减小，箍筋部分对抗剪承载力的贡献略有增加。因此，此时计算数据点一般分布在虚线($y=0.22x$)之上。基于此，不考虑箍筋的贡献，车辆撞击下圆形截面桥墩的抗剪承载力可按下式进行计算：

$$V_D = 0.22 f_c D^2 \tag{5-4}$$

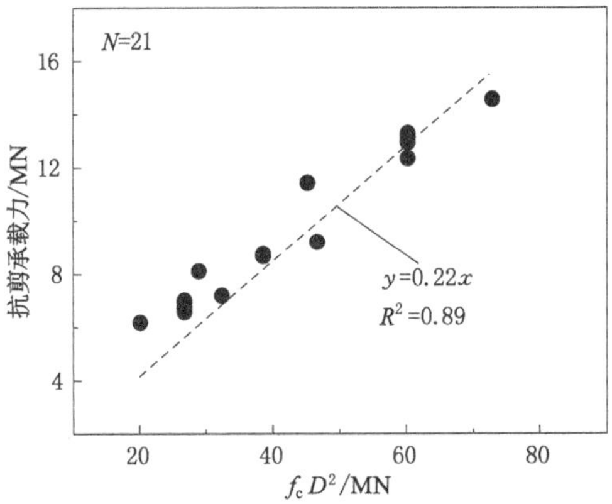

图 5-11　桥墩抗剪承载力与 f_cD^2 的关系

5.5.2　最大墩底转角

对于撞击初期出现较严重弯曲损伤的桥墩，其后期的抗剪承载力很可能达不到按式(5-4)计算得到的抗剪承载力。在这种情况下，仅将抗剪承载力作为桥墩抗撞性能指标是偏于不安全的。因此，借鉴钢筋混凝土结构抗爆设计理论，还采用最大墩底转角来评定桥墩的破坏程度。

图 5-12 给出了各参数下破坏工况所对应的撞击点最大侧向位移。随着桥墩直径的减小，混凝土抗压强度对最大侧向位移的影响增强。尤其是对于直径为 1.2 m 的桥墩，当采用 C30 混凝土时最大侧向位移为 108 mm，而当采用 C50

混凝土时最大侧向位移减小至 64 mm。与混凝土强度相比，纵筋配筋率对撞击点最大侧向位移的影响更为显著。由于碰撞后期，混凝土基本退出工作，桥墩主要依靠纵筋来限制其侧向位移，进而导致最大侧向位移随配筋率增加而线性减小。从图 5-12(c)中可以看出，桥墩侧向位移随配箍率的增加而减小，这表明碰撞后期箍筋能够有效地限制混凝土裂缝的发展。类似地，随着桥墩直径的增加，配箍率对墩底侧向位移的影响减弱。

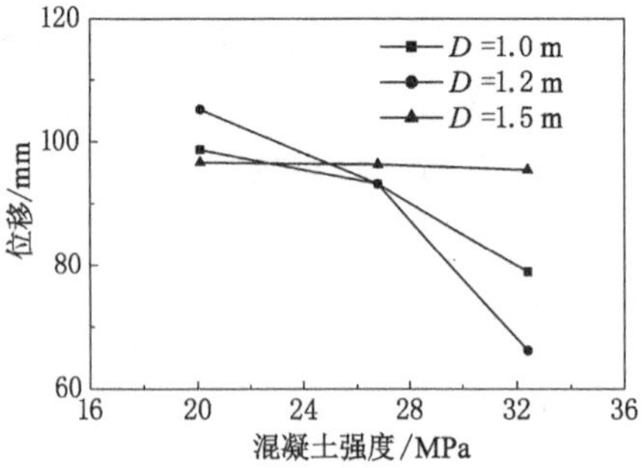

(a) 混凝土强度

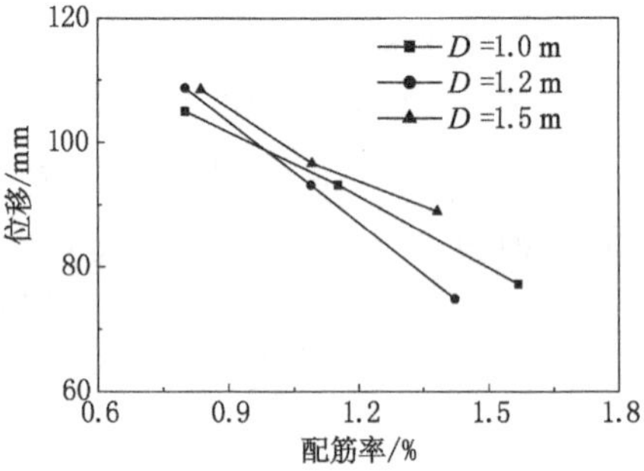

(b) 纵筋配筋率

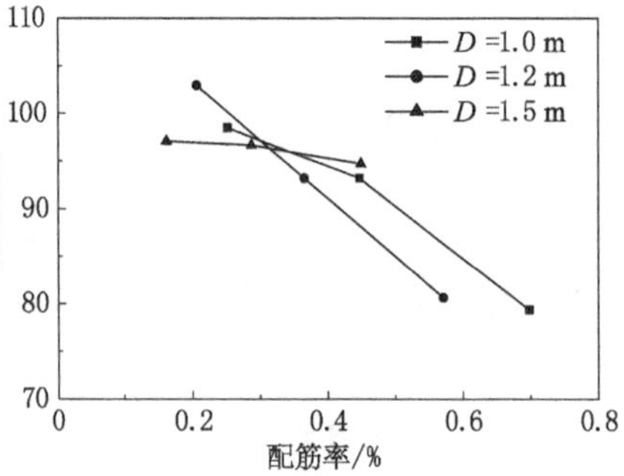

(c) 体积配箍率

图 5-12　各参数对撞击点最大位移的影响

由于上述参数分析中桥墩底部已经发生严重的破坏，撞击点处的最大侧向位移一般远超过桥墩的侧向变形限值。根据桥墩典型的破坏模式：混凝土沿斜向压碎破坏，下部纵向钢筋和箍筋受拉屈服。当混凝土部分失效并退出工作后，桥墩的最大侧向位移主要取决于纵筋，这与上节参数分析结果所得结论一致。Harik 等[5]的研究结果表明：大多数钢筋混凝土桥梁下部结构在车辆撞击下均会出现底部钢筋屈服现象。因此，Abdelkarim 等[134]采用钢筋屈服比例来衡量车辆撞击下桥墩的损伤状态。其中，将桥墩的抗车撞性能分为三个等级：① 性能水准 P1，底部钢筋不发生屈服；② 性能水准 P2，底部钢筋屈服比例小于 20%；③ 性能水准 P3，底部钢筋屈服比例超过 20%。不失一般性地，将桥墩底部转角限值所对应的底部钢筋屈服比例取为 20%，即当底部钢筋屈服比例超过全截面的 20%后，认为墩底转角达到了其临界限值。因此，采用简化车辆模型分别撞击表 5-1 中所列的三种桥墩，并利用试错法确定各工况下底部钢筋屈服比例临界值所对应的车辆撞击速度，进而得到墩底转角的临界值。

图 5-13 给出了各碰撞工况下底部钢筋屈服比例达到临界值时所对应的桥墩最大墩底转角，由图可以看出，最大墩底转角基本分布在 2°～3°之间。参考现行混凝土结构抗爆设计理论成果[193]，将最大墩底转角作为桥墩在车辆撞击下损伤程度的重要评估指标。偏保守地，本书将最大墩底转角限值设定为 2°。

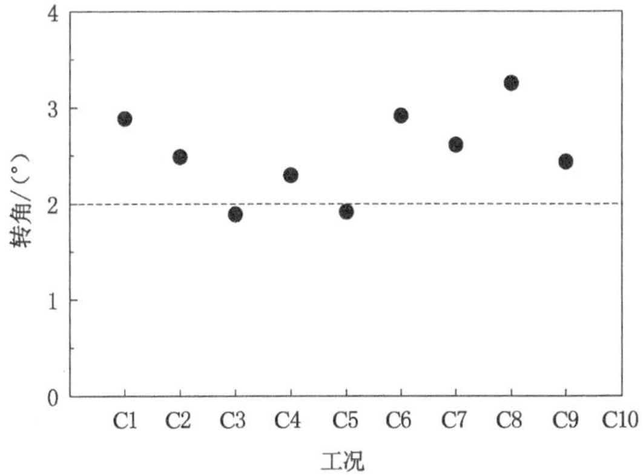

图 5-13　临界工况下桥墩最大墩地转角

5.5.3　功能函数

由于车辆撞击荷载具有持时短和峰值高的特点，桥墩的破坏机理往往比较复杂。桥墩底部既可能发生局部冲剪破坏，也可能在弯剪耦合作用下发生弯剪破坏。为了衡量桥墩的安全性能，建议将撞击点下方最大截面剪力和撞击点处最大侧向位移作为其联合控制指标，并且采用首次穿越破坏机制建立结构极限状态方程。

(1) 剪切响应功能函数

撞击点下方过大的截面剪力将会造成桥墩发生脆性的剪切破坏，应重点防范该破坏模式。基于强度破坏准则，假定当车辆撞击作用所引起的最大截面剪力超过动态抗剪承载力时桥墩发生剪切破坏，则功能函数为：

$$Z_s = V_{p,\lim} - V_{p,\max} \tag{5-5}$$

式中：$V_{p,\lim}$为桥墩抗剪承载力，可按式(5-4)计算；$V_{p,\max}$为撞击点以下位置的最大截面剪力，可通过仿真计算获得。

(2) 位移响应功能函数

当车辆刚度相对较小时，局部冲剪效应一般不太明显，此时桥墩破坏模式以弯剪破坏为主。根据变形破坏准则，假定当撞击位置处的最大侧向位移超过其位移限值时桥墩发生破坏，则功能函数可以表达为：

$$Z_b = \theta_{p,\lim} - \theta_{p,\max} \tag{5-6}$$

式中：$\theta_{p,\lim}$为墩底转角限值，取为 2°；$\theta_{p,\max}$为最大侧向位移对应的墩底转角。

5.6 基于响应面法的可靠性分析

5.6.1 响应面法

响应面法的关键在于响应面函数对取样点的拟合，所选的样本点会直接决定拟合响应面与真实极限状态面之间的一致性。提高响应面法精度的最直接手段是增加取样点的数量，而过多的取样点会显著地影响计算效率。因此取样点不宜过多，同时应能够包含较多的真实功能函数信息。此外，响应面的拟合形式应当简单，并且待定系数应尽量少以减少计算工作量。响应面函数最常用的表达形式为多项式。由于物理概念和计算效率的原因，线性和二次多项式是响应面法最常见的形式，响应面函数如下：

线性形式：

$$\hat{Z} = \hat{g}(X) = a_0 + \sum_{i=1}^{n} b_i x_i \tag{5-7}$$

忽略交叉项的非完全二次多项式：

$$\hat{Z} = \hat{g}(X) = a_0 + \sum_{i=1}^{n} b_i x_i + \sum_{i=1}^{n} c_i x_i^2 \tag{5-8}$$

含交叉项的完全二次多项式：

$$\hat{Z} = \hat{g}(X) = a_0 + \sum_{i=1}^{n} b_i x_i + \sum_{i=1}^{n} \sum_{j=1}^{n} d_{ij} x_i x_j \tag{5-9}$$

式中，a_0、b_i、c_i 和 d_{ij} 均为待定系数。可以看出，三种情况下待定系数的个数分别为 $n+1$、$2n+1$ 和$(n+1)(n+2)/2$，因此抽样点数要求不少于相应的待定系数个数。在响应面函数的拟合过程中，可采用最小二乘法等优化方法使得拟合函数和真实功能函数在抽样点上的数值误差最小。

当抽样点确定后，采用有限元模拟方法计算结构的动力响应，根据抽样点及其对应的结构响应可以得到初始拟合响应面函数。应说明的是，为了使得拟合响应面能够较真实地反映结构实际失效面，抽样点应位于或靠近真实失效面 $g(X)=0$。然而，实际抽样时很难事先确定失效面上的点，此时就需要采用迭代方法来使得抽样点逐渐接近失效面。其中，第 $k+1$ 步的迭代点 X^{k+1} 可以通过线性插值得到：

$$X^{k+1}=\mu_X+(X_D^k-\mu_X)\times\frac{g(\mu_X)}{g(\mu_X)-g(X_D^k)} \tag{5-10}$$

式中，X_D^k 为第 k 迭代步的验算点；μ_X 为随机变量 X 的均值。

采用响应面法计算结构可靠度的基本步骤如下[194]：

(1) 假定初始抽样点(迭代点) $X=(x_1,x_2,\cdots,x_n)$，一般取为随机变量均值 μ_X。

(2) 确定结构性能目标及相应功能函数，选取响应面函数的表达形式。

(3) 根据抽样点和结构响应求解拟合响应面函数中的各项待定系数。

(4) 根据响应面函数，采用一次二阶矩方法或 Monte Carlo 方法计算可靠指标 β^k 以及验算点 X_D^k。

(5) 采用有限元仿真计算验算点 X_D^k 所对应的结构响应 $g(X_D^k)$；通过线性插值得到下一步的迭代点 X^{k+1}，并计算新的可靠指标 β^{k+1} 和验算点 X_D^{k+1}。

(6) 重复步骤(3)～(5)，直至满足收敛条件。

抽样点的选取应遵循以下原则：从最少的抽样点得到较高精度的响应面函数。目前被广泛采用的试验设计方法有中心复合设计(CCD)和 Box-Behnken 设计(BBD)。中心复合设计的取样是由一个中心点、$2n$ 个轴点和 2^n 个角点所构成；Box-Behnken 设计的抽样由一个中心点和 n 维超立方各边线上的中点所构成。与 BBD 法相比，CCD 法得到的响应面函数能够更好地反映真实失效面。因此，本书在响应面法分析中抽样试验设计方法采用 CCD 法。

5.6.2　抽样点的确定

响应面函数的拟合过程需要多次迭代，并且需要多次修改模型参数进行有限元分析，从而造成插值迭代的工作量较大和计算耗时较长。在本书采用的中心复合设计法中，抽样点的选取以 Gauss-Hermite 数值积分和点估计方法为基础，利用 Rosenblatt 变换[195]确定非标准正态分布随机变量的抽样点。从而使得由初始取样点拟合得到的响应面尽量接近真实失效面，并避免迭代带来的大量计算耗时。

对于任意分布随机变量 x 的功能函数 $z=g(x)$，其 m 点估计的均值 μ_z 和第 j 阶中心矩 M_z^j 可以表示为：

$$\mu_z = \sum_{i=1}^{m} P_{x_i} g(x_i) \tag{5-11}$$

$$M_z^j = \sum_{i=1}^{m} P_{x_i} \left[g(x_i) - \mu_z\right]^j \tag{5-12}$$

式中，x_i 为估计点；P_i 为 x_i 的权重系数，应满足下列条件：

$$\sum_{i=1}^{m} P_i x_i = \mu_x \tag{5-13}$$

$$\sum_{i=1}^{m} P_i (x_i - \mu_x)^j = M_x^j \tag{5-14}$$

$$\sum_{i=1}^{m} P_i = 1 \tag{5-15}$$

式中，μ_x 和 M_x^j 分别为随机变量 x 的均值和第 j 阶中心矩。

由上述公式可知，对于 m 个积分点的点估计，求解功能函数 z 的均值和中心矩需要求解随机变量 x 的 $2m-2$ 阶中心矩。然而，求解任意分布形式的随机变量的高阶矩是十分困难的，也难以在工程中应用。即便是已知随机变量的高阶矩，求解方程也较为困难，同时估计点还可能超出随机变量 x 的定义域。为了克服上述缺点，Zhao 等[196]建立了标准正态分布空间的点估计方法，其主要思想是：通过 Rosenblatt 逆变换将任意分布的随机变量转换到标准正态分布空间中；在标准正态空间里得到估计点，并通过 Hermite 积分直接得到估计点的权重系数，从而不需要对式(5-14)中 $2m-1$ 个方程进行求解。由于正态分布空间的定义域为$(-\infty,+\infty)$，估计点超出随机变量定义域的问题也可以得到规避。具体计算过程如下：

将随机变量从原始空间转换到标准正态空间：

$$u = T(x) \tag{5-16}$$

对式(5-11)和式(5-12)进行 Rosenblatt 逆变换可得：

$$\mu_z = \int g\left[T^{-1}(u)\right]\varphi(u)\mathrm{d}u \tag{5-17}$$

$$M_z^j = \int \{g\left[T^{-1}(u)\right] - \mu_z\}^k \varphi(u)\mathrm{d}u \tag{5-18}$$

式中，$\varphi(u)$为标准正态分布随机变量的概率密度函数。

一旦求解得到标准正态空间的估计点 u_j 和其对应的权重系数 P_j 后，函数 $y=y(x)$的第 j 阶中心矩可采用下式计算：

$$\mu_y = \sum_{i=1}^{m} P_i y[T^{-1}(u_i)] \tag{5-19}$$

$$M_y^j = \sum_{i=1}^{m} P_i \{y[T^{-1}(u_i)] - \mu_y\}^j \tag{5-20}$$

根据正态分布随机变量的性质，式(5-14)可以改写为：

$$\int u^j \exp\left(-\frac{1}{2}u^2\right)\mathrm{d}u = \sqrt{2\pi}\sum_{i=1}^{m} P_i u_i^j \tag{5-21}$$

式(5-21)左侧为权函数 $\exp(-u^2/2)$ 的 Hermite 积分。因此，标准分布空间的估计点 u_k 及其权重系数 P_k 计算如下：

$$u_k = \sqrt{2}x_k \tag{5-22}$$

$$P_k = w_k/\sqrt{\pi} \tag{5-23}$$

式中，x_k 和 w_k 分别为具有权函数 $\exp(-x^2)$ 的 Hermite 积分的横坐标和权重。根据所采用的中心复合设计方法，Gauss-Hermite 积分点数目取为 5。

5.6.3　可靠性分析流程

首先根据道路交通环境和桥梁设计信息，确定车辆质量、撞击速度、桥墩截面尺寸、材料参数和配筋信息等基本变量，以及相应的统计特征。根据 Gauss-Hermite 积分点位置对随机变量进行抽样，并采用中心复合设计方法和车桥碰撞简化分析模型计算各工况下桥墩的撞击响应，从而拟合得到响应面函数。结合结构响应的功能函数，最终确定桥墩在各类车辆撞击下的可靠性。

可靠性分析过程涉及内容较多，涵盖了随机变量生成、结构响应分析和性能分析以及结果的整理和归纳等方面，且需要调用多个计算程序(LS-DYNA、LS-PrePost 和 MATLAB)联合完成。因此，基于 MATLAB 程序编制了可靠性分析中各计算程序之间的接口。基于 LS-PrePost 程序建立车桥碰撞分析的 Benchmark 模型，并采用 MATLAB 程序根据基本变量的统计特征进行抽样。然后，采用 MATLAB 程序修改仿真计算的关键字文件，并提交给 LS-DYNA 程序仿真计算各工况下桥墩的动力响应。最后，采用 MATLAB 程序调用 LS-PrePost 程序提取计算结果并进行结构响应面分析，并根据功能函数计算桥墩的失效概率。图 5-14 给出了车辆撞击下桥墩可靠性分析流程图。

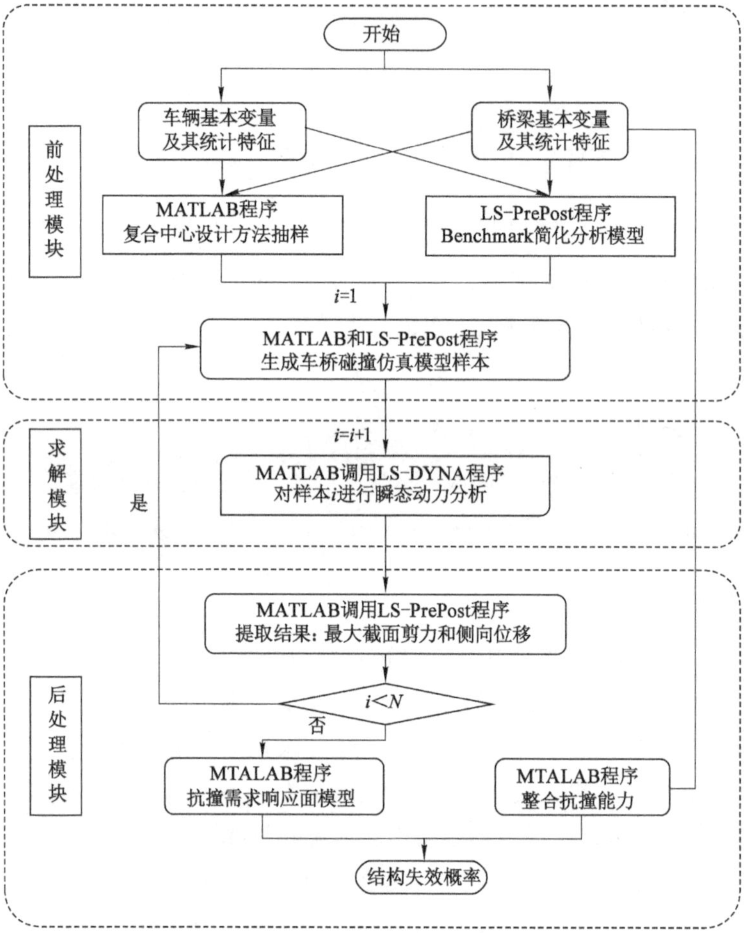

图 5-14　车辆撞击下桥墩可靠性分析流程图

5.7　桥墩安全性能评估方法

当车辆偏离道路后可能会撞击临近桥梁，如图 5-15 所示。欧洲规范[19]将考察时间内车辆撞击桥梁事件视为泊松分布，并采用下式计算桥梁结构的失效概率：

$$P\{F_{\mathrm{v}} > R\} = P_{\mathrm{f}}(T) = N_{\mathrm{V}}\int[P(F > R)]\frac{b}{\sin\theta}f(\theta)\mathrm{d}\theta \tag{5-24}$$

式中：N_{V} 为考察时间内车辆偏离道路的总数，可由式(5-1)计算；θ 为车辆撞击偏离角度；$f(\theta)$为偏离角度的概率密度函数；F_v 为撞击力，计算方法可参考欧洲规范 part 1-7 附录 C[19]；R 为桥墩抗撞能力；b 为桥墩宽度。需要说明的是，欧洲规范在计算撞击力时将车辆简化为质量和刚度均匀分布的杆件，并将其作为等效静力进行结构抗撞设计。

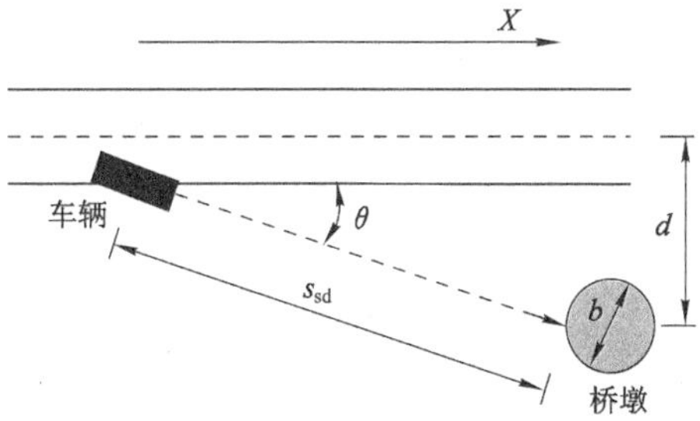

图 5-15　车辆撞击桥梁示意图

基于条件概率思想，AASHTO 规范[20]将船舶撞击风险和被撞桥梁发生失效的概率分离开，船撞下桥梁年失效概率为：

$$AF = AC \cdot PC \tag{5-25}$$

式中，AC 为船桥年碰撞概率，可按式(5-2)计算；PC 为船舶撞击下桥梁发生倒塌的概率，可根据船舶的撞击力和桥梁抗撞能力的比值确定。为便于工程设计，AASHTO 规范提供了结构倒塌概率的累计概率分布函数。

车辆类型对桥梁结构动力响应的影响十分显著，因此在桥梁倒塌概率分析中应对其加以考虑。不失一般性地，本书认为第 2 章所建立的四类典型车辆模型基本可以涵盖大部分重型车辆。由于变形刚度和能量较小，小型汽车一般不会造成桥墩的严重损伤，因此不再对其撞击下的桥墩进行可靠性分析。

基于此，在桥梁下部结构安全性研究中，首先，根据图 5-14 提供的设计流程分别计算四类典型车辆撞击下桥墩的失效概率；然后，基于交通统计信息得到各类运行车辆所占比例，并假定各类车辆与桥墩发生碰撞的概率相同；最后，结合各类车辆碰撞概率及其撞击作用下桥墩的可靠性，对桥墩在正常使用阶段的安全性进行评估。单一桥梁结构在考察时间内的失效概率 $P_{\mathrm{VBC,f}}$为：

$$P_{\mathrm{VBC,f}} = N_{\mathrm{VBC}} \sum_{i=1}^{n} P_{\mathrm{vn},i} P_{\mathrm{bf},i} \tag{5-26}$$

式中：N_{VBC}为考察时间内车辆可能撞击桥梁的总次数，可按式(5-3)计算；$P_{\mathrm{vn},i}$为该区域道路交通中各类典型车辆所占比例，由实地统计数据获得；$P_{\mathrm{bf},i}$为各类典型车辆撞击下桥梁失效概率，可根据响应面函数和功能函数获得。

为了对桥梁结构在车辆撞击下的安全性进行评估，风险接受准则的确定至关重要。风险接受准则表示结构在规定时间内可接受的风险水平，主要与社会、公众或个人等主体对风险的接受程度有关[197]。它可为风险等级评价和风险决策分析提供参考依据。根据社会经济和民众的风险接受程度，目前各国规范对工程结构的风险接受准则给出了相应的参考数值。美国 AASHTO 船撞设计指南[20]建议将桥梁结构分为重要桥梁和一般桥梁，并且采用目标倒塌概率来定义桥梁船撞风险接受准则：重要桥梁结构的年倒塌概率为 0.0001，一般桥梁结构的年倒塌概率取为 0.001。欧洲规范将结构破坏程度分为很低、低、中等、高和严重五个等级，并采用目标可靠度来定义结构风险接受准则。五个破坏等级所对应的年失效概率分别为 0.01、0.001、0.000 1、0.000 01 和 0.000 01。我国相关桥梁设计规范仅将车船碰撞视为偶然作用，并未对车船撞击桥梁概率及其风险接受准则给出相应规定。为了弥补我国规范的不足，耿波[197]借鉴 ALAPR 风险评估准则和我国现有工程结构可靠度设计依据，建立了船舶撞击下桥梁结构失效风险等级评定标准，并提供了相应的处理决策，如表 5-2 所示。然而，随着社会经济发展和民众心理变化，工程结构的风险接受水准也会发生变化。此外，目前我国工程结构风险接受准则方面的研究还比较匮乏，相关统计分析资料也有待于进一步完善补充。因此，在桥梁车撞安全性评估中，本书采用耿波建议的桥梁失效风险等级评定标准。

表 5-2　桥梁倒塌风险等级评价标准和处理决策[198]

年失效概率	风险等级	说明及建议
$P_f > 10^{-3}$	高风险	不可接受；建议更改设计方案或采取防撞措施
$5\times10^{-5} < P_f < 10^{-3}$	中等风险	不可接受；建议改进措施或采取降低风险措施
$5\times10^{-7} < P_f < 5\times10^{-5}$	低风险	可以接受；注意风险管理和监控
$P_f < 5\times10^{-7}$	可忽视风险	可以接受；不必进行风险管理和监控

5.8　算例分析

本节以前述圆形截面桥墩为例，采用提出的桥梁结构车撞安全性评估框架对该桥墩在正常使用期间的安全性进行评估。桥墩设计参数如下：桥墩直径为 1.2 m；墩高为 6.0 m；混凝土保护层厚度为 50 mm；纵筋配筋率为 1.09%；体积配箍率为 0.37%。由于缺乏相关统计资料，桥梁附近交通信息参考相关文献[15]假定如下：车辆每日偏离道路的概率为 10^{-8}；车辆偏离道路后撞击桥墩的概率

为 10^{-2}；每日车流量为 5 000 辆；道路中四类典型重型车辆在总运行车辆中所占比例分别为 0.10、0.05、0.01 和 0.01。

数值仿真结果表明，桥墩破坏程度的主要控制参数为车辆质量、撞击速度、混凝土抗压强度、钢筋配筋率、抗拉强度、截面尺寸等。一般而言，钢筋强度的变异性对受弯钢筋混凝土构件可靠性的影响最为显著，混凝土强度次之，几何尺寸变异性的影响可以忽略；混凝土强度的变异性受剪构件可靠性的影响最明显，受其他因素变异性的影响相对较弱。基于此，选取对桥墩动力响应影响较大的车辆质量、撞击速度、混凝土抗压强度、纵筋和箍筋抗拉强度作为随机变量，其他因素作为确定性参数考虑。根据我国《道路交通安全法实施条例》相关规定，高速公路车辆最高速度不得超过 120 km/h，最低速度不得低于 60 km/h；中/重型机动车速度不得超过 100 km/h。此外，近年来高速公路发生的交通事故统计数据表明，大中型客货车超速行驶或不按规定限速行驶是造成事故多发、易发的主要原因之一。因此，各地政府制定了相应的规程来限制大中型客货车速度。以天津市为例，高速公路大中型客货车限速 80 km/h。基于此，车辆正常运行速度取为 75 km/h。车辆质量根据车辆类型进行确定。根据已有统计数据结果[19,181]，基本随机变量及其统计特征列于表 5-3 中。

表 5-3　基本变量及其统计特征

基本变量	符号	单位	均值	变异系数	概率分布
混凝土强度	f_c	MPa	35	0.11	正态
纵筋强度	f_y	MPa	400	0.08	对数正态
箍筋强度	f_{yv}	MPa	335	0.08	对数正态
运行速度	V_0	km/h	75	0.10	对数正态
车辆质量	M_v	ton	—	0.15	正态
撞击减速距离	s_{sd}	m	20	—	确定
车辆加速度	a_v	m/s^{-2}	−5	—	确定

考虑到车辆偏离道路后，驾驶人员会有一定的反应时间，因此车辆最终撞击速度可由下式计算[19]：

$$V_r = \sqrt{V_0^2 + 2a_v s_{sd}} \tag{5-27}$$

根据随机变量的统计特征和 Gauss-Hermitc 积分点，通过 Rosenblatt 逆变换，从而得到各随机变量的抽样点取值，如表 5-4 所列。由于车辆类型对桥墩响应的影响十分显著，逐一采用各类典型车辆进行撞击响应分析。为避免响应面优化过程中的反复迭代所带来的巨大计算量，采用增加初始抽样组合的方法使得首轮计算得到比较理想的响应面函数。因此，基于 MATLAB 程序采用五水平的中心复合设计方法对随机变量抽样点进行组合，从而得到每类车辆所对应的 62 个撞击工况。由于将多个工况逐个提交到 LS-DYNA 程序较为烦琐，采用 MATLAB 语言自定义类来控制 LS-DYNA 程序进行多任务并行计算。随后，利用 MATLAB 程序控制 LS-PrePost 程序提取桥墩撞击点下方的截面剪力时程和撞击点处侧向位移时程。最后，将计算结果返回到 MATLAB 程序中，经过数据处理得到最大截面剪力和最大墩底转角。

表 5-4　随机变量的抽样点

变量		符号	单位	抽样取值
混凝土强度		f_c	MPa	24.00;29.78;35.00;40.22;46.00
纵筋强度		f_y	MPa	317.37;357.82;398.73;444.31;500.93
箍筋强度		f_{yv}	MPa	277.70;313.09;348.89;388.77;438.31
撞击速度		V_r	km/h	41.21;47.87;54.80;62.73;72.87
质量	10 t 车型	M_v	t	5.71;7.97;10.00;12.03;14.29
	16 t 车型			9.14;12.75;16.00;19.25;22.86
	30 t 车型			17.14;23.90;30.00;36.10;42.86
	38 t 车型			21.70;30.29;38.00;45.71;54.30

根据随机变量的取值和桥墩的撞击响应，采用完全二次多项式形式对计算结果进行非线性拟合，从而得到各类典型车辆撞击下桥墩最大截面剪力和墩底转角的响应面模型。表 5-5 给出了四类典型车辆下拟合响应面模型的各个系数。其中，θ_{10t}、θ_{16t}、θ_{30t}和 θ_{38t}分别为 10 t、16 t、30 t 和 38 t 车辆撞击下最大墩底转角；V_{10t}、V_{16t}、V_{30t}和 V_{38t}分别为 10 t、16 t、30 t 和 38 t 车辆撞击下桥墩底部最大截面剪力。由表 5-5 可以看出，各个决定系数 R^2 均超过 0.87，基本满足要求。

表 5-5　拟合响应面模型的各个系数

系数	θ_{10t}/(°)	V_{10t}/MN	θ_{16t}/(°)	V_{16t}/MN	θ_{30t}/(°)	V_{30t}/MN	θ_{38t}/(°)	V_{38t}/MN
a_0	2.61×10^{-4}	41.3	3.13	17.0	−47.8	−3.47	51.0	−7.14
a_1	-6.63×10^{-2}	−1.44	-2.74×10^{-1}	1.01×10^{-1}	−1.27	3.59×10^{-2}	−1.55	-2.07×10^{-1}
a_2	-1.80×10^{-2}	-6.24×10^{-1}	-1.45×10^{-1}	8.34×10^{-2}	−1.44	2.79×10^{-1}	−2.59	4.53×10^{-1}
a_3	1.43×10^{-2}	-1.94×10^{-1}	1.06×10^{-1}	-3.34×10^{-1}	1.66	5.85×10^{-2}	7.24×10^{-1}	-1.46×10^{-1}
a_4	4.45×10^{-4}	-3.45×10^{-2}	1.81×10^{-3}	-3.44×10^{-2}	1.83×10^{-1}	4.27×10^{-4}	1.29×10^{-1}	-4.52×10^{-3}

表 5-5(续)

系数	θ_{10t}/(°)	V_{10t}/MN	θ_{16t}/(°)	V_{16t}/MN	θ_{30t}/(°)	V_{30t}/MN	θ_{38t}/(°)	V_{38t}/MN
a_5	5.65×10^{-4}	-3.97×10^{-2}	1.47×10^{-4}	-4.02×10^{-2}	1.73×10^{-1}	2.62×10^{-4}	1.63×10^{-3}	-8.51×10^{-4}
a_6	1.63×10^{-3}	2.10×10^{-2}	7.26×10^{-3}	8.65×10^{-4}	3.43×10^{-2}	-1.94×10^{-3}	3.17×10^{-2}	2.83×10^{-3}
a_7	-1.12×10^{-3}	3.24×10^{-3}	-3.17×10^{-3}	2.48×10^{-3}	-1.33×10^{-2}	1.25×10^{-3}	-7.22×10^{-3}	2.37×10^{-3}
a_8	8.13×10^{-6}	8.10×10^{-5}	-9.68×10^{-5}	-4.30×10^{-5}	-8.15×10^{-4}	5.57×10^{-6}	-1.32×10^{-3}	9.22×10^{-6}
a_9	5.49×10^{-6}	1.10×10^{-4}	-4.50×10^{-5}	-2.14×10^{-5}	-5.22×10^{-4}	1.44×10^{-5}	1.02×10^{-3}	-6.19×10^{-5}
a_{10}	-2.95×10^{-4}	7.48×10^{-4}	-2.44×10^{-3}	2.20×10^{-3}	-1.34×10^{-2}	1.36×10^{-3}	-7.64×10^{-3}	2.61×10^{-3}
a_{11}	2.45×10^{-6}	2.44×10^{-5}	-6.04×10^{-5}	-6.13×10^{-7}	-7.76×10^{-4}	-1.28×10^{-5}	-1.42×10^{-3}	2.48×10^{-5}
a_{12}	1.79×10^{-6}	3.25×10^{-5}	-3.40×10^{-5}	1.22×10^{-5}	-4.40×10^{-4}	1.12×10^{-6}	1.06×10^{-3}	-4.87×10^{-5}
a_{13}	-1.82×10^{-6}	6.92×10^{-6}	-6.40×10^{-5}	-5.08×10^{-7}	-5.36×10^{-4}	-1.69×10^{-5}	1.23×10^{-3}	-3.46×10^{-5}
a_{14}	-5.97×10^{-7}	1.17×10^{-6}	-1.24×10^{-4}	-2.21×10^{-5}	-1.09×10^{-3}	-3.75×10^{-5}	-2.54×10^{-3}	7.33×10^{-5}
a_{15}	-7.29×10^{-6}	1.85×10^{-5}	-4.09×10^{-5}	3.16×10^{-5}	-2.04×10^{-4}	-2.75×10^{-5}	-1.86×10^{-4}	6.39×10^{-5}
a_{16}	1.20×10^{-3}	1.31×10^{-2}	2.51×10^{-3}	-4.46×10^{-3}	1.28×10^{-2}	8.04×10^{-4}	6.49×10^{-3}	7.68×10^{-4}
a_{17}	1.36×10^{-4}	3.82×10^{-3}	1.52×10^{-3}	-4.13×10^{-4}	1.59×10^{-2}	-1.76×10^{-3}	1.88×10^{-2}	-3.85×10^{-3}
a_{18}	1.61×10^{-4}	1.77×10^{-3}	2.02×10^{-3}	2.66×10^{-3}	-1.64×10^{-3}	-1.47×10^{-3}	4.52×10^{-3}	-1.13×10^{-3}
a_{19}	2.44×10^{-6}	3.12×10^{-5}	2.39×10^{-5}	2.95×10^{-5}	-3.88×10^{-5}	1.32×10^{-5}	1.59×10^{-5}	-2.25×10^{-5}
a_{20}	3.16×10^{-6}	4.09×10^{-5}	3.23×10^{-5}	3.91×10^{-5}	-2.33×10^{-5}	1.69×10^{-5}	9.96×10^{-5}	-3.18×10^{-5}
R^2	0.89	0.88	0.87	0.96	0.95	0.96	0.94	0.93

为了验证所建立的响应面模型的可靠性,选取 16 组车辆撞击桥墩工况作为补充算例,如表 5-6 所示。补充工况中仅考虑车辆质量、撞击速度和混凝土强度三个参数对桥墩撞击响应的影响。数值模拟得到的最大墩底转角和截面剪力也列于表 5-6 中。图 5-16 对比了响应面模型预测结果和数值仿真结果,由图可以看出,响应面模型能够较好地预测各类车辆撞击下桥墩的动力响应。

表 5-6　响应面模型的补充验证工况

工况编号	车型	车辆质量/t	撞击速度/(km/h)	混凝土强度/MPa	墩底转角/(°)	截面剪力/MN
1	10 t	9	50	38	0.03	2.25
2		11	50	32	0.04	2.23
3		9	60	32	0.05	2.39
4		11	60	38	0.05	2.48

表 5-6(续)

工况编号	车型	车辆质量 /t	撞击速度 /(km/h)	混凝土强度 /MPa	墩底转角 /(°)	截面剪力 /MN
5	16 t	14	50	38	0.10	3.66
6		18	50	32	0.15	4.22
7		14	60	32	0.21	5.44
8		18	60	38	0.20	5.62
9	30 t	27	50	38	0.22	8.12
10		33	50	32	0.66	9.09
11		27	60	32	2.95	9.01
12		33	60	38	4.56	9.11
13	38 t	34	50	38	0.07	3.43
14		42	50	32	0.13	3.51
15		34	60	32	0.24	6.15
16		42	60	38	0.48	8.87

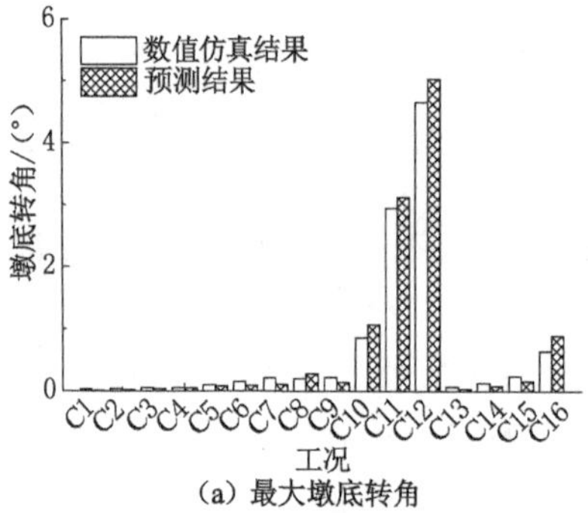

(a) 最大墩底转角

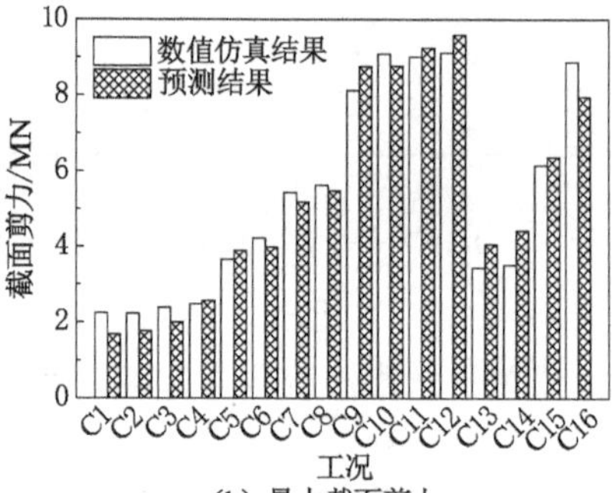

(b) 最大截面剪力

图 5-16　响应面模型预测结果与数值仿真结果对比

由于桥墩动力响应和抗撞能力均有显式表达式，根据响应面模型和极限状态方程，采用 Monte Carlo 模拟方法计算桥墩在四类车辆撞击下的失效概率。假定功能函数近似服从正态分布，那么可靠指标 β 可按下式计算：

$$\beta = \Phi^{-1}(1 - P_f) \tag{5-28}$$

式中：P_f 为失效概率；Φ^{-1} 为标准正态分布的累积概率函数的反函数。表 5-7 列出了桥墩在各类车辆撞击下的失效概率及其可靠指标。

表 5-7　车辆撞击下桥墩的失效概率

车型	10 t	16 t	30 t	38 t
失效概率	0.000 0	0.004 8	0.588 8	0.253 0
可靠指标	—	2.587 5	−0.224 5	0.665 2

结合桥梁附近的道路交通环境，由式(5-3)和式(5-26)可得桥墩年失效概率 P_f：

$$P_f = 365 \times 5\ 000 \times 10^{-8} \times 10^{-2} \times (0.10 \times 0 + 0.05 \times 0.004\ 8 + 0.01 \times 0.588\ 8 + 0.01 \times 0.253\ 0) = 1.580\ 1 \times 10^{-6}$$

该桥墩结构的年失效概率为 $1.580\ 1\times10^{-6}$，根据表 5-2 给出的风险接受准则可知其处于低风险水平，基本处于安全状态，但宜采取一定的管控措施。

5.9　本章小结

(1) 参考基于性能的结构抗震设计理念和现行规范中桥梁船撞分析方法，提出了车辆撞击下桥梁结构安全性评估框架。引入风险分析概念，建立了桥墩结构的车辆撞击概率计算方法。

(2) 基于车桥碰撞简化分析模型，对钢筋混凝土桥墩撞击响应进行了系统的参数分析。将撞击点下方最大截面剪力和最大墩底转角作为其性能控制指标，并建立了桥墩抗撞能力的计算方法，进而得到桥墩可靠性分析的功能函数。

(3) 采用响应面方法和中心复合设计方法，编制了 MATLAB、LS-PrePost、LS-DYNA 联合仿真计算的桥梁车撞可靠性分析程序，从而为桥梁结构安全性评估提供了技术支持。基于风险分析和条件概率概念，建立了考察时间内桥墩结构在既定道路交通环境下的失效概率计算方法，并借以对桥墩进行风险分析。通过对某钢筋混凝土桥墩进行风险评估，论证了提出的安全性能评估框架的实用性。

第6章 结　　论

在已有研究成果的基础上，基于数值仿真和理论分析手段，本书深入研究了重型车辆撞击荷载特征、钢筋混凝土桥墩撞击响应和破坏机理、钢筋混凝土构件抗撞性能，并提出了车辆撞击下钢筋混凝土桥墩的安全评估方法。主要结论如下：

（1）重型车辆对桥墩的撞击荷载特征

基于实际事故统计资料，建立了四类具有代表性的重型车辆精细有限元模型，并对车辆与桥墩碰撞过程进行了数值仿真。结果表明：拖挂式卡车与桥墩的撞击力主要取决于发动机和车厢货物的撞击作用；货物质量和刚度对二次撞击作用的影响十分显著，牵引车与货物刚度之比控制着车辆撞击力的变化规律。

车辆对桥墩的撞击荷载主要取决于其车身构造、撞击速度、各部件刚度和质量分布。车辆的结构形式和各部件刚度会显著地影响其变形特征，撞击力峰值则主要由撞击速度和车身质量所控制。基于数值仿真结果和非线性回归分析方法，给出了各阶段撞击力峰值和等效静力的经验计算公式，可作为衡量车辆撞击作用的参考指标。根据碰撞过程中各类典型车辆的刚度变化特征，提出了一种基于分段线性荷载-变形曲线的车辆撞击力简化动力分析模型。

（2）重型车辆撞击下桥墩动力响应和破坏机理分析

重型车辆撞击下桥墩破坏模式以剪切破坏为主；随着撞击速度的增大，局部冲剪效应增强，剪切破坏面从桥墩底部转移到撞击位置附近。截面尺寸对桥墩抗撞能力的影响最为显著，而增加配箍率对抗撞能力的贡献比较有限；当上部结构提供的侧向约束较小时，桥墩的破坏模式以弯剪破坏为主，甚至发生弯曲破坏。20 ms 平均处理法得到的撞击力峰值与桥墩动态剪切需求比较一致，因此可将其作为车辆撞击力等效静力。截面最大动态抗剪承载力约是其静态设计值的 4 倍，这表明了现行规范可能会过度低估桥墩的抗撞能力。

由于内部构造和质量分布的不同，四类典型车辆的撞击荷载在时间、空间和数值上均存在较大的差异，从而造成桥墩动力响应和破坏模式的不同。尽管各类车辆撞击下桥墩的破坏模式均以剪切或弯剪破坏为主，但破坏机理不尽相同。对于脉冲效应较强的撞击作用，桥墩在峰值阶段易出现严重的剪切损伤，并随撞击作用的持续和弯曲损伤的加重而最终失效。然而,对于变化相对平缓的撞击作用,桥墩首先以弯曲响应为主,随抗剪承载力的下降而最终发生剪切或弯剪破坏。

(3) 钢筋混凝土构件抗撞机理研究

基于截面损伤因子的损伤评估方法能够比较直观地描述撞击荷载下钢筋混凝土构件沿长度的损伤演化规律;钢筋混凝土梁的最大损伤基本在局部响应阶段形成,且主要集中于撞击位置附近,并逐渐向两侧发展。端部固支约束由于“膜力效应”强化了梁的抗撞承载潜力;撞击位置会显著影响梁体的裂缝分布和破坏模式;碰撞接触面积和冲头形状对梁的损伤分布具有一定的影响。

惯性力和支座负反力均会显著地影响钢筋混凝土梁在局部响应阶段的内力响应特征,主要表现为降低了弯曲需求,但并未改变其剪切需求,导致梁更易发生剪切破坏;支座负反力近似与梁跨高比和撞击力峰值呈线性关系。根据跨高比可将钢筋混凝土梁的抗力机制分为拉压杆模型和拉压杆-拱模型。撞击荷载下钢筋混凝土梁的脆性剪切破坏模式主要分为撞击位置处的冲剪破坏和靠近支座处的剪切破坏。扣除惯性力后的撞击荷载才能反映梁体的真实撞击需求;采用冲击谱和动力平衡原理能够较好地预测最大支座反力。

足尺钢筋混凝土墩柱在脉冲阶段的撞击力峰值及其对应时刻与无限长构件的计算结果十分接近,而几乎与端部约束能力无关;脉冲阶段的撞击荷载基本均等地由撞击点向两侧传递,而端部约束边界仅会影响该侧柱体的惯性力分布。墩柱惯性力分布范围由应力波传播距离所决定,同时应力波传播范围端部会存在一定的反向惯性力。撞击荷载下钢筋混凝土墩柱往往会发生局部冲剪破坏,由于显著的惯性效应,直接将撞击力峰值作为撞击需求会高估实际冲剪作用。

(4) 车辆撞击下桥梁结构安全性能评估

参考基于性能的结构抗震设计理念和桥梁船撞分析方法,提出了车辆撞击下桥梁结构安全性评估基本框架。引入风险分析概念,建立了桥梁结构车撞概率计算方法。根据桥墩的破坏模式,将撞击点下方最大截面剪力和最大墩底转角作为其性能控制指标。结合大量仿真结果,建立了桥墩抗撞能力的计算方法,从而得到桥梁车撞可靠性分析的功能函数。

结合 MATLAB、LS-PrePost 和 LS-DYNA 程序各自的特点,采用响应面方法和中心复合设计方法,编制了 MATLAB、LS-PrePost、LS-DYNA 联合仿真计算的桥梁结构车撞可靠性分析程序。基于风险分析和条件概率概念,建立了考察时间内桥墩结构在既定道路交通环境下的失效概率计算方法,并借以对桥墩进行风险分析。通过对某钢筋混凝土桥墩进行风险评估,论证了本书提出的桥梁结构车撞安全性能分析框架的实用性。

参考文献

[1] 交通运输部综合规划司. 2017 年交通运输行业发展统计公报[R/OL]. (2018-03-12)[2019-07-10]. http://www.gov.cn/xinwen/2018-03/30/content_5278569.htm.

[2] 吉伯海,傅中秋. 近年国内桥梁倒塌事故原因分析[J]. 土木工程学报,2010,43(增刊 1):495-498.

[3] 易仁彦,周瑞峰,黄茜. 近 15 年国内桥梁坍塌事故的原因和风险分析[J]. 交通科技,2015(5):61-64.

[4] 刘美铭. 桥梁事故分析[D]. 成都:西南交通大学,2013.

[5] HARIK I E,SHAABAN A M,GESUND H,et al. United states bridge failures,1951-1988[J]. Journal of performance of constructed facilities,1990,4(4):272-277.

[6] WARDHANA K,HADIPRIONO F C. Analysis of recent bridge failures in the United States[J]. Journal of performance of constructed facilities,2003,17(3):144-150.

[7] COOK W,BARR P J,HALLING M W. Bridge failure rate[J]. Journal of performance of constructed facilities,2015,29(3):04014080.

[8] 刘家昌. 超高大货车深夜撞塌天桥国道瘫痪 10 多个小时[N/OL]. 春城晚报,(2006-05-20) [2008-02-21]. http://news.163.com/06/0519/23/2HH9790M0001124J.html.

[9] 邓姣. 煤车撞垮天桥渝黔高速封 7 小时[N/OL]. 春城晚报,(2006-07-12)[2009-05-11]. http://news.sina.com.cn/o/2006-07-12/05439434127s.shtml.

[10] 李学琴. 北京大货撞断西五环天桥桥墩[N/OL]. 人民网,(2007-07-18)[2009-12-29]. http://news.sohu.com/20070718/n251115238.shtml.

[11] 汪再兴. 渝黔高速连环撞卡车撞垮人行天桥[N/OL]. 重庆时报,(2009-03-23)[2011-04-14]. http://auto.sina.com.cn/news/2009-03-23/0743473887.shtml

[12] 欧阳浩亚,刘双双. 京珠高速一立交桥桥墩被撞断[N/OL]. 中国新闻网,(2009-04-17) [2011-04-14]. https://news.163.com/09/0417/17/5749R6

LU000120GU. html.

[13] 李娅. 贵阳西二环阳关村草黄坝行发生交通事故-大罐车撞垮人行天桥[N/OL]. 贵州都市报,(2013-05-26)[2014-07-16]. http://news. gzdsw. com/gz/2013/0524/25302. html.

[14] 李维和,杨子健,谢珂. 杭州一人行天桥被超高货车撞塌[N/OL]. 人民交通网,(2019-05-19)[2021-08-06].http://zjjt.rmjtxw.com/2019/zhejb_0520/11141. html.

[15] BUTH C E,WILLIAMS W,BRACKIN M S,et al. Analysis of large truck collisions with bridge piers: phase 1. report of guidelines for designing bridge piers and abutments for vehicle collisions[R]. Texas:Texas Transportation Institute,2010.

[16] EL-TAWIL S. Vulnerability of bridge piers to impact by heavy vehicles [J]. Simulation technology,2004,2(7):13-20.

[17] THILAKARATHNA H M I,THAMBIRATNAM D P,DHANASEKAR M, et al. Numerical simulation of axially loaded concrete columns under transverse impact and vulnerability assessment[J]. International journal of impact engineering,2010,37(11):1100-1112.

[18] 陆新征,张炎圣,何水涛,等. 超高车辆撞击桥梁上部结构研究:损坏机理与撞击荷载[J]. 工程力学,2009,26(增刊 2):115-125.

[19] European Committee for Standardization. Eurocode 1:actions on structures-Part 1-7:general actions-accidental actions: BS EN 1991-1-7:2006[S]. [S. l.: s. n.],2006.

[20] AASHTO. AASHTO LRFD bridge design specifications[S]. Washington,DC: American Association of State Highway and Transportation Officials,2012.

[21] 中华人民共和国交通部. 公路桥涵设计通用规范:JTG D60—2004[S]. 北京:人民交通出版社,2004.

[22] 中华人民共和国交通部. 公路交通安全设施设计规范:JTG D81—2006[S]. 北京:人民交通出版社,2006.

[23] 高海龙,李长城,等. 路侧安全设计指南[M]. 北京:人民交通出版社,2008.

[24] 中国人民共和国铁道部. 铁路桥涵设计基本规范:TB 10002. 1—2005[S]. 北京:中国铁道出版社,2005.

[25] ACI COMMITTEE. Analysis and design of reinforced and prestressed-concrete guideway structures[S]. Farmington Hills: American Concrete Institute,1992.

[26] NEW YORK STATE DEPARTMENT OF TRANSPORTATION. Bridge safety assurance,collision vulnerability manual[R]. New York:New York State Department of Transportation,1996.

[27] BUTH E,BRACKIN M S,FRY G. Collision loads on bridge piers:phase 2. report of guidelines for designing bridge piers and abutments for vehicle collisions[R].Texas:Texas Transportation Institute,2011.

[28] HMS OFFICE. The design of highway bridges for vehicle collision loads: BD60/04[S]. London:Highways Agency,2004.

[29] Eurocode 1:Actions on structures—Part 1-1:general actions-densities, self-weight,imposed loads for buildings:DS/EN 1991-1-1/AC:2009[S]. Danish Standards[ds],2009.

[30] POPP C. Der querstoss beim aufprall von kraftfahrzeugen auf stützen und rahmenstiele in strassenunterführungen[D]. Düsseldorf:Stahlbau-Verlag, 1961.

[31] STRUCK W,VOGGENREITER W. Examples of impact and impulsive loading in the field of civil engineering[J]. Matériaux et construction, 1975,8(2):81-87.

[32] MCGUINN P,TSO C F,DONELAN P,et al. Collision of HGVs withbridges [M]. London:Thomas Telford Publishing,1996.

[33] GHOSE A. Strategies for the management of bridges for vehicular impacts[J]. Proceedings of the institution of civil engineers-structures and buildings, 2009,162(1):3-10.

[34] EL-TAWIL S,SEVERINO E,FONSECA P. Vehicle collision with bridge piers[J].Journal of bridge engineering,2005,10(3):345-353.

[35] 陆勇,曹立波. 对汽车撞柱的仿真研究[J]. 农业装备与车辆工程,2006, 44(1):28-31.

[36] 刘明慧,颜全胜. 汽车撞击桥墩作用力的比较分析[J]. 中外公路,2010, 30(6):146-149.

[37] FERRER B,IVORRA S,SEGOVIA E,et al. Tridimensional modelization of the impact of a vehicle against a metallic parking column at a low speed [J]. Engineering structures,2010,32(8):1986-1992.

[38] 曾祥国,朱文吉,唐光武,等. 车辆撞击下桥墩动力响应与撞击力的数值分析[J]. 四川大学学报(工程科学版),2012,44(增刊 2):171-174.

[39] CUI K P,XIA C Y,XIA H,et al. Numerical analysis of collision between

a car and high-speed railway bridge pier[C]//Proceedings of the 9th International Conference on Structural Dynamics, EURODYN 2014. Portugal, Porto, 2014.

[40] 崔堃鹏,夏禾,夏超逸,等. 汽车撞击桥墩瞬态撞击力的等效静力计算[J]. 振动与冲击,2014,33(4):48-53,69.

[41] ABDELKARIM O I, ELGAWADY M A. Vehicle collision with reinforced concrete bridge columns[C]//Proceedings of the fifth international Workshop on Performance, Protection & Strengthening of Structures under Extreme Loading. East Lansing, MI, 2015.

[42] 王娟,钱江,周德源. 城市桥梁下部结构抗重型车辆撞击的数值仿真分析[J]. 湖南大学学报(自然科学版),2016,43(7):88-95.

[43] 王娟,钱江,周德源. 重型车辆撞击桥墩的碰撞力峰值参数分析[J]. 力学季刊,2016,37(2):337-344.

[44] ABDELKARIM O I, ELGAWADY M A. Performance of hollow-core FRP-concrete-steel bridge columns subjected to vehicle collision [J]. Engineering structures, 2016, 123: 517-531.

[45] ABDELKARIM O I, ELGAWADY M A. Design of short reinforced concrete bridge columns under vehicle collision [J]. Transportation research record: journal of the transportation research board, 2016, 2592(1): 27-37.

[46] VROUWENVELDER T. Stochastic modelling of extreme action events in structural engineering [J]. Probabilistic engineering mechanics, 2000, 15 (1): 109-117.

[47] 樊文才,张南,阎卫国. 车桥撞击动力学分析模型[J]. 长安大学学报(自然科学版),2011,31(6):54-59.

[48] AL-THAIRY H, WANG Y C. Simplified FE vehicle model for assessing the vulnerability of axially compressed steel columns against vehicle frontal impact [J]. Journal of constructional steel research, 2014, 102: 190-203.

[49] 王娟. 城市桥梁下部结构抵抗重型车辆碰撞的性能研究[D]. 上海:同济大学,2015.

[50] CHEN L, EL-TAWIL S, XIAO Y. Reduced models for simulating collisions between trucks and bridge piers[J]. Journal of bridge engineering, 2016, 21(6): 04016020.

[51] 刘飞. 钢筋混凝土桥墩抗车辆撞击机理研究[D]. 长沙:湖南大学,2017.

[52] DO T V,PHAM T M,HAO H. Impact force profile and failure classification of reinforced concrete bridge columns against vehicle impact[J]. Engineering structures,2019,183:443-458.

[53] XU X C,CAO R,EL-TAWIL S,et al. Loading definition and design of bridge piers impacted by medium-weight trucks[J]. Journal of bridge engineering,2019,24(6):04019042.

[54] WEE T,YIN H,MAHARUN M,et al. Research on HGV collisions with concrete bridge piers[J]. Applied mechanics and materials,2014,567:648-653.

[55] XU L J,LU X Z,GUAN H,et al. Finite-element and simplified models for collision simulation between overheight trucks and bridge superstructures [J]. Journal of bridge engineering,2013,18(11):1140-1151.

[56] 余敏. 不同类型柱子在汽车撞击作用下的性能研究[D]. 哈尔滨:哈尔滨工业大学,2007.

[57] TSANG H H,LAM N T K. Collapse of reinforced concrete column by vehicle impact[J]. Computer-aided civil and infrastructure engineering, 2008,23(6):427-436.

[58] 张国兵,杜晓雷. 跨越高速公路桥墩受汽车撞击力作用分析[J]. 公路交通科技(应用技术版),2010(8):239-241,248.

[59] THILAKARATHNA I,THILAKARATHNA D,DHANASEKAR M,et al. Shear-critical impact response of biaxially loaded reinforced concrete circular columns[J]. Structural journal,2013,110(4):565-574.

[60] JOSHI A S,GUPTA L M. A simulation study on quantifying damage in bridge piers subjected to vehicle collisions[J]. International journal of advanced structural engineering,2012,4(1):1-13.

[61] SHARMA H, HURLEBAUS S, GARDONI P. Performance-based response evaluation of reinforced concrete columns subject to vehicle impact[J]. International journal of impact engineering,2012,43:52-62.

[62] SHARMA H,GARDONI P,HURLEBAUS S. Probabilistic demand model and performance-based fragility estimates for RC column subject to vehicle collision [J]. Engineering structures,2014,74:86-95.

[63] AGRAWAL A K,LIU G Y,ALAMPALLI S. Effects of truck impacts on bridge piers[J]. Advanced materials research,2013,639/640:13-25.

[64] CHUNG C H,LEE J,GIL J H. Structural performance evaluation of a precast prefabricated bridge column under vehicle impact loading[J].

Structure and infrastructure engineering,2014,10(6):777-791.

[65] GOMEZ N L,ALIPOUR A.Study of circular reinforced concrete bridge piers subjected to vehicular collisions[C]//Structures Congress 2014. Boston,USA:ASCE,2014.

[66] YI N H,CHOI J H,KIM S J,et al. Collision capacity evaluation of RC columns by impact simulation and probabilistic evaluation[J]. Journal of advanced concrete technology,2015,13(2):67-81.

[67] BOARD T R.Blast-resistant highway bridges:design and detailing guidelines [M].Washington,D. C. :Transportation Research Board,2010.

[68] BOUNDS W L.Design of blast resistant buildings in petrochemical facilities [M].Boston:ASCE Publications,2014.

[69] CHEN L,XIAO Y,XIAO G,et al.Test and numerical simulation of truck collision with anti-ram bollards[J]. International journal of impact engineering, 2015,75:30-39.

[70] 肖岩,陈林,肖果,等. 防撞柱实车碰撞性能研究[J]. 振动与冲击,2013,32(11):1-6.

[71] 田力,胡国辉.汽车撞击下钢筋混凝土框架的动态响应与破坏模式研究[J]. 建筑科学与工程学报,2016,33(2):41-47.

[72] 田力,杜彬.钢筋混凝土柱在汽车撞击作用下的性能研究[J].沈阳建筑大学学报(自然科学版),2015,31(1):1-10.

[73] CHEN L,XIAO Y,EL-TAWIL S.Impact tests of model RC columns by an equivalent truck frame[J]. Journal of structural engineering, 2016, 142(5):04016002.

[74] ALAM M I,FAWZIA S,ZHAO X L.Numerical investigation of CFRP strengthened full scale CFST columns subjected to vehicular impact[J]. Engineering structures,2016,126:292-310.

[75] CHEN L,EL-TAWIL S,XIAO Y. Response spectrum-based method for calculating the reaction force of piers subjected to truck collisions[J]. Engineering structures,2017,150:852-863.

[76] 孟一,黄方林. 钢筋混凝土柱抗车辆侧向冲击研究[J].铁道科学与工程学报,2017,14(2):342-348.

[77] DO T V,PHAM T M,HAO H.Dynamic responses and failure modes of bridge columns under vehicle collision[J].Engineering structures,2018, 156:243-259.

[78] DO T V, PHAM T M, HAO H. Numerical investigation of the behavior of precast concrete segmental columns subjected to vehicle collision[J]. Engineering structures, 2018, 156: 375-393.

[79] FAN W, XU X, ZHANG Z, et al. Performance and sensitivity analysis of UHPFRC-strengthened bridge columns subjected to vehicle collisions[J]. Engineering structures, 2018, 173: 251-268.

[80] ZHOU D Y, LI R W. Damage assessment of bridge piers subjected to vehicle collision[J]. Advances in structural engineering, 2018, 21(15): 2270-2281.

[81] 程小卫，李易，陆新征，等.斜向撞击方柱下的车辆简化数值模型研究[J]. 工程力学，2018，35(4)：176-185.

[82] CAO R, AGRAWAL A K, EL-TAWIL S, et al. Heavy truck collision with bridge piers: computational simulation study[J]. Journal of bridge engineering, 2019, 24(6): 04019052.

[83] HUGHES G, BEEBY A. Investigation of the effect of impact loading on concrete beams[J]. Structural engineer, 1982, 60(15): 45-52.

[84] LOUW J, MARITZ G, LOEDOLFF M. The behaviour of RC columns under impact loading[J]. Civil engineering, 1992, 34(11): 371-378.

[85] KISHI N, MIKAMI H, MATSUOKA K G, et al. Impact behavior of shear-failure-type RC beams without shear rebar[J]. International journal of impact engineering, 2002, 27(9): 955-968.

[86] FUJIKAKE K, LI B, SOEUN S. Impact response of reinforced concrete beam and its analytical evaluation[J]. Journal of structural engineering, 2009, 135(8): 938-950.

[87] SAATCI S, VECCHIO F J. Effects of shear mechanisms on impact behavior of reinforced concrete beams[J]. ACI structural journal, 2009, 106(1): 78-86.

[88] CHEN Y, MAY I M. Reinforced concrete members under drop-weight impacts[J]. Proceedings of the institution of civil engineers-structures and buildings, 2009, 162(1): 45-56.

[89] COTSOVOS D M. A simplified approach for assessing the load-carrying capacity of reinforced concrete beams under concentrated load applied at high rates[J]. International journal of impact engineering, 2010, 37(8): 907-917.

[90] TACHIBANA S, MASUYA H, NAKAMURA S. Performance based

design of reinforced concrete beams under impact[J]. Natural hazards and earth system sciences,2010,10(6):1069-1078.

[91] KISHI N,MIKAMI H. Empirical formulas for designing reinforced concrete beams under impact loading[J]. ACI structural journal,2012,109(4):509-519.

[92] 许斌,曾翔. 冲击作用下钢筋混凝土深梁动力性能试验研究[J]. 振动与冲击,2015,34(4):6-13.

[93] 许斌,曾翔. 冲击荷载作用下钢筋混凝土梁性能试验研究[J]. 土木工程学报,2014,47(2):41-51.

[94] 曾翔,许斌. 无腹筋钢筋混凝土梁抗冲击行为试验研究[J]. 土木工程学报,2012,45(9):63-73.

[95] SOMRAJ A,FUJIKAKE K,LI B. Influence of loading rate on shear capacity of reinforced concrete beams[J]. International journal of protective structures,2013,4(4):521-543.

[96] SHARMA A,OŽBOLT J. Influence of high loading rates on behavior of reinforced concrete beams with different aspect ratios—a numerical study [J]. Engineering structures,2014,79:297-308.

[97] ADHIKARY S D, LI B, FUJIKAKE K. Residual resistance of impact-damaged reinforced concrete beams[J]. Magazine of concrete research,2015,67(7):364-378.

[98] 赵德博,易伟建. 钢筋混凝土梁抗冲击性能和设计方法研究[J]. 振动与冲击,2015,34(11):139-145.

[99] PHAM T M,HAO H. Effect of the plastic hinge and boundary conditions on the impact behavior of reinforced concrete beams[J]. International journal of impact engineering,2017,102:74-85.

[100] PHAM T M, HAO H. Plastic hinges and inertia forces in RC beams under impact loads[J]. International journal of impact engineering,2017,103:1-11.

[101] 霍静思,胡开赢. RC 梁冲击破坏机理试验研究与残余变形预测方法探讨[J]. 湖南大学学报(自然科学版),2017,44(1):112-117.

[102] 孟一,易伟建,黄方林. 钢筋混凝土铰支约束梁抗冲击性能试验研究[J]. 建筑结构学报,2018,39(4):82-90.

[103] ZHAO D B,YI W J,KUNNATH S K. Numerical simulation and shear resistance of reinforced concrete beams under impact[J]. Engineering structures,2018,166:387-401.

[104] PHAM T M,HAO Y F,HAO H.Sensitivity of impact behaviour of RC beams to contact stiffness[J]. International journal of impact engineering, 2018,112:155-164.

[105] FEYERABEND M.Der harte Querstoff auf stutzen aus Stahl und Stahlbeton[D]. Karlsruhe:University of Karlsruhe,1988.

[106] LOEDOLFF M J.The behaviour of reinforced concrete cantilever columns under lateral impact load[D]. Stellenbosch:Stellenbosch University,1989.

[107] REMENNIKOV A,KAEWUNRUEN S. Impact resistance of reinforced concrete columns:experimental studies and design considerations[C]// 19th Australasian conference on the Mechanics of Structures and Materials. Christchurch,New Zealand,2006.

[108] SHA Y,HAO H. Laboratory tests and numerical simulations of barge impact on circular reinforced concrete piers[J]. Engineering structures, 2013,46:593-605.

[109] SHA Y Y,HAO H. Laboratory tests and numerical simulations of CFRP strengthened RC pier subjected to barge impact load[J]. International journal of structural stability and dynamics,2015,15(2):1450037.

[110] 田力,朱聪,王浩,等.碰撞冲击荷载作用下钢筋混凝土柱的动态响应及破坏模式[J].工程力学,2013,30(2):150-155.

[111] 田力,朱聪.碰撞冲击荷载作用下钢筋混凝土柱的损伤评估及防护技术[J].工程力学,2013,30(9):144-150.

[112] 程小卫,李易,陆新征,等.撞击荷载下钢筋混凝土柱动力响应的数值研究[J].工程力学,2015,32(2):53-63.

[113] ZHANG X,HAO H,LI C. Experimental investigation of the response of precast segmental columns subjected to impact loading[J]. International journal of impact engineering,2016,95:105-124.

[114] DEMARTINO C,WU J G,XIAO Y. Response of shear-deficient reinforced circular RC columns under lateral impact loading[J]. International journal of impact engineering,2017,109:196-213.

[115] 刘飞,罗旗帜,严波,等.RC柱侧向冲击破坏模式的数值模拟研究[J].振动与冲击,2017,36(16):122-127.

[116] LIU B,FAN W,GUO W,et al. Experimental investigation and improved FE modeling of axially-loaded circular RC columns under lateral impact loading[J]. Engineering structures,2017,152:619-642.

[117] 周晓宇，马如进，陈艾荣. 钢筋混凝土柱式墩落石冲击抗剪性能可靠性分析[J]. 振动与冲击，2017，36(7)：262-270.

[118] 周晓宇，马如进，陈艾荣. 钢筋混凝土柱式桥墩落石冲击分析方法[J]. 哈尔滨工业大学学报，2018，50(3)：1-9.

[119] CAI J，YE J，CHEN Q，et al. Dynamic behaviour of axially-loaded RC columns under horizontal impact loading[J]. Engineering structures，2018，168：684-697.

[120] GHOLIPOUR G，ZHANG C，MOUSAVI A A. Effects of axial load on nonlinear response of RC columns subjected to lateral impact load：ship-pier collision[J]. Engineering failure analysis，2018，91：397-418.

[121] 罗征，王银辉. 滚石撞击桥墩动力响应试验[J]. 中国公路学报，2017，30(9)：78-85.

[122] FAN W，LIU B，CONSOLAZIO G R. Residual capacity of axially loaded circular RC columns after lateral low-velocity impact[J]. Journal of structural engineering，2019，145(6)：04019039.

[123]《中国公路学报》编辑部. 中国桥梁工程学术研究综述·2014[J]. 中国公路学报，2014，27(5)：1-96.

[124] NATIONAL CRASH ANALYSIS CENTER. Finite element model archive [EB/OL]. (2006-02-18) [2015-04-17]. http://www.ncac.gwu.edu/vml/models.html.

[125] EUROPEAN COMMITTEE FOR STANDARDIZATION. Road restraint system：EN 1317-1 to 1317-5[S]. Brussels：Belgium，1998.

[126] MADURAPPERUMA M A K M，WIJEYEWICKREMA A C. Performance of reinforced concrete columns impacted by water-borne shipping containers[J]. Advances in structural engineering，2012，15(8)：1307-1327.

[127] 赖跃. 重型车辆与半刚性护栏碰撞的有限元分析[D]. 上海：同济大学，2006.

[128] JACKSON K E，FASANELLA E L. Best practices for crash modeling and simulation，NASA/TM-2002-211944[R]. Washington，DC：National Aeronautics and Space Administration，2002.

[129] Instrumentation for Impact Test Part 1-Electronic Instrumentation：SAE J 211-1-2022[S]. Society of Automotive Engineers [sae]，2022.

[130] 陈诚. 桥梁设计船撞力及损伤状态仿真研究[D]. 上海：同济大学，2006.

[131] KANG H，KIM J. Response of a steel column-footing connection subjected to

vehicle impact[J]. Structural engineering and mechanics, 2017, 63(1): 125-136.

[132] ATAHAN A O, BONIN G, KARACASU M. Development of a 30,000 kg heavy goods vehicle for LS-DYNA applications[J]. International journal of heavy vehicle systems, 2007, 14(1): 1-19.

[133] CHOPRA A K. Dynamics of structures: theory and applications to earthquake engineering[M]. 3rd ed. Upper Saddle River, NJ: Pearson Prentice Hall, 2007.

[134] ABDELKARIM O I, ELGAWADY M A. Performance of bridge piers under vehicle collision[J]. Engineering structures, 2017, 140: 337-352.

[135] BENTUR A, MINDESS S, BANTHIA N. The behaviour of concrete under impact loading: experimental procedures and method of analysis [J]. Materials and structures, 1986, 19(5): 371-378.

[136] BIOT M A. Transient oscillations in elastic systems [D]. California: California Institute of Technology, 1932.

[137] HOUSNER G W. Behavior of structures during earthquakes[J]. Journal of the engineering mechanics division, 1959, 85(4): 109-129.

[138] CONSOLAZIO G, MCVAY M, COWAN D R, et al. Development of improved bridge design provisions for barge impact loading[R]. Florida: University of Florida, 2008.

[139] FAN W, ZHANG Y Y, LIU B. Modal combination rule for shock spectrum analysis of bridge structures subjected to barge collisions[J]. Journal of engineering mechanics, 2016, 142(2): 04015083.

[140] 王君杰，喻志然. 船撞设计冲击谱研究[J]. 振动与冲击，2014，33(14)：11-14.

[141] BIGGS J M. Introduction to structural dynamics[M]. New York: McGraw-Hill, 1964.

[142] 陈林. 桥墩防车辆撞击研究[D]. 长沙：湖南大学，2015.

[143] CLOUGH R W, PENZIEN J. Dynamics of structures[M]. Walnut Creek, CA: Computers & Structures, 1995.

[144] BEASON W, HIRSCH T J, CAMPISE W. Measurement of heavy vehicle impact forces and inertia properties. final report[R]. NTIS, Springfield, VA, 1989.

[145] WÅGSTRÖM L, THOMSON R, PIPKORN B. Structural adaptivity for acceleration level reduction in passenger car frontal collisions [J].

International journal of crashworthiness, 2004, 9(2): 121-127.

[146] HU B, LI G Q. Maximum impact force of truck frontal crashing into antiram bollard systems[J]. Journal of structural engineering, 2016, 142 (12): 04016125.

[147] AL-THAIRY H, WANG Y C. A simplified analytical method for predicting the critical velocity of transverse rigid body impact on steel columns[J]. International journal of impact engineering, 2013, 58: 39-54.

[148] MURRAY Y, ABU-ODEH A, BLIGH R. Evaluation of LS-DYNA concrete material model 159[R]. Virginia: Federal Highway Adminstration, 2007.

[149] MURRAY Y. Users manual for LS-DYNA concrete material model 159 [R]. Virginia: Federal Highway Adminstration, 2007.

[150] GUO J L, CAI J, CHEN W S. Inertial effect on RC beam subjected to impact loads[J]. International journal of structural stability and dynamics, 2017, 17(4): 1750053.

[151] COWPER G R, SYMONDS P S. Strain-hardening and strain-rate effects in the impact loading of cantilever beams[R]. Rhode Island: Brown University, 1957.

[152] SHI Y C, HAO H, LI Z X. Numerical derivation of pressure-impulse diagrams for prediction of RC column damage to blast loads[J]. International journal of impact engineering, 2008, 35(11): 1213-1227.

[153] 白金泽.LS-DYNA3D 理论基础与实例分析[M]. 北京:科学出版社, 2005.

[154] FLANAGAN D P, BELYTSCHKO T. A uniform strain hexahedron and quadrilateral with orthogonal hourglass control[J]. International journal for numerical methods in engineering, 1981, 17(5): 679-706.

[155] WEATHERSBY J H. Investigation of bond slip between concrete and steel reinforcement under dynamic loading conditions[D]. Louisiana: Louisiana State University, 2003.

[156] CHUNG L, SHAH S P. Effect of loading rate on anchorage bond and beam-column joints[J]. ACI structural journal, 1989, 86(2): 132-142.

[157] MOUTOUSSAMY L, HERVE G, BARBIER F. Qualification of *Constrained_Lagrange_In_Solid command for steel/concrete interface modeling[C]//Proceedings of the 8th European LS-Dyna Conference. Strasbourg, France, 2011.

[158] PAPADRAKAKIS M. A method for the automatic evaluation of the

dynamic relaxation parameters[J]. Computer methods in applied mechanics and engineering,1981,25(1):35-48.

[159] 中华人民共和国住房和城乡建设部. 混凝土结构设计规范:GB 50010—2010[S]. 北京:中国建筑工业出版社,2011.

[160] SHA Y,HAO H. Nonlinear finite element analysis of barge collision with a single bridgepier[J]. Engineering structures,2012,41:63-76.

[161] 张景峰,李小珍,肖林,等. 两类船-桥碰撞力差异及桥梁结构响应分析[J]. 振动与冲击,2016,35(4):156-161.

[162] GOMEZ N L. Performance of circular reinforced concrete bridge piers subjected to vehicular collisions[D]. Amherst: University of Massachusetts Amherst,2014.

[163] LIU G Y. Behavior of bridge piers during vehicular impacts[D]. New York:City University of New York,2012.

[164] BANTHIA N P,MINDESS S,BENTUR A. Impact behaviour of concrete beams[J]. Materials and structures,1987,20(4):293-302.

[165] MAY I M,CHEN Y,OWEN D R J,et al. Reinforced concrete beams under drop-weight impact loads[J]. Computers and concrete,2006,3(2/3):79-90.

[166] ZHAN T B,WANG Z H,NING J G. Failure behaviors of reinforced concrete beams subjected to high impact loading[J]. Engineering failure analysis,2015,56:233-243.

[167] ELFAHAL M,KRAUTHAMMER T,OHNO T,et al. Size effect for normal strength concrete cylinders subjected to axial impact[J]. International journal of impact engineering,2005,31(4):461-481.

[168] 刘飞,罗旗帜,蒋志刚. 低速冲击下 RC 梁的动态响应和破坏机理研究[J]. 工程力学,2015,32(5):155-161.

[169] CHEN F L,YU T X. Analysis of large deflection dynamic response of rigid-plastic beams[J]. Journal of engineering mechanics,1993,119(6):1293-1301.

[170] YI W J,ZHAO D B,KUNNATH S K. Simplified approach for assessing shear resistance of reinforced concrete beams under impact loads[J]. ACI structural journal,2016,113(4):747-756.

[171] BHATTI A Q,KISHI N,MIKAMI H,et al. Elasto-plastic impact response analysis of shear-failure-type RC beams with shear rebars[J].

Materials & design,2009,30(3):502-510.

[172] SOLEIMANI S M,BANTHIA N,MINDESS S.Behavior of RC beams under impact loading: some new findings[C]//Proceedings of the 6th International Conference on Fracture Mechanics of Concrete and Concrete Structures. Catania,Italy,2007.

[173] ADHIKARY S D,LI B,FUJIKAKE K. Dynamic behavior of reinforced concrete beams under varying rates of concentrated loading[J].International journal of impact engineering,2012,47:24-38.

[174] COTSOVOS D M,STATHOPOULOS N D,ZERIS C A. Behavior of RC beams subjected to high rates of concentrated loading[J]. Journal of structural engineering,2008,134(12):1839-1851.

[175] MAGNUSSON J,HALLGREN M,ANSELL A.Shear in concrete structures subjected to dynamic loads[J].Structural concrete,2014,15(1):55-65.

[176] KISHI N,BHATTI A Q. An equivalent fracture energy concept for nonlinear dynamic response analysis of prototype RC girders subjected to falling-weight impact loading [J].International journal of impact engineering,2010,37(1):103-113.

[177] THOMSON W T.Transmission of elastic waves through a stratified solid medium[J]. Journal of applied physics,1950,21(2):89-93.

[178] HIBBELER R C.Structural analysis SI[M].10th ed.Upper Saddle River, NJ:Pearson,2019.

[179] ISAAC P,DARBY A,IBELL T,et al.Experimental investigation into the force propagation velocity due to hard impacts on reinforced concrete members[J]. International journal of impact engineering,2017,100:131-138.

[180] ZHAO D B,YI W J,KUNNATH S K.Shear mechanisms in reinforced concrete beams under impact loading[J].Journal of structural engineering, 2017,143(9):04017089.

[181] LOW H Y,HAO H.Reliability analysis of reinforced concrete slabs under explosive loading[J]. Structural safety,2001,23(2):157-178.

[182] BERTRAND D,KASSEM F,DELHOMME F,et al. Reliability analysis of an RC member impacted by a rockfall using a nonlinear SDOF model [J]. Engineering structures,2015,89:93-102.

[183] 耿波,王君杰,汪宏,等.桥梁船撞风险评估系统总体研究[J].土木工程学报,2007,40(5):34-40.

[184] RICE S O. Mathematical analysis of random noise[J]. The bell system technical journal, 1944, 23(3): 282-332.
[185] SIEGERT A J F. On the first passage time probability problem[J]. Physical review, 1951, 81(4): 617-623.
[186] CORNELL C A, KRAWINKLER H. Progress and challenges in seismic performance assessment[R]. Stanford University: PEER Newsletter, 2000.
[187] KUNZ C U. Ship bridge collision in river traffic, analysis and design practice[C]//Ship Collision Analysis. London: Routledge, 1998: 9.
[188] PEDERSEN P T, ZHANG S M. The mechanics of ship impacts against bridges[C]//Proceedings of the International Symposium on Advances in Ship Collision Analysis. Copenhagen, Denmark, 1998.
[189] DAS P, GIBBS M. Vehicle collision loading criteria for bridge piers and parapets[C]//Safety, Risk and Reliability-Trends in engineering. Malta: IABSE, 2001.
[190] KAMAITIS Z. Risk of accidents due to vehicle bridge collision[C]//Safety, Risk Reliability-Trends in Engineering. Malta: IABSE, 2001.
[191] 中华人民共和国交通运输部.公路桥涵设计通用规范:JTG D60—2015[S].北京:人民交通出版社,2015.
[192] BENTZ E C. Sectional analysis of reinforced concrete members[D]. Toronto: University of Toronto, 2000.
[193] ABEDINI M, MUTALIB A A. Investigation into damage criterion and failure modes of RC structures when subjected to extreme dynamic loads[J]. Archives of computational methods in engineering, 2020, 27(2): 501-515.
[194] 张明. 结构可靠度分析:方法与程序[M]. 北京:科学出版社,2009.
[195] ROSENBLUETH E. Point estimates for probability moments[J]. Proceedings of the National Academy of Sciences of the United States of America, 1975, 72(10): 3812-3814.
[196] ZHAO Y G, ONO T. New point estimates for probability moments[J]. Journal of engineering mechanics, 2000, 126(4): 433-436.
[197] 耿波. 桥梁船撞安全评估[D].上海:同济大学,2007.